Michael Hofmann / Iulia-Karin Patrut
Einführung in die interkulturelle Literatur

Einführungen Germanistik

Herausgegeben von
Gunter E. Grimm und Klaus-Michael Bogdal

Michael Hofmann / Iulia-Karin Patrut

Einführung in die interkulturelle Literatur

Die Deutsche Nationalbibliothek verzeichnet diese Publikation
in der Deutschen Nationalbibliografie;
detaillierte bibliografische Daten sind im Internet über
http://dnb.d-nb.de abrufbar.

Das Werk ist in allen seinen Teilen urheberrechtlich geschützt.
Jede Verwertung ist ohne Zustimmung des Verlags unzulässig.
Das gilt insbesondere für Vervielfältigungen, Übersetzungen,
Mikroverfilmungen und die Einspeicherung in und Verarbeitung
durch elektronische Systeme.

© 2015 by WBG (Wissenschaftliche Buchgesellschaft), Darmstadt
Die Herausgabe dieses Werkes wurde durch
die Vereinsmitglieder der WBG ermöglicht.
Satz: Lichtsatz Michael Glaese GmbH, Hemsbach
Einbandgestaltung: schreiberVIS, Bickenbach
Printed in Germany

Besuchen Sie uns im Internet: www.wbg-wissenverbindet.de

ISBN 978-3-534-26626-5

Elektronisch sind folgende Ausgaben erhältlich:
eBook (PDF): 978-3-534-73953-0
eBook (epub): 978-3-534-73954-7

Inhalt

I. Grundlagen: Was ist interkulturelle Literatur? 7

II. Forschungsbericht 9

III. Ansätze, Theorien und Methoden der Analyse interkultureller
    Literatur 12
    1. Alterität und Fremdheit 12
    2. Dekonstruktion und Hermeneutik 14
    3. ‚Orientalismus' und Postkoloniale Studien 16
    4. Gender und Machtasymmetrien 18

IV. Geschichte interkultureller Literatur 22
    1. Vorgeschichte interkultureller Literatur 23
    2. J. W. Goethes ‚Weltliteratur' und ihre Kontexte 26
    3. Indien, Ägypten und die Literatur der Romantik 28
    4. Die ‚Entdeckung der Welt' in der Literatur des Realismus . . 39
    5. Exotismus und Primitivismus in den Avantgarde-Bewegungen 47
    6. Außereuropäische Kulturen in der literarischen Moderne . . 58

V. Interkulturelle deutschsprachige Gegenwartsliteratur 63
    1. Deutsch-türkische Literatur 63
        1.1 Entwicklungstendenzen der deutsch-türkischen Literatur 67
        1.2 Die Stellung der deutsch-türkischen Literatur in der Gegenwartsliteratur 69
    2. Deutsch-arabische und deutsch-iranische Literatur 73
    3. Deutsch-rumänische Literatur 83
    4. Deutsch-baltische, deutsch-russische und deutsch-ukrainische
       Literatur 96
    5. Weitere Konstellationen interkultureller Literatur nach 1945 . 104

VI. Exemplarische Textanalysen 115
    1. Deutsch-türkische, deutsch-arabische und deutsch-iranische
       Literatur 115
        1.1 Emine Sevgi Özdamar: *Das Leben ist eine Karawanserei, hat zwei Türen, aus einer kam ich rein, aus der anderen ging ich raus* (1992) 115
        1.2 Emine Sevgi Özdamar: *Die Brücke vom Goldenen Horn* (1998) 117
        1.3 Zafer Şenocak: *Deutschsein. Eine Aufklärungsschrift* (2011) 119
        1.4 Sherko Fatah: *Das dunkle Schiff* (2008) 123

    1.5 Navid Kermani: *Große Liebe* (2014) 128
2. Deutsch-rumänische Literatur: Herta Müllers *Atemschaukel* (2009) 134
3. Ukrainisch-österreichische Literatur: Julya Rabinowich: *Die Erdfresserin* (2012) 141
4. Weitere Konstellationen interkultureller Literatur nach 1945 . 145
    4.1 Yoko Tawada: *Talisman* (1996) 145
    4.2 Ilija Trojanow: *Der Weltensammler* (2006) 152

Bibliographie 157

Register 167

I. Grundlagen: Was ist interkulturelle Literatur?

‚Kultur' wird im Sinne eines ‚erweiterten Kulturbegriffs' als Ensemble des vom Menschen als sinnvoll Erachteten und als Ensemble der planvoll veränderten Welt verstanden (vgl. hier und im Folgenden Hofmann 2006, S. 9–60). ‚Kultur' in diesem weiten Sinne trennt den Menschen von der ‚Natur'; indem der Mensch die Natur verändert, stiftet er die menschliche Kultur. Die Unterscheidung zwischen Natur und Kultur ist dabei selbst eine Denkfigur. Sie trägt dem Umstand Rechnung, dass Leben und Materie (also ‚Natur') außerhalb des menschlichen Bewusstseins und Verstandes und unabhängig von seinen gestalterischen Bemühungen (also unabhängig von ‚Kultur') existieren. Seit dem späten achtzehnten Jahrhundert spricht man aber auch von ‚Kulturen' im Plural und versteht unter ‚Kulturen' idealtypische Gemeinschaften mit gemeinsamer Sprache und gemeinsamen Traditionen. Benedict Anderson bezeichnet die Nationen als ‚imaginäre Gemeinschaften' (vgl. Anderson 2005), das heißt als Gemeinschaften, deren Identität mit kulturellen Hervorbringungen und einem gemeinsamen Diskurs gestiftet wird, die aber immer einer Veränderung unterworfen sind und die – dies ist von zentraler Bedeutung – nur im Austausch mit anderen Nationen und Kulturen verstanden werden können. Hier wird der Begriff der ‚Interkulturalität' relevant: Er bezeichnet den Austausch zwischen den Kulturen und die Tatsache, dass kulturelle Identität nur in diesem Austausch und in der Mischung zwischen Eigenem und Fremdem begriffen werden kann. Einzelne Kulturen sind nicht in sich homogen und es lassen sich zahlreiche Bezugsgrößen finden, die Kulturen untereinander als ähnlich erscheinen lassen. Dennoch ist die Rede von Kulturen in der Mehrzahl gerechtfertigt. Erstens haben sich trotz der Relativität und Brüchigkeit der Grenzziehungen über Jahrhunderte hinweg wirkmächtige, oft auch staatlich institutionalisierte Sprach- und Diskursräume herausgebildet, die ansprechbar bleiben müssen; und zweitens ist es sinnvoll, der Pluralität und dem hybriden Charakter von Selbst- und Weltbezügen, kollektiven Erinnerungen und tradierten Wissensbeständen Rechnung zu tragen (ohne radikale Differenz zu implizieren).

Literatur galt insbesondere im 19. Jahrhundert als ein wichtiges Moment der Stiftung und Weiterentwicklung kultureller Identität in den ‚imaginären Gemeinschaften' der Nationen; sie war und ist aber auch immer schon ein Ort des Austauschs zwischen verschiedenen Kulturen und ein Raum der kritischen Reflexion von kollektiven Selbstentwürfen. Literatur gestaltet somit kulturelle Identität mit, sie gestaltet aber immer auch die Begegnung mit anderen Kulturen und ist zudem in der Lage, Imaginationen der Homogenität, wie beispielsweise ‚Volk' oder ‚Nation' zu problematisieren. Sie stellt die Formen und Denkfiguren zur Disposition, mittels derer sich das kulturelle ‚Selbst' entwirft, und kann darlegen, dass auch anderes möglich wäre.

Die Erfahrung von ‚Alterität' bedeutet die Konfrontation mit einem kulturellen Anderen, dessen Verschiedenheit vom Eigenen sich erfahren lässt (wobei in dieser Begriffsverwendung jede Wertung suspendiert erscheint).

I. Grundlagen

,Fremdheit' bedeutet Alterität mit einer intensiven Erfahrung der Differenz, die in Abgrenzung umschlagen kann; das Fremde kann zum ,Befremdenden' werden (engl. ,strange', frz. ,étrange'). Individuen und Kulturen befinden sich in einem ständigen Transformationsprozess, der sich den Irritationen und Anregungen durch das ,Fremde' verdankt. Auf der anderen Seite kann die Begegnung mit Fremdem von Überforderungs- und Besitzstandswahrungsängsten überschattet sein. Der Umgang mit dem Anderen und dem Fremden ist aus all den genannten Gründen ein facettenreiches und wichtiges Problem des menschlichen Zusammenlebens; der zivile Umgang mit Alterität und Fremdheit ist die Basis eines friedlichen Miteinanders innerhalb jeder Gesellschaft und auch zwischen verschiedenen Gesellschaften. Er ermöglicht schließlich auch die bereits um 1800 angedachte Vorstellung von der ,Weltgesellschaft'.

Von der Odysee zur Migrationsliteratur

,Alterität' und ,Fremdheit' sind Grundthemen und Grundaspekte der Literatur von der Odyssee bis zur Migrationsliteratur der Gegenwart. Indem Literatur das Fremde mit dem Eigenen verbindet, leistet sie einen Beitrag zu interkultureller Kommunikation und interkultureller Kompetenz. ,Deutsche' Literatur stand immer schon im Austausch mit anderen Kulturen und Literaturen; so gut wie alle kanonischen Texte der deutschsprachigen Literatur gestalten die Begegnung mit dem Anderen und dem Fremden: von *Parzival* über *Iphigenie auf Tauris*, *Heinrich von Ofterdingen*, *Der Tod in Venedig*, *Die Blechtrommel* bis zu *Der Weltensammler*. In der interkulturellen Literatur aus den letzten, stark von Migration und Transmigration geprägten Jahrzehnten rückt die Auseinandersetzung mit dem Stellenwert von Fremdheit für den eigenen Selbstentwurf, aber auch mit Heterogenität, hybriden Äußerungen, Dialog und Anerkennung unübersehbar ins Zentrum der deutschsprachigen Literatur.

Ziele des Buches

Dieses Buch stellt zunächst theoretische und methodische Ansätze zur Erforschung interkultureller Literatur bereit und gibt dann einen geschichtlichen Überblick über die Entwicklung interkultureller Bezüge in der deutschsprachigen Literatur. Unser besonderes Augenmerk gilt dann der interkulturellen deutschsprachigen Gegenwartsliteratur, die sich im Zuge der Globalisierung und insbesondere der Migrationsbewegungen seit den 1960er Jahren entwickelt hat und die besonders dadurch gekennzeichnet ist, dass hier Autorinnen und Autoren mit nicht-deutscher Muttersprache zu wichtigen Akteuren dieser Gegenwartsliteratur geworden sind. Exemplarische Textanalysen wichtiger Werke dieser Gruppe bilden den Gegenstand des abschließenden Teils dieser Einführung.

II. Forschungsbericht

Zwar lässt sich in der Retrospektive erkennen, dass die Literaturwissenschaft schon immer die Aspekte und Fragestellungen behandelt hat, die als interkulturelle bezeichnet werden können. Eine explizite Auseinandersetzung mit interkulturellen Perspektiven bildet sich in der Germanistik aber erst in den 1990er Jahren heraus. Dies ist sicherlich darauf zurückzuführen, dass die Erfahrungen mit der Arbeitsmigration und den Fluchtbewegungen seit den 1960er Jahren, die Deutschland trotz gegenläufiger Versicherungen zu einer Einwanderungsgesellschaft gemacht hatten, und die Auswirkungen der Globalisierung auch die Germanistik erreicht haben. Im Zuge der Etablierung der Germanistik als Kulturwissenschaft wurde so die Interkulturalität zu einem neuen Forschungsparadigma. Die Gründung der Gesellschaft für Interkulturelle Germanistik (mit Alois Wierlacher) und die Etablierung des Adelbert von Chamisso-Preises (mit Harald Weinrich und Irmgard Ackermann) sind Meilensteine dieser Entwicklung, zeigen aber zunächst noch die Bindung dieses Forschungsinteresses an den Bereich Deutsch als Fremdsprache und an die Vermittlung deutscher Kultur im Ausland. Während sich in den angloamerikanischen Ländern die *postcolonial studies* entwickelten (siehe unten), etablierte sich in der deutschen Germanistik zunächst eine eigenständige Form interkultureller Literaturwissenschaft, die in der Tradition einer kritischen Hermeneutik und der Kritischen Theorie den Bezug deutscher Literatur und Kultur zu anderen Kulturen in literarischen Texten untersuchte. Herbert Uerlings' Studie *Poetiken der Interkulturalität. Haiti bei Kleist, Seghers, Müller, Buch und Fichte* aus dem Jahre 1997 kann als Pionierleistung einer kritischen interkulturellen Literaturwissenschaft verstanden werden, mit der ein statisches und homogenes Verständnis von ‚Kultur(en)' überwunden und eine neue Forschungsperspektive definiert wurde. Weitere Grundlagen der neuen Forschungsrichtung entwickelte Norbert Mecklenburg, der wie Uerlings dafür plädierte, bei der Beschäftigung mit interkulturellen Aspekten der Literatur nicht den genuin literaturwissenschaftlichen Zugang aus den Augen zu verlieren. In dem Beitrag *Über kulturelle und poetische Alterität. Kultur- und literaturtheoretische Grundprobleme einer interkulturellen Germanistik* (Mecklenburg 1990) plädierte Mecklenburg für eine kritische Hermeneutik, die sich den Einflüssen auch der postkolonialen Kritik öffnen, dabei aber insofern die spezifisch literaturwissenschaftliche Perspektive bewahren sollte, als die literarische Alterität als Fremdheitserfahrung verstanden und somit als ‚Einübung' in Interkulturalität begriffen werden könne. Im Jahre 2008 hat Mecklenburg mit seinem Band *Das Mädchen aus der Fremde. Germanistik als interkulturelle Literaturwissenschaft* die Summe seiner Studien zu diesem Bereich vorgelegt und ein grundlegendes Standardwerk präsentiert. Wichtig für die germanistische Diskussion war auch der Beitrag von Ortrud Gutjahr, die im Jahre 2002 in dem Band *Germanistik als Kulturwissenschaft. Eine Einführung in neue Theoriekonzepte* (vgl. Gutjahr 2002) ein schlüssiges Konzept für die germa-

Marginalien:
- Germanistik und Interkulturalität
- Herbert Uerlings
- Norbert Mecklenburg

nistische als interkulturelle Literaturwissenschaft vorlegte, das kongenial ergänzt wurde durch den Beitrag von Marina Münkler zur mediävistischen Germanistik (vgl. Münkler 2002). Erste Zusammenfassungen des Forschungsstands boten Michael Hofmann (Hofmann 2006) und Andrea Leskovec (Leskovec 2011). Jüngst verfassten Dieter Heimböckel und Manfred Weinberg den programmatischen Artikel *Interkulturalität als Projekt* (Heimböckel/Weinberg 2014). Wichtig sind im Übrigen die Arbeiten von Leo Kreutzer, der in Kooperation mit der westafrikanischen Germanistik ein Konzept entwickelt hat, in dem die germanistische Literaturwissenschaft als kritische Entwicklungsforschung definiert und kanonische literarische Texte im Kontext von Modernisierung und Entwicklung neu interpretiert wurden (vgl. Kreutzer 1989).

Leo Kreutzer

Parallel zu diesen Bestrebungen entwickelten sich zunächst vor allem in der US-amerikanischen Germanistik Ansätze, mit denen die Anregungen der *postcolonial studies* auf die deutsche Kultur übertragen werden sollten. Bahnbrechend für die Entwicklung dieser *postcolonial studies* war Edward Saids Studie *Orientalism* (zuerst 1978), mit der die Diskurse über den ‚Orient' als Konstrukte eines hegemonialen Systems ‚des Westens' verstanden wurden und deren Verbindung zur kolonialen Herrschaft unterstrichen wurde. Davon ausgehend, legte Nina Berman im Jahre 1997 die Studie *Orientalismus, Kolonialismus und Moderne. Zum Bild des Orients in der deutschsprachigen Kultur um 1900* vor (Berman 1997). Susanne Zantop wandte sich in ihrer Studie *Kolonialphantasien im vorkolonialen Deutschland (1770–1870)* (engl. 1997, deutsch vgl. Zantop 1999) gegen die These von einem deutschen ‚Sonderweg' in der Zeit der kolonialen Herrschaft und betonte die Affinitäten zum kolonialen Denken auch in der klassischen deutschen Literatur. Russel Berman stellte demgegenüber in *Enlightenment or Empire?* (Berman 1998) die These auf, dass sich etwa bei Georg Forster Perspektiven einer mimetischen Poetik finden, die Alterität tendenziell ohne Herrschaft denkbar erscheinen ließ. Todd Kontje wiederum diskutierte in seiner grundlegenden Studie *German Orientalisms* (2004) Saids These und breitete umfangreiches deutschsprachiges historisches Material aus, in dem insbesondere auch der europäische Osten als Spielart des deutschen Orientalismus begriffen wurde. Unter Berücksichtigung ästhetischer Eigenlogik vertiefen die Arbeiten von Iulia-Karin Patrut diese Forschungsrichtung und erweisen die enorme Bedeutung Osteuropas für die Herausbildung orientalistischen und kolonialistischen Denkens im deutschsprachigen Raum (Patrut 2014b, Patrut 2014c). Dass Saids Thesen freilich nicht unmittelbar auf die deutschen Verhältnisse anzuwenden seien und das Verhältnis von Orient-Diskurs und Literatur differenziert zu betrachten sei, betonten Andrea Polaschegg (Polaschegg 2005) und die Sammelbände *Der Deutschen Morgenland. Bilder des Orients in der deutschen Literatur und Kultur von 1770 bis 1850* (Goer/Hofmann 2007), *Orientdiskurse in der deutschen Literatur.* (Bogdal 2007) und *Morgenland und Moderne* (Dunker/Hofmann 2014).

Edward Said

Deutscher ‚Orientalismus'

Die Etablierung einer explizit postkolonialen germanistischen Literaturwissenschaft vollzog sich dann in den Jahren nach 2000. So gab Axel Dunker im Jahre 2005 den Band *(Post-) Kolonialismus und deutsche Literatur. Impulse der angloamerikanischen Literatur- und Kulturtheorie* (Dunker

Axel Dunker

2005) heraus und bot mit *Kontrapunktische Lektüren* (Dunker 2008) eine konkrete Anwendung der erneuerten Thesen Edward Saids (in *Kultur und Imperialismus. Einbildungskraft und Politik im Zeichen der Macht*, Said 1984) vor allem auf die deutsche Literatur des 19. Jahrhunderts. Bereits 2006 nahm Herbert Uerlings in *‚Ich bin von niedriger Rasse'. (Post-)Kolonialismus und Geschlechterdifferenz in der deutschen Literatur* eine Profilierung postkolonialer Studien vor. Sein Ansatz fokussiert auf Machtasymmetrien und ‚weiße' okkupatorische Blickregimes und schlägt eine Brücke zwischen Herangehensweisen der kritischen Interkulturalitätsforschung und der postkolonialen Studien. Die Arbeiten Iulia-Karin Patruts haben erwiesen, dass sich kolonialistische Diskurse auf dem Gebiet Deutschlands (in Ermangelung an Kolonien) im Inneren auf ‚Zigeuner' beziehen – ein Zusammenhang, mit dem sich auch zahlreiche literarische Texte seit 1770 auseinandersetzen (Patrut 2014a). Einen wichtigen Beitrag zur Etablierung eines postkolonialen Bewusstseins in Deutschland weit über die Germanistik hinaus hatten Alexander Honold und Klaus Scherpe mit ihrem Kompendium *Mit Deutschland um die Welt. Eine Kulturgeschichte des Fremden in der Kolonialzeit* (Honold/Scherpe 2004) geleistet, das in einer Fülle von Fallgeschichten den Einfluss der deutschen Kolonialherrschaft auf das nationale Selbstverständnis vor allem im wilhelminischen Kaiserreich anschaulich demonstrierte. Eine eindrucksvolle Bestandsaufnahme des neuen Forschungsfeldes boten Gabriele Dürbeck und Axel Dunker in dem Band *Postkoloniale Germanistik. Bestandsaufnahme, theoretische Perspektiven, Lektüren* (Dürbeck/Dunker 2014), in dem die theoretischen und forschungsgeschichtlichen Grundlagen des neuen Ansatzes ebenso dargelegt werden wie wichtige neue Anregungen zu Interpretationen kanonischer und auch populärer Texte. Durchgängig plädieren die Autorinnen und Autoren des Bandes für eine Durchdringung und Kooperation zwischen interkultureller Literaturwissenschaft und postkolonialen Ansätzen – eine Position, die auch Dirk Göttsche in der umfassenden Studie *Remembering Africa. The Rediscovery of Colonialism in Contemporary German Literature* (Göttsche 2013) vertritt.

‚Mit Deutschland um die Welt'

Postkoloniale Germanistik

III. Ansätze, Theorien und Methoden der Analyse interkultureller Literatur

Die interkulturelle Literaturwissenschaft bezieht sich zunächst auf Konzepte von Fremdheit und Alterität, um die Begegnung mit dem Anderen und Fremden theoretisch zu erfassen (vgl. Hofmann 2006, S. 9–26). Dabei ist von Bedeutung, dass vor allem in den gegenwärtigen Gesellschaften und Konstellationen die Konzepte des Eigenen und Fremden ihre Konturen verlieren, indem das Fremde im Eigenen und das Eigene im Fremden erkennbar wird und so Zustände des Übergangs und der offenen Identität in den Blick kommen (1). Dass sich Konzepte der Totalität, durch welche die Tradition des westlichen Denkens geprägt ist, verändern und tendenziell auflösen, bedenkt die philosophische Strömung der Dekonstruktion, die aber zu den Bemühungen der Hermeneutik in einem komplexen Spannungsverhältnis steht (2). Denn während einerseits starre Konzepte etwa kultureller Identität aufgelöst werden, orientiert man sich andererseits grundsätzlich immer (noch) auch an Konzepten des Verstehens, die nach Identität und Synthese des Mannigfaltigen streben. Allerdings ist jederzeit zu berücksichtigen, dass in vielen Fällen vermeintlich fraglose Konzeptbildungen und Begriffe auf einem Denken beruhen, das im Rahmen des Kolonialismus europäische Herrschaft begründet oder zumindest begleitet hat. So muss die interkulturelle Literaturwissenschaft die postkoloniale Reflexion einer Herrschaftsbezogenheit der europäischen Konzepte mit bedenken (3). Dabei stellt sich heraus, dass die kolonialen Machtasymmetrien sehr häufig mit Ungleichheiten in der Geschlechterordnung zusammengehen, sodass sich die Genderforschung als ein unhintergehbares Moment der interkulturellen und postkolonialen Literaturwissenschaft erweist (4).

1. Alterität und Fremdheit

Alterität

Unter ‚Alterität' lässt sich das Andere verstehen, das nicht unmittelbar ‚fremd' sein muss (lat.: ‚alter': ‚der andere von zweien', ‚alter' vs. ‚alius', ‚alienus'). Identität konstituiert sich aber zunächst in Abgrenzung vom Anderen (im individuellen wie im kollektiven Bereich). Das menschliche Bedürfnis nach Identitätsbildung ist elementar; es muss aber nicht zu einer starren Identität und zu einer Zurückweisung des Anderen führen, sondern kann prozessual und offen gedacht werden. Für die Philosophie der Alterität (Lévinas, Waldenfels) stellt die Begegnung mit dem Anderen eine ursprüngliche Erfahrung dar, ohne die eine Konstitution des Ich gar nicht denkbar ist.

Fremdheit

Die Bedeutung des Wortes ‚fremd' lässt sich folgendermaßen rekonstruieren: Als ‚fremd' gilt häufig all das, was sich außerhalb des eigenen Bereichs befindet, was einem anderen gehört; allgemein auch das, was unvertraut erscheint und deshalb möglicherweise ‚befremdet'. Aber: ‚Fremde sind wir uns selbst' (Julia Kristeva): das Fremde ist nicht nur außer uns. Das Unbewusste ist das fremde Eigene; der Tod ist das prinzipiell Fremde. So ist die Erfahrung von Fremdheit komplex und ambivalent. Die Bezeichnung eines Anderen als Fremdem beruht häufig auf einer Verdrängung des abgespaltenen ‚peinlichen' Eigenen und auf einer Projektion unangenehmer Eigenschaften und Verhaltensweisen auf das ‚Fremde' (dies ist eine Grundperspektive des Antisemitismus und des Rassismus).

Folgende Facetten des Fremdverstehens sind nach Ortfried Schäffter zu unterscheiden (vgl. Schäffter 1991):

Facetten des Fremdverstehens

1) das Fremde als Resonanzboden des Eigenen: Beschäftigt man sich intensiv mit dem ‚Fremden', so erkennt man viele Momente des Eigenen in ihm, sodass Fremdheit tendenziell verschwindet und Ähnlichkeit feststellbar wird. Diese Erfahrung artikulierte Goethe, als er die Gedichte des mittelalterlichen persischen Dichters Hafis kennenlernte und diesen als seinen „Zwilling" bezeichnete.
2) das Fremde als Gegenbild: Hier wird das Eigene definiert in Abgrenzung zum Fremden, wobei feste Identitäten hypostasiert werden, deren Konstruktionscharakter eine kritische Kulturwissenschaft aufdecken kann.
3) das Fremde als Ergänzung: Hier wird der Kontakt mit dem Fremden positiv als Erweiterung des Eigenen aufgefasst. Das Eigene wird durch die Fülle der fremdkulturellen Erfahrungen reicher und verändert sich und seine eigene Vorstellung kultureller Identität.
4) das Fremde als das Komplementäre: Hier wird vor allem in der Erfahrung einer deutlichen Unterscheidung der Kulturen die Idee aufrecht erhalten, dass das Fremde fremd bleiben kann und dass man somit die Fremdheit in bestimmten Fällen nicht überwinden kann, beispielsweise weil man daran scheitert, alle auf der Welt gesprochenen Sprachen zu lernen. In solchen Fällen kann die Distanz zum Fremden gewahrt bleiben und dennoch das Fremde in seiner Fremdheit anerkannt und respektiert werden.

Grenzphänomene der Fremdheit (aus europäischer Sicht etwa: Kannibalismus, weibliche Genitalverstümmelung usw.) führen zu der Frage, ob kulturelle Differenz immer toleriert werden kann, das heißt ob in jedem Fall die Normorientierung des Anderen/Fremden respektiert werden muss oder ob es kulturübergreifende Werte gibt, die für jede Kultur gelten und deren Überschreitung nicht mit einer kulturellen Besonderheit erklärt werden kann. So stellt sich das Problem, ob kulturelle Fremdheit durch einen Universalismus des Humanen zu begrenzen ist und ob der Mitmensch in seinem Menschsein prinzipiell als der nicht Fremde zu verstehen ist, der bestimmte Grundüberzeugungen des Humanen mit mir teilt. Der Einspruch gegen diese Position verweist darauf, dass in der Geschichte des westlichen Denkens das Humane fast immer als das Europäische verstanden wurde und dass deshalb die Subsumierung nicht-europäischer Kulturen unter ein problematisches menschliches Allgemeines Teil eines Herrschaftsdenkens ist, das lediglich europäische Werte zu universellen machen würde. Auf der anderen Seite ist schwer zu vermitteln, woher der ethische Impetus der Interkulturalität mit seiner Respektierung des Fremden kommen könnte, wenn nicht von einem universalen Respekt vor der Selbstbestimmung jedes Men-

Grenzphänomene der Fremdheit

schen und jeder menschlichen Gemeinschaft, aus der heraus sich die Vielfalt der Kulturen entwickelt. In diesen Kontext gehören die Debatten um universale Menschenrechte, aber auch um das Konzept der Humanität, das in der deutschen Kulturgeschichte gerade für *Herder* und *Goethe* zentral war.

2. Dekonstruktion und Hermeneutik

Jacques Lacan, Michel Foucault, Jacques Derrida

Sowohl Hermeneutik als auch Poststrukturalismus interessieren sich für interkulturelle Literatur. Zum Poststrukturalismus gehören Ansätze wie die Psychoanalyse Jacques Lacans (Lacan 2006), die Machttheorie und Diskursanalyse Michel Foucaults (Foucault 1991) und die Dekonstruktion Jacques Derridas (Derrida 1999, S. 31–56). Den drei Herangehensweisen ist gemeinsam, dass sie sich mit dem letztlich unbegründeten und paradoxen Charakter aller Unterscheidungen in der Sprache sowie mit der Uneinlösbarkeit des Anspruchs, ‚Wahrheit' sprachlich zu repräsentieren, befassen. Diese Probleme spitzen sich zu, wenn es um die Möglichkeiten geht, homogene Einheiten und interkulturelle Konstellationen zu beobachten und darzustellen. Die neuere Hermeneutik untersucht ebenfalls interkulturelle Poetiken und fragt nach der Art und Weise, wie sich literarische Texte als eine ästhetisch codierte Kommunikation zu sonstigen kulturellen Kommunikationen verhalten, beispielsweise zu Ideologien, Ausschlüssen oder Grenzziehungen im wissenschaftlichen oder populärwissenschaftlichen Wissen der Entstehungszeit des jeweiligen literarischen Textes.

Hermeneutik und Poststrukturalismus

Hermeneutik wie auch Dekonstruktion gewinnen in der Auseinandersetzung mit interkultureller Literatur neue Facetten. In den letzten Jahrzehnten des 20. Jahrhunderts wurden hermeneutische und poststrukturalistische Ansätze – zumindest in ihrem jeweiligen Selbstverständnis – eher selten miteinander verbunden, heute jedoch werden sie (gerade in der Auseinandersetzung mit interkultureller Literatur) durchaus miteinander kombiniert. Dies ist möglich, weil sich die Erkenntnisinteressen berühren und gegenwärtig kaum mehr grundlegende Unterschiede zwischen den Vorannahmen bezüglich der Verfasstheit von Literatur, Wissen und Macht mehr bestehen, sodass sich die Stärken der Ansätze ergänzen können. Der Poststrukturalismus fokussiert auf die Haltlosigkeit aller Unterscheidungen, während die Hermeneutik hypothetische Fluchtlinien erkannter Unterscheidungen im Text rekonstruiert und sie als grundloses Spiel versteht, dem dennoch Aussagen und Stellungnahmen innewohnen.

Episteme und Dispositiv

Poststrukturalistische Theorien haben gezeigt, dass Sprache, Wissen und Macht eng miteinander zusammenhängen und daher jeder Versuch, analytische Standpunkte zu entwerfen, die in kritischer Distanz zu diesen Wissensordnungen stehen, teilweise in sich selbst widersprüchlich ist. Michel Foucault hat mit dem Begriff der ‚Episteme' die Gesamtheit des in einer bestimmten Zeit in einem bestimmten kulturräumlichen Kontext Denkbaren bezeichnet, und mit jenem des ‚Dispositivs' die Konkretion des Denkbaren in Macht-Figurationen und Institutionen wie dem Recht (Foucault 1971). Der Versuch, aus dieser Ordnung des Denkbaren auszutreten, um sie zu beobachten und zu analysieren, zieht erkenntnistheoretische Probleme nach

2. Dekonstruktion und Hermeneutik

sich. Interkulturelle Literatur bildet hier keine Ausnahme, denn auch sie ist, auf der allgemeinsten Ebene betrachtet, Teil der Episteme ihrer Entstehungszeit. Dennoch wohnen ihr einige Möglichkeiten inne, die anders verfassten Formen kultureller Kommunikation nicht gegeben sind, insbesondere das zweifache (ästhetische und kulturelle) Spiel mit Fremdheit in der interkulturellen Literatur. Hier werden Spielräume des Auch-Anders-Denkbaren, Auch-Anders-Möglichen oder Noch-Fremden verhandelt. Dadurch scheint ein Moment der Differenz gegenüber dem in der Sprache und im kulturellen Wissen bereits Verfügbaren auf, und dieses Moment der Differenz ermöglicht es, das Gegebene zu befragen, zu analysieren und zu dekonstruieren – ein Weg, den literarische Texte bereits in der Zeit um 1800 einschlagen und dabei unterschiedlich weit gehen.

Ästhetische Möglichkeiten: Spiel mit Fremdheit

Literarische Texte geben, im Unterschied zu anderen spezialisierten kulturellen Kommunikationen wie etwa dem Recht, der Verwaltungssprache, den wissenschaftlichen Kommunikationen oder der Publizistik mit Nachrichtencharakter, gerade nicht vor, auf Gegebenes zu verweisen, und haben damit die Möglichkeit, in reflektierte Distanz zu einem naiven Verständnis des Verweisungscharakters der Sprache zu treten. Sie entwerfen Sinn (oder mitunter auch ‚keinen Sinn', also Nonsens), indem sie Sprache zu ästhetischen Formen arrangieren, die sich in erster Linie, im Ensemble des Textes oder des Fragments, zueinander verhalten, und die allenfalls mit Referentialität spielen, also innerhalb der fiktionalen Welt zwangsläufig ironische, nicht ganz aufgehende Verweise auf Daten und Orte der Geschichte einbauen. Diese Selbstreflexivität der Literatur, also das Hinterfragen des eigenen Umgangs mit Sprache und der Möglichkeiten, zum Gegebenen in Distanz zu treten, beschäftigt die Hermeneutik schon seit Längerem.

Interkultureller Literatur wohnt also ein besonderes Potential der Beobachtung und Dekonstruktion epistemisch geronnener Formationen von Wissen und Macht inne. Dieses Potential und diese Leistungen sind Gegenstand der neueren hermeneutischen Beschäftigung mit interkultureller Literatur. Die hermeneutische Beschreibung interkultureller Poetiken könnte ohne die neuen Perspektiven aus den poststrukturalistischen Theorien schwerlich auskommen. Im Lichte poststrukturalistischer Ansätze konnte erwiesen werden, dass schon in Teilen der Aufklärung, Klassik und Frühromantik Absurdes und Unhaltbares an den Grenzziehungen zwischen Kulturen und Nationen offengelegt und Identitäten als Spur einer nicht abschließbaren Suche reformuliert wurden. Die Unmöglichkeit, sich selbst als ‚identisch' zu begreifen zählte bereits zu den wichtigen Denkfiguren der Frühromantik. Poststrukturalistische Theorien setzen an einer ähnlichen Stelle an und radikalisieren diese Überlegungen, wenn sie das Konzept der ‚Identität' ganz verabschieden und allen Sinn als bloße Gleitbewegung der ‚différance' (des ‚Differierens') auffassen.

Interkulturelle Literatur als Dekonstruktion von Wissen und Macht

Die neuere Hermeneutik interessiert sich durchaus ebenfalls für das Nachvollziehen oder rezipierende Neu-Entwerfen von Spuren der Differenz und für kulturelle, religiöse oder sonstige Unterscheidungen, die in Texten getroffen und wieder verworfen werden. Einige Texte, die Gegenstand dieser Einführung sind, zielen bereits in der Zeit um 1800 darauf, tradierte Unterscheidungs-Dispositive zu dekonstruieren und Grenzziehungen (beispielsweise zwischen vermeintlich überlegenen Kolonisierern und Kolonisierten oder zwischen dem westlichen Europa und dem ‚Orient') infrage zu stellen. Im 20. und 21. Jahrhundert dekonstruiert die Poetik Yoko Tawadas, der ein eigenes Kapitel in diesem Band gewidmet ist, in sehr elaborierter Weise die Vorstellung, man könne in sich geschlossene Kulturen sprachlich repräsentieren und von anderen, ebenfalls in sich geschlossenen Kulturen unterscheiden.

<small>Jacques Derrida: *différance*</small>

Die Dekonstruktion fragt nach einer Spur des Differierenden, des Nicht-Identischen, das Jacques Derrida mit dem Begriff *différance* (Derrida 2004) bezeichnete. Vereinfacht formuliert kann allein aufgrund der Zeitlichkeit allen Erlebens und Erkennens die ‚Identität' eines externen Gegenstands oder des eigenen Selbst nicht gedacht werden, ein Moment der Nicht-Identität, das einen Vorgang der Übersetzung einfordert, ist immer gegeben. Gerade lebendige Materie verändert sich von einem Augenblick zum nächsten, und das gilt auch für den Betrachter, für den beispielsweise von einem Moment zum anderen das, was er als ‚Vergangenheit' ansieht, anwächst und sich demzufolge andere Zusammenhänge, Stimmigkeiten und Evidenzen einstellen, die den gleichen Betrachtungsgegenstand (der sich zudem selber ebenfalls anderweitig verändert hat) in anderem Lichte erscheinen lassen. Selbst die versuchte Wiederholung des Selben kann nicht mit dem vorgängigen Akt identisch sein. Eine Betrachtung von Entitäten (von Kollektiven wie Völkern und Kulturen oder von Individuen) als unveränderte Einheiten, die eine diachrone Entwicklung durchlaufen, ist demnach nicht möglich bzw. eine Konstruktion, die die Komplexität der Transformationsprozesse ausblendet. Vielmehr legt die Dekonstruktion eine Spur des Differierens offen, die durch die Zeit gleitet und sich immer weiter verschiebt.

<small>interne Heterogenität</small>

Die interne Heterogenität von Kultur sowie ihr ständiger Transformationscharakter wurden nicht erst durch die Dekonstruktion, sondern bereits in der Zeit um 1800 in philosophischen wie auch in literarischen Schriften thematisiert (wenn auch eher am Rande). So spricht Johann Gottfried Herder die jahrhundertelange Existenz ‚interner Fremder' in Europa und auf anderen Kontinenten an, hält jedoch gleichzeitig an den Paradigmen ‚Volk' und ‚Nation' fest. Infolge der performativen Wende in den Kulturwissenschaften trifft man demgegenüber heute keine ontologischen Aussagen mehr über ‚Volk', ‚Nation' oder ‚Kulturen'. Vielmehr analysiert man diese Paradigmen als wirkmächtige Repräsentationen von Kollektiven, die über lange Zeiträume Selbstentwürfe geprägt und Machteffekte generiert haben. Weder Hermeneutik noch Dekonstruktion und weitere poststrukturalistische Ansätze greifen heute auf positivistische Begriffe von Identität zurück.

3. ‚Orientalismus' und Postkoloniale Studien

<small>Edward Said: *Orientalism*</small>

Ein entscheidender Impuls für die Entwicklung der *postcolonial studies* ging von Edward Saids Schrift *Orientalism* aus dem Jahre 1978 aus, in welcher der aus Palästina stammende und in den USA lehrende Komparatist grundlegende Thesen über die Verbindung von kulturellen Fremdbildern und Stereotypen einerseits und kolonialen Machtverhältnissen andererseits präsentierte. Said zeigte, ausgehend von Konzepten Antonio Gramscis zur ‚kulturellen Hegemonie' und Michael Foucaults zur Diskursanalyse, dass der

3. ‚Orientalismus' und Postkoloniale Studien

‚Orient' als Konstrukt Europas zu begreifen sei, als ein Anderes Europas, durch das Europa seine Identität in Abgrenzung und in einem Gefühl der Überlegenheit definierte. ‚Orientalismus' wird als Diskurs begriffen; vermeintliche Eigenschaften des Orients werden Eigenschaften Europas gegenübergestellt. Dabei fand sich ‚Orientalismus' bereits in der vorkolonialen Geschichte Europas: die östlichen Fremden wurden in der Antike als ‚Barbaren' verstanden (obwohl gleichzeitig ein Kultur- und Wissenstransfer aus Ägypten und aus Asien stattfand) und im Mittelalter waren der ‚Orient' und die islamische Welt im Kontext der Kreuzzüge das Zentrum der Ungläubigen, mit denen es auch militärische Konfrontationen gab. Schließlich, so Said, ergab sich aber in der Neuzeit eine enge Verbindung von ‚Orientalismus' und Kolonialismus: das Wissen vom Orient wurde vor allem in Großbritannien und Frankreich an Herrschaft gekoppelt. Die kritische Auseinandersetzung mit diesen orientalistischen Denkmustern ist seit Said ein wesentlicher Impuls der postkolonialen und interkulturellen Literaturwissenschaft, auch wenn die Konzepte Saids wegen eines gewissen Schematismus kritisiert und modifiziert wurden. So stellt sich die Frage nach einer grundlegenden Ambivalenz der mit dem ‚Orient' befassten Texte, die zwischen Faszination und Abwehr schwanken bzw. bisweilen sogar von der Überlegenheit des ‚Orients' ausgehen; die These von der durchgängigen Überlegenheit der Europäer gegenüber den ‚Orientalen' ist insbesondere angesichts der Auseinandersetzungen mit dem Osmanischen Reich in der Frühen Neuzeit in Zweifel zu ziehen. Die spezielle Frage nach deutschen und deutschsprachigen Orient-Diskursen ist ein gegenwärtiges Forschungsfeld der Germanistik, das sich noch in Bewegung befindet und das durch die aktuellen Migrationsbewegungen aus den arabischen Ländern und die weltpolitische Situation rund um die Krisen im Nahen Osten eine neue Aktualität gewonnen hat. In seinem Werk *Kultur und Imperialismus* hat Edward Said sein Konzept differenziert und in brillanten Studien die Methode der ‚kontrapunktischen Lektüre' entwickelt, in denen er komplexe Bezüge europäischer Autoren zum Orient präzise darstellte. Diese Studien sind zum Vorbild für analoge Bemühungen in der Germanistik geworden. *— Kontrapunktische Lektüre*

In einem weiteren Sinne entwickelten sich die Postkolonialen Studien als angloamerikanische Forschungen zum Nachleben des Kolonialismus und zur Verbindung von europäischer Kultur/Literatur und Kolonialismus. Der aus Indien stammende und in den USA lehrende Kulturwissenschaftler Homi K. Bhabha entwickelte in seiner Studie *The Location of Culture* (zuerst 1994) eine viel beachtete (und bisweilen unkritisch und trivialisiert nachgeahmte) Konzeption, in der die Begegnungen zwischen Kolonialherren und Kolonialisierten nicht als einseitige Ausprägung eines Herrschaftsprozesses verstanden wurden, sondern in denen komplexe Wechselwirkungen zu beobachten waren, die Bhabha mit den viel verwendeten Termini ‚Hybridität', ‚Mimikry', ‚Dritter Raum' bezeichnete. Die kolonialen und auch die postkolonialen Beziehungen sind nach Bhabhas Ansicht durch eine Vermischung europäischer und außereuropäischer kultureller Elemente gekennzeichnet. *— Homi Bhabha*

Die dritte besonders einflussreiche Vertreterin der *postcolonial studies* ist die ebenfalls aus Indien stammende und in den USA lehrende Gayatri Chakravorty Spivak, die in ihrer Studie *Can the subaltern speak?* (zuerst 1988) *— Gayatri Spivak*

Sprechen der Subalternen

verdeutlichte, dass die Kolonialisierten und ihre Nachfahren auf Schwierigkeiten der Artikulation stoßen, weil sie sich der Sprache der Kolonialherren bedienen müssen – der und vor allem die Subalterne hat keine eigene Sprache und dieses Problem betrifft auch die postkoloniale Theorie selbst, die sich in den US-amerikanischen Metropolen entwickelt hat und mit der Frage konfrontiert ist, ob sie sich etwa als (unmögliche) Repräsentantin der Subalternen begreift, wobei Spivak vor allem den Gender-Aspekt der postkolonialen Situation betont, weil selbst ‚progressive' Europäer und Amerikaner sich immer wieder bemüßigt fühlen, ‚im Namen' vor allem der weiblichen Subalternen zu sprechen.

Autoreflexivität der Literatur und Multiperspektivik

Insgesamt zeigt sich bei diesem kurzen Überblick über die postkolonialen Theoriekonzepte, dass diese der Interkulturellen Literaturwissenschaft die Asymmetrie interkultureller Begegnungen in politischen Verhältnissen wie dem Kolonialismus verdeutlichen und dass die Frage nach dem Sprechen über den Anderen zur Kernfrage der interkulturellen und postkolonialen Literatur und Kultur wird: Indem nämlich die unauflösbare Verbindung von Herrschaft und Sprechen über den Anderen verdeutlicht wird, stellt sich die Frage, wie denn angemessen über den Anderen gesprochen werden kann. Die Antwort kann nicht sein, dass es einen völlig herrschaftsfreien und unbelasteten Diskurs über den Anderen geben soll; vielmehr müssen die Aporien des interkulturellen Diskurses in diesem immer mitbedacht werden. Die Literatur kann dieses Problem kreativ bearbeiten, indem sie zum Beispiel autoreflexiv arbeitet und dabei die Voraussetzungen ihres eigenen Sprechens kritisch befragt oder verschiedene Formen der Multiperspektivik in ihren Diskurs einarbeitet und so die Notwendigkeit darlegt, etwa bornierte eurozentrische Perspektiven zu überwinden.

4. Gender und Machtasymmetrien

Anerkennung, Individualität und Subjektivierung

In einer ganzen Reihe poststrukturalistischer Theorien, insbesondere in Michel Foucaults Machttheorie und im Anschluss daran, fand seit den 1980er Jahren eine intensive Auseinandersetzung mit der Zuschreibung geschlechtsspezifischer Merkmale und deren Wertung statt. Diese Fragen ragen in vielerlei Hinsicht in den Kern dieser Theorieansätze hinein, denn sie betreffen Anerkennung, Individualität und Subjektivierung, gesellschaftliche Makrostrukturen sowie Institutionen und ihre Legitimität.

Sowohl Jacques Derrida als auch Jacques Lacan haben sich mit dem ‚Namen Gottes' bzw. dem ‚Namen des Vaters', d.h. mit der sprachlichen Bezeichnung und Anrede Gottes, befasst. Diese Namen – die im Übrigen häufig mit Tabus belegt sind – stellen eine Paradoxie dar, denn Gott, der alles (einschließlich der Sprache) umfassen soll, kann nicht innerhalb der Sprache ‚auf den Begriff gebracht' oder mit einem Namen bezeichnet werden. Dennoch, so die poststrukturalistische Kritik Jacques Derridas und Jacques Lacans, finde sich in der Sprache eine symbolische Ausrichtung von Selbst und Welt an dem ‚Namen Gottes'. Dieser fungiere als Garant der sprachlichen Ordnung und generiere eine Struktur gewerteter Dichotomien, wie diejenigen von Allgemeinem und Speziellem, Maßstab und gemessenem Objekt, Universellem und Partikulärem und schließlich und nicht zuletzt

‚Ungenauer' Name Gottes

Geist und Materie sowie Herr und Knecht, die zwar nicht im ontologischen Sinne ‚wahr' seien, aber dennoch reale Machteffekte und kulturellen Sinn generieren würden. Dementsprechend würden auch ‚männlich' und ‚weiblich' in eine solche Serie gewerteter Dichotomien eingereiht.

Insbesondere die Theoretikerin Judith Butler hat sich – auch in Anlehnung an Michel Foucault – mit der ‚falschen Evidenz' dieser in Sprache, Macht und Erkenntniskategorien eingefrorenen, geschlechtlich codierten Asymmetrien befasst (Butler 1991; Butler 1995). Spätestens seit ihrem Buch *Gender trouble* gilt als selbstverständlich, dass ‚Männlichkeit' und ‚Weiblichkeit' sich nicht aus der Materialität der Körper deduzieren lassen, sondern umgekehrt Erkenntniskategorien sind, die auf die Materie bezogen werden. ‚Geschlecht' bildet dabei durchaus keine Ausnahme, denn in poststrukturalistischen Theorien wird eine unüberbrückbare Differenz zwischen Sprache und Materie angenommen. Sprache ist demzufolge lediglich in der Lage, Erkenntniskategorien zu generieren, die Stimmigkeit suggerieren, weil insbesondere solche einfachen Relationen, wie beispielsweise Oppositionen, aber auch sonstige Kategorienraster den Anforderungen der Logik genügen. Ontologische Aussagen über Geschlecht zu treffen, ist aber in der Auffassung Butlers ebenso so unmöglich, wie die radikale Differenz einzelner ‚Völker' oder gar ‚Rassen' auf den Begriff zu bringen. So kann beispielsweise nicht bewiesen werden, dass ein bestimmter Baum gewiss eine Buche ist. Nachweisbar ist lediglich, dass in unserer Sprache und Kultur, unter Berücksichtigung des Forschungsstandes der Botanik wie auch des Alltagswissens, ein bestimmter Baum gemeinhin als Buche bezeichnet wird, womit sich bestimmte Annahmen und Erwartungen verbinden, beispielsweise, dass unter dem Mikroskop eine bestimmte Zellstruktur seiner Blätter erkennbar ist. Analog zur Buche ließen sich ‚männlich' und ‚weiblich' oder jede andere Kategorisierung, die sich auf lebendige Materie bezieht, anführen. Diese als ‚linguistic turn' bezeichnete Denkfigur (Rorty 1967; Bachmann-Medick 2011) schränkt im ersten Schritt den Geltungsanspruch der Sprache stark ein – denn Sprache vermag es nicht, auf ‚Wahres' oder ‚Existentes' zu verweisen, sie konstruiert eben nur nach kulturellen Regeln ausdifferenzierten sprachlichen Sinn, der Kultur und Gesellschaft ausmacht, aber nicht in einer vom Menschen und von der Sprache unabhängigen Wirklichkeit eine Deckung besitzt. Folglich gibt es auch die Oppositionen, die die Sprache verwendet, in einer Welt der Ideen nicht ‚wirklich'. Daraus resultiert im zweiten Schritt eine beträchtliche Erweiterung des Stellenwertes von Sprache für gesellschaftliche und kulturelle Prozesse: Sprache konstituiert Gesellschaft und Kultur und strukturiert jeden Erkenntnisprozess stark vor; dabei wird Sprache selbst gesellschaftlich und kulturell hergestellt. Die Einsicht in die ‚Performativität' (Butler 2006, S. 249–256) sprachlichen Handelns hat erhöhte Aufmerksamkeit für das Sprechen über Andere, etwa für asymmetrische Wertungen von Unterscheidungen usw. nach sich gezogen. Dabei ist es keineswegs neu, dass Gesellschaften den eigenen Sprachgebrauch reflektieren und Kategorien und Unterscheidungen verabschieden, historisieren oder modifizieren, weil sie sie für ethisch und moralisch nicht mehr vertretbar oder schlicht für überholt halten. Die Kategorie ‚Rasse' ist obsolet und nicht mehr vertretbar, die Unterscheidung ‚Sklave' vs. ‚Freier' wurde historisiert und die Opposition ‚Mann' vs. ‚Frau' fortwäh-

Judith Butler: Gender trouble

Die Performativität sprachlichen Handelns

rend modifiziert. Dies alles sind Erscheinungsformen der Plastizität und Transformationsfähigkeit von Sprache, und daraus resultiert auch ein ethisch-politischer Rechtfertigungsdruck, der von dem Gedanken des autonomen Individuums und seiner Selbstbestimmung abgeleitet wurde und nun letztlich auf jeder einzelnen Sprache lastet.

Infragestellung des zweifach inferiorisierenden Repräsentationsregimes

Im Zusammenhang dieser Einführung ergibt sich daraus vor allem die Frage: Inwiefern und mit Hilfe welcher Verfahren sind literarische Texte in der Lage, interkulturelle Konstellationen zu entwerfen, in denen Geschlechterasymmetrien unterschiedlicher Kulturräume miteinander verglichen werden, ohne dass dabei die westeuropäischen Verhältnisse als Maßstab herangezogen werden (Uerlings 2006)? Gelingt es den Texten, jenes zweifach inferiorisierende Repräsentationsregime infrage zu stellen, welches im ‚kolonialen Paar' (bestehend aus dem männlichen ‚Kulturbringer' und der braunen oder schwarzen Frau als ‚edler Wilder') angelegt ist?

Des Weiteren wird aus Sicht der Gender Studien kritisiert, dass sich insbesondere im 19. und 20., zuweilen aber auch noch im 21. Jahrhundert ein Blickregime auf andere Kulturräume herausgebildet hat, das ein ‚rückständiges' oder ‚frauenfeindliches' Geschlechterbild unterstellt. Zwar mag es solche Verhältnisse an westlichen Maßstäben gemessen durchaus geben, aber häufig blenden solche Beschreibungen die Verhandlungs- und Transformationsprozesse von ‚Männlichkeit' und ‚Weiblichkeit' aus, die auch in diesen Kulturräumen durchaus seit Jahrhunderten stattgefunden haben und weiterhin stattfinden. Insbesondere mit Bezug auf Indien haben mehrere Theoretikerinnen argumentiert, dass die aus westlicher Sicht geäußerte Klage über die Unterdrückung der Frauen häufig damit einherginge, dass die jahrhundertelangen Auseinandersetzungen um Machteffekte der Kategorie ‚Geschlecht' in Indien selbst von den westlichen Betrachtern kaum zur Kenntnis genommen würden. Im blinden Fleck des westeuropäischen Selbstverständnisses als ‚Kultur- und Emanzipationsbringer' läge, so die postkoloniale Theoretikerin Uma Narayan (Narayan 2011, S. 337–393), dass der Kolonialismus zumeist die Geschlechterasymmetrien in den kolonisierten Gebieten verstärkt habe, da die Kolonialherren überwiegend einheimische Männer als Verhandlungspartner für die kulturellen Transferprozesse auserkoren und die Frauen durch die eingeleiteten infrastrukturellen, produktionstechnischen und symbolischen Veränderungen noch schlechter gestellt hätten als zuvor. Sie begründet dies damit, dass in der Folge deren traditionelle Tätigkeiten (bestimmte Formen der Nahrungsbeschaffung, Verarbeitung von Stoffen etc.) entwertet und durch andere Produktionstechniken ersetzt worden seien, ohne dass die Frauen in angemessener Weise an diesen neuen Prozessen beteiligt worden wären, sodass ihr Stand sich im kulturellen Aushandlungsprozess von ‚Geschlecht' mitunter trotz rechtlicher Verbesserungen insgesamt verschlechtert habe.

Uma Narayan: Kolonialismus und Geschlechterasymmetrien

Auch Gayatri Chakravorty Spivak kritisiert in ihrem berühmten Essay *Can the Subaltern Speak* (Spivak 1988, S. 271–313), dass indische Frauen in westlichen Darstellungen der Unterdrückung von Frauen in Indien nicht als Handelnde und Sprechende wahrgenommen, sondern in potenzierter Weise als Objekte imaginiert würden: Weiße Männer bemühten sich, braune Frauen vor braunen Männern zu retten, und bemerkten dabei nicht, dass sie dabei Handlungsspielräume von Frauen negierten und es hauptsächlich darum ginge, die Überlegenheit des westeuropäischen Patriarchats gegenüber dem indischen unter Beweis zu stellen. Dieser Kopplung von geschlechtlichen und kulturellen Machtasymmetrien gelte es, so Spivak, entgegenzuwirken. Westliche Beobachter täten besser daran, indische Frauen als Ansprechpartner und als Instanzen, die kulturelle Prozesse aushandeln, aufzusuchen, anzuhören und ernst zu nehmen, statt über ihre vermeintlich von der indischen Kultur hergestellte Passivität zu klagen.

Auch von hier aus lassen sich zahlreiche Fragen an die literarischen Texte richten, wobei die Antworten nicht unbedingt mit der Zielrichtung der jeweiligen Poetik deckungsgleich sein müssen – diese Relation bedarf daher gesonderter Klärung. Gelingt es den Texten, insbesondere weibliche Stimmen aus Kulturräumen, die im diskursiv verfügbaren Wissen inferiorisiert wurden, so darzustellen, dass ihrer Person, ihren Erkenntniskategorien und ihrem Weltbezug nicht nur Sympathie, sondern auch Interesse entgegengebracht werden? Kommt es zu überzeugenden Darstellungen einander überkreuzender, prinzipiell gleichwertiger Gegenblicke? Ziehen die europäischen Gesprächspartner es zumindest in Betracht, ihre eigenen Denkkategorien ausgehend von der Rede einer ‚orientalischen Frau' infrage zu stellen? – Bereits in der Zeit um 1800 entstehen Texte, für die man diese Fragen mit einiger Vorsicht bejahen kann.

Fragen an den literarischen Text

IV. Geschichte interkultureller Literatur

Interkulturelle Literaturgeschichte

Die Geschichte der deutschsprachigen Literatur vom Mittelalter bis zur Moderne kann auch als eine Geschichte interkultureller Literatur begriffen werden. Allerdings ist eine umfassende Geschichte der deutschen Literatur als interkultureller Literatur noch nicht geschrieben. Die folgenden Ausführungen besitzen einerseits einführenden Charakter, sind zugleich aber auch als Prolegomena zu einem solchen umfassenden und ehrgeizigen Projekt zu verstehen; es geht ihnen darum, die spezifische Art zu beleuchten, wie in der deutschsprachigen Literatur interkulturelle Bezüge wichtig und konstitutiv wurden. Dabei kann keine Vollständigkeit angestrebt werden; es geht vielmehr darum, wichtige Entwicklungslinien nachzuzeichnen und den Horizont für eine innovative Perspektive zu öffnen.

Der ‚orientalische' Fremde in Mittelalter und Früher Neuzeit

Das bzw. der Fremde begegnet in der europäischen und in der deutschen Literatur des Mittelalters und der Frühen Neuzeit zunächst als Feind, als (muslimischer) Herrscher über die heiligen Stätten der Christenheit und damit als Gegenüber in den Kreuzzügen und mit dem Osmanischen Reich zunächst als starker Kontrahent im Kräftespiel der europäischen Mächte in der Frühen Neuzeit (mit dem traumatischen Phantasma von den ‚Türken vor Wien'). In Mittelalter und Früher Neuzeit gibt es aber trotz dieser Grundkonstellation eine differenzierte Auseinandersetzung mit diesem ‚orientalisch' Fremden und Anderen, indem einerseits Affinitäten zu diesem deutlich werden, die jenseits der religiösen Differenz auf gemeinsamen Normen und Werten beruhen (Ritterlichkeit, ‚Minne', weibliche Schönheit) oder in denen deutlich wird, dass problematische Aspekte des Eigenen auf den Fremden/Anderen projiziert werden. Mit der Aufklärung wird durch die Überwindung des religiösen Dogmatismus (und wohl auch durch die Schwächung des muslimischen Anderen im Osmanischen Reich) ein interreligiöser Dialog möglich, der einen wichtigen Stellenwert im interkulturellen Diskurs gewinnt und der sich in Lessings *Nathan der Weise* in besonderer Weise deutlich manifestiert. Darauf aufbauend, können Herder und Goethe Konzepte der Weltliteratur entwickeln, die ein grundsätzliches Interesse auch an den außereuropäischen Kulturen begründen und die insbesondere in der Romantik und auch im Realismus zu komplexen Beziehungen zum ‚orientalischen' Anderen führen, die in ihrer Anerkennung des Anderen, aber auch in ihrer irreduziblen Ambivalenz zu analysieren sind. In der Zeit um 1900 und auch noch in der Literatur der klassischen Moderne steht die interkulturelle Perspektive der deutschsprachigen Literatur in einem charakteristischen Spannungsfeld zwischen einer ideologischen Teilhabe auch am deutschen Kolonialismus des Kaiserreichs und einer Opposition gegen die herrschende deutsche und europäische Gesellschaft, die eine emphatische Bejahung des ‚exotischen' Fremden ebenso einschließen kann wie dessen bedenkenlose Vereinnahmung innerhalb des europäischen Diskurses.

Von der Zeit um 1800 bis zur Moderne

1. Vorgeschichte interkultureller Literatur

‚Interkulturalität' als Terminus und auch als bewusst reflektiertes Phänomen erscheint gebunden an die Bildung eines Bewusstseins getrennter nationaler Kulturen, die ihre eigene Identität und auch ihre eigene ‚Literatur' herausbilden. Dies ist um 1800 mit den Schriften Herders in der deutschen Literatur gegeben. Dennoch gibt es natürlich eine ‚Vorgeschichte' interkultureller Literatur in Deutschland; denn genauso wie die Literatur der Antike durch die Begegnung mit fremden Kulturen geprägt war, gibt es eine Konfrontation mit dem Fremden und dem Anderen in der Literatur des Mittelalters und der Frühen Neuzeit. Begegnungen mit dem Fremden ergeben sich im Mittelalter primär in der agonalen Beziehung der Kreuzzüge, die aber einen unvoreingenommenen Austausch nicht immer ausschließen. Außerdem gab es bekanntlich im Mittelalter einen umfangreichen arabisch-europäischen Kulturtransfer, der insbesondere vom maurisch beherrschten Spanien ausging und durch den Europa mit der Überlieferung der Antike bekannt wurde. Dieses Bewusstsein von der überlegenen Kultur der Araber war auch in der deutschen Kultur verbreitet. Dennoch macht die beherrschende Stellung der christlichen Religion im Mittelalter und auch noch in der Frühen Neuzeit eine wirkliche interkulturelle Öffnung schwierig, weil ‚Interkulturalität' und ‚Fremdheit' allzu häufig mit einer Begegnung mit ‚Ungläubigen' identifiziert werden (zu denen natürlich auch die Muslime gehören). Die Herausbildung primär nicht-religiöser kultureller Werte wie Ritterlichkeit und Minne erlaubt dann Ansätze einer offenen Begegnung mit dem Fremden.

Das Fremde in Mittelalter und Früher Neuzeit

Die Kreuzzüge im 12. Jahrhundert brachten die erwähnten kriegerischen Auseinandersetzungen mit Muslimen und Arabern, aber auch bestimmte Formen der Kooperation durch die Gründung christlicher Staaten in Arabien und durch Allianzen mit arabischen Fürsten (vgl. hier und im Folgenden zum Mittelalter und zur Frühen Neuzeit Berman 2011, S. 23–103 und Kontje 2004, S. 15–59). Es entwickelt sich Kreuzzugsdichtung im engeren Sinne als ‚engagierte Literatur', der es um eine Unterstützung der Kreuzzugsideologie geht. Immer häufiger kommt es aber zu Enttäuschung und Frustration über den Verlauf der Kreuzzüge und damit zu einer zunehmenden Distanz gegenüber der Kreuzzugsideologie. Schließlich ist mit dem Ideal der Ritterlichkeit in gewissem Sinne eine Abgrenzung von einer dogmatisch-religiös inspirierten Ethik zu erkennen, die als eine mögliche Konsequenz zu einem vielleicht aus heutiger Sicht überraschenden Respekt vor dem ritterlichen Fremden führen kann. Natürlich bedeuten aber Öffnungstendenzen gegenüber dem Anderen nicht automatisch, dass der orientalische Andere als gleichberechtigter Partner verstanden wird. So findet sich etwa das Phantasma der getauften schönen Orientalin und mit diesem eine Form von Interkulturalität, die sich die Begegnung mit dem Fremden nur als dessen Unterordnung unter die abendländisch-christliche Kultur vorstellen kann. Dieser Widerspruch zwischen einer Öffnung gegenüber dem Fremden und dem Festhalten an einem universalistischen Ansatz ist auch noch für die Neuzeit und die Gegenwart charakteristisch (wobei an die Stelle der christlichen Religion meistens die Überzeugung der Universalität aufklärerischer Prinzipien wie der Menschenwürde und der Selbstbestimmung getreten ist). Hier besteht die Gefahr, dass die eigene Position als universal begrif-

Die Kreuzzüge

Zwischen Öffnung und universalistischer Vereinnahmung

fen und der oder die Andere nur insoweit akzeptiert wird, als er oder sie Momente des Europäischen aufnimmt oder bereits verkörpert.

Auf der anderen Seite kann etwa das Ideal der Minne als eine transkulturelle Norm verstanden werden: die edle Frau kann auch eine Schwarze oder eine Muslima sein, sodass von ‚Kulturkontakt im Zeichen der Minne' (vgl. Urban 2007) die Rede sein kann.

Parzival Im *Parzival* des Wolfram von Eschenbach (zwischen 1160 und 1180 bis ca. 1220), dem bedeutendsten deutschsprachigen Epos des Mittelalters (vgl. Kühn 1997) (entstanden wahrscheinlich ab 1200), erscheint die schöne schwarze Königin als Ehepartnerin von Parzivals Vater (wobei charakteristischerweise die geographischen Verhältnisse im ‚afrikanisch-asiatischen' Raum für unsere heutigen Verhältnisse sehr unklar erscheinen). Der aus dieser Verbindung hervorgegangene Feirefiz wird als ‚Mischung' aus Weißem und Schwarzem dargestellt, er bewährt sich im Kampf gegen seinen Stiefbruder und wird von diesem akzeptiert. Seine Bekehrung zum Christentum wirkt dann eher als pragmatisches Kalkül und keineswegs als ein tief religiös motivierter Schritt. Der exemplarische Roman des deutschen Mittelalters ist vor diesem Hintergrund von einer bemerkenswerten Offenheit gegenüber dem orientalischen (und eben afrikanisch-asiatisch-arabischen) Fremden geprägt und er zeigt eine zwar christlich geprägte, aber doch von Toleranz gegenüber dem Andersgläubigen bestimmte Einstellung, wenn dieser den Idealen der Minne und der Ritterlichkeit folgt. In einer bemerkenswerten

Willehalm Passage von Wolframs *Willehalm* (entstanden zwischen 1210 und 1217) werden die Ungläubigen als Ungetaufte angesprochen, die insofern dem Christen vor der Taufe entsprechen (vgl. Kühn 1997, S. 355f.). Dies kann als Plädoyer für ein respektvolles Miteinander der verschiedenen Religionen verstanden werden. Auf der anderen Seite erkennt man hier die angesprochene *Problematik der universalistischen Konzeption des Christentums*: der getaufte Heide wird als der gewendete Andere verstanden; aus heutiger Sicht ist wegen der Überzeugung von der absoluten Wahrheit des Christentums keine echte Offenheit gegenüber dem Fremden zu erkennen. Dennoch wird gerade in einer vergleichenden Betrachtung mit den anderen europäischen Literaturen in der deutschsprachigen Literatur eine große Offenheit gegenüber dem orientalischen Anderen sichtbar (vgl. Berman 2011, S. 59).

In der Frühen Neuzeit bedeutet die ‚Entdeckung' Amerikas vor allem in mittelfristiger Sicht die Eröffnung neuer interkultureller Perspektiven.

Der osmanische Andere Gleichzeitig wird das Osmanische Reich zum privilegierten Anderen Europas. Hier sind Differenzierungen und Modifikationen an *Saids* Konzept vorzunehmen: Der osmanische Andere erscheint zunächst als machtvoller Gegner und nicht als unterlegener Anderer, in dessen Spiegel sich die Überlegenheit Europas manifestieren könnte. Darüber hinaus ist das Osmanische Reich in das System der europäischen Allianzen eingebunden und damit ein Anderer, der gewissermaßen zum Teil des Eigenen geworden ist. Neben hasserfüllter Propaganda gegen die ‚Türken' steht im deutschen und europäischen Raum ein Kulturtransfer, der sich nicht nur in der bekannten Begegnung mit dem Kaffee zeigt.

Lohensteins ‚Türkendramen' In der Literatur des Barock zeigen Daniel Caspers von Lohenstein (1635–1683) ‚Türkendramen' *Ibrahim Bassa* (1649/50, somit eine Schülerarbeit!) und *Ibrahim Sultan* (1673) eine spektakuläre und äußerst ambivalente Auseinandersetzung mit dem orientalischen Anderen. Vordergründig wird das Bild des Osmanen ganz im Sinne eines extremen Orientalismus als krasses Gegenbild zu einer als ‚normal' bewerteten europäischen Kultur und Gesellschaftsform gestaltet. Denn der ‚Türke' wird zunächst im Sinne des Christentums und Europas als lasterhafter, wollüstiger und grausamer Tyrann präsentiert. Dass es hier nicht um die realistische Darstellung konkreter Herrschaftsformen und kultureller Gegebenheiten geht, ist allein schon deshalb deutlich, weil der Primat des Rhetorischen in der Literatur der Frühen Neuzeit eine ‚realistische' Interpretation verbietet. Dennoch ist die deutliche Opposition zwischen Europa und dem Orient nicht zu leugnen. Auf der anderen Seite fällt auf, dass ähnlich wie im Falle des Reformators Luther der ‚türkische' Andere im Diskurs eingesetzt wird, um den europäisch-deutschen Anderen wie den Katholiken oder den eigenen schlechten Herrscher zu treffen. So stellt der wollüstig-tyrannische Regent nicht nur das radikal Andere dar, sondern auch das Fremde im Eigenen; den maßlosen Herrscher gibt es wie den lasterhaften auch in Europa. Im Übrigen fällt gerade aus heutiger Perspektive die Inbrunst in der Darstellung der angeblich so unmoralischen Brutalität und Wollust auf, die als imaginäre Ausschweifung offenbar eigene verdrängte Begierden im orientalistischen Diskurs verdeckt bzw. verdreht darstellt.

Das 18. Jahrhundert verändert zunächst den Orient-Diskurs aufgrund der Schwächung der Osmanen, die bald als ‚kranker Mann am Bosporus' bezeichnet werden und so nicht mehr als Bedrohung erscheinen. Die Aufklärung betont in ihrer frühen Phase einen umfassenden Rationalismus und damit einen Anspruch auf Universalismus, der dem Partikularen zunächst uninteressiert gegenübersteht. Es kommt aber zu einer kritischen Infragestellung der christlichen Religion, die mit den Mitteln der Vernunft kritisiert wird und ihren universellen Anspruch nicht mehr aufrechtzuerhalten vermag. Außerdem wird der aufklärerische Rationalismus bald relativiert und ein kritischer Perspektivismus entwickelt sich, der auch mit einer Öffnung gegenüber fremden Kulturen einhergeht (Diderot, Georg Forster). Dieser Perspektivismus bewirkt in der Spätaufklärung (oder ‚Vor-Romantik') eine Hinwendung zu einem historischen Denken, das auch die fremden Kulturen aus ihnen selbst heraus zu begreifen sucht. Von der mittelalterlichen und frühneuzeitlichen Dichtung und Kultur bewahrt sich aber bis ins neunzehnte Jahrhundert hinein eine Spannung zwischen Pluralismus und Universalismus: Denn einerseits sieht das Denken um 1800 die Gleichwertigkeit aller Kulturen und deren Besonderheit, die sie etwa aus unterschiedlichen klimatischen und gesellschaftlichen Bedingungen heraus erklärt (Montesquieu), andererseits bewahren sich das europäische und auch das deutsche Denken einen universellen Anspruch auf eine allgemein gültige Vernunft und Humanität, die jenseits aller kultureller Differenz gilt und die Möglichkeit eröffnet, bestimmte Kulturen anderen gegenüber auszuzeichnen (Voltaire, Herder).

Aufklärung und kritischer Perspektivismus

Grundlegend für die literarische Behandlung von interkulturellen und interreligiösen Fragen ist Lessings berühmtes Drama *Nathan der Weise*. Hier zeigt sich in epochaler Perspektive die Gleichwertigkeit der Offenbarungsreligionen eben von der Offenbarung her. Die Religion wird als Glaube verstanden und ihre jeweilige Entstehung als historisch bedingt. Interkulturali-

Lessings Nathan der Weise

tät ist von dieser Perspektive her eher denkbar. Lessings Figur Nathan respektiert die Überzeugungen der anderen, der Muslime wie der Christen (auch wenn Vertreter dieser Religion in einem Pogrom seine ganze Familie ermordet haben), und die Ringparabel betont die Gleichwertigkeit der Religionen und sieht den gewaltlosen Wettstreit um das gute Handeln als Konsequenz der neuen Weltanschauung. Die Literatur hat für Lessing damit die Funktion, Empathie und Verständnis für den andersgläubigen *Menschen* zu vermitteln. Dabei abstrahiert das Drama der Toleranz vom *Inhalt* der thematisierten Religionen; es geht nur um die Duldung des anderen als des anders Gläubigen. Dass auch bei Lessing die Spannung von Universalismus und einem Denken der Vielfalt grundlegend ist, zeigt seine Schrift *Die Erziehung des Menschengeschlechts*, in der er eine auf moralische Prinzipien bezogene geschichtsphilosophische Betrachtung der Religionen präsentiert und das Christentum gegenüber dem Judentum und dem gar nicht erwähnten Islam positiver bewertet, weil er Jesus Christus als einen herausragenden Lehrer der Menschheit begreift, wobei er letztlich eine Aufhebung aller Religion in einer philosophischen Frömmigkeit einer selbstreflexiven Aufklärung befürwortet.

Wielands Oberon

In Wielands *Oberon*, einem weiteren wichtigen orientalisierenden Werk der Zeit um 1800, findet man eine ironische Aufnahme mittelalterlicher Motive mit der Faszination der arabischen Kultur, der sympathetischen Beschreibung der schönen Orientalin und das Phantasma der Taufe der schönen Heidin. Doch trotz der ironischen Behandlung dieser Motive und eines emphatischen Eintretens für eine umfassende Humanität erkennt man durchaus problematische Züge des Orientalismus, weil eben die privilegierte Nähe der Humanität zur christlichen Kultur eine klare Abwertung des orientalischen Anderen impliziert (vgl. Hofmann in Goer/Hofmann 2007).

2. J. W. Goethes ‚Weltliteratur' und ihre Kontexte

Herders Kulturkonzept

Mit Herder und Goethe ist eine epochale Erneuerung der deutschen Literatur in Sturm und Drang und Weimarer Klassik verbunden, die auch und gerade neue interkulturelle Perspektiven mit sich bringt. Hier ist zunächst die Geschichts- und Kulturphilosophie Herders zu nennen, die dieser in seinem Frühwerk *Auch eine Philosophie der Geschichte zur Bildung der Menschheit* und in den *Ideen* ausarbeitet. Für Herder geht es explizit darum, jede Kultur aus sich selbst heraus zu verstehen; die Kulturen grenzen sich nach seiner Konzeption im historischen Prozess zunächst voneinander ab, lernen aber dann die Notwendigkeit der gegenseitigen Öffnung. Herder wendet sich gegen einen Vergleich der Kulturen; Religionen erscheinen ihm als historisch gewachsene zentrale Phänomene der verschiedenen Kulturen; alle Kulturen haben Teil an dem zentralen Wert der Humanität, die sich in verschiedenen Klimazonen und in verschiedenen historischen Kontexten verschieden ausprägt. Die Probleme dieses Konzepts liegen auch hier in der Spannung zwischen Pluralismus und Universalismus, denn einerseits geht es Herder um die historische Individualität, andererseits hält er an dem universalen Prinzip der Humanität fest und ist überzeugt, dass sich die Humanität in der Geschichte der Menschheit letztlich durchsetzen wird. Damit erweist sich aber: Trotz der Ablehnung des Vergleichs gibt es Kulturen, die Herder humaner erscheinen als andere, wie etwa die der Griechen, die seiner Meinung nach durch klimatische und gesellschaftliche Bedingungen privilegiert ist und die aus seiner Sicht in ihren Hervorbringungen einen Maßstab für die Menschheit gesetzt hat. Das Christentum schließlich ist für ihn der Gipfel der Humanität und tendiert zur Aufhebung nationaler Differenzen.

Trotz dieser Schwankungen und Widersprüche ist Herder ein glühender Verteidiger der Verschiedenheit der Kulturen und der interkulturellen Öffnung; er bekämpft den Kolonialismus vehement und setzt sich für die Utopie eines gleichberechtigten Welthandels ein, der die Machtasymmetrien des Kolonialismus aufheben soll. Die Literatur und speziell auch die ‚Volkslieder' sind Manifestationen der je eigenen Kulturen; sie beeinflussen sich gegenseitig und bilden in ihrer Vielfalt die neue „Weltliteratur". Herders interkulturelle Öffnung

Goethe übernimmt diesen Begriff von Herder. Weltliteratur ist für ihn nicht das Ensemble hochwertiger Literatur aus den verschiedenen Kulturen, sondern der Austausch der verschiedenen Kulturen, die sich in ihren literarischen Erzeugungen wechselseitig beeinflussen; dabei geht es vor allen dem späten Goethe darum, auch den Eurozentrismus zu überwinden (vgl. Mecklenburg 2014). Die Weimarer Klassik, die national gesinnte Germanisten einmal ‚Deutsche Klassik' nannten, ist in besonders prägnanter Weise interkulturell orientiert. Sie begann nach traditioneller Auffassung mit Goethes Italienischer Reise, die er als eine Neugeburt nach einer todesähnlichen Krise interpretierte. In den *Römischen Elegien*, dem lyrischen Ertrag seiner italienischen Erfahrungen, betont Goethe, dass Klima, Geschichte und Kultur Italiens ihm nicht nur eine intensive erotische Erfahrung vermittelten, sondern ihm mit Natur und (antiker oder klassizistischer) Kultur eine Erweiterung des deutschen Eigenen ermöglichten. So ist Goethes Italien-Erlebnis das Musterbeispiel einer interkulturellen Erfahrung mit der Erweiterung des Eigenen, die nicht nur zeitlich-historische Bezüge hat, sondern auch räumliche und damit interkulturelle im ganz engen Sinne. Iphigenies Sehnsucht, „das Land der Griechen mit der Seele <zu> suchen", ist auch Goethes Sehnsucht, die eine Relativierung des deutschen Eigenen zugunsten des mediterranen italienisch-griechischen Anderen bedeutet. ‚Weltliteratur'

Goethes Italienreise

Eine ähnliche Erfahrung der partiellen Aufgabe des Eigenen durchlebte und gestaltete der späte Goethe in seiner geistigen Begegnung mit dem mittelalterlichen persischen Dichter Hafis, die er zu der orientalisierenden Gedichtsammlung des *West-östlichen Divan* gestaltete. Hier geht Goethe hinter den Klassizismus der griechisch-römischen Kultur zurück und sucht eine Überwindung der klassizistischen Begrenzung in der orientalischen Unendlichkeit (die in der Flüssigkeit des Wassers ein Gegenmodell gegen die Festigkeit des ‚Gebildes' darstellt). Wenn Goethe in einem berühmten *Divan*-Gedicht Hafis als seinen „Zwilling" bezeichnet, betont er das Auffinden des Eigenen im Fremden. Und in der Radikalität des Alters gestaltet er das Risiko, das Eigene aufzugeben, wenn man wie der Schmetterling das Licht sucht und im Licht verbrennt (*Selige Sehnsucht*). Aber die Bereitschaft zur Selbstaufgabe wird durch die Erfahrung eines neuen Lebens belohnt: ‚stirb und werde' und diese Erfahrung, die Goethe dem Sufismus, der mystischen Strömung des Islam, entlehnte, kann auch als Grundlage einer interkulturel- Goethes *West-östlicher Divan* len Begegnung verstanden werden, die eine zumindest hypothetische Aufgabe eigener Vorurteile und Grundüberzeugungen voraussetzt, um sich dem Anderen zu öffnen. Dies kann als Verlust, als ‚kleiner Tod' erlebt werden; es winkt aber nach der existentiellen Krise des Selbstverlusts die Belohnung eben durch die Erfahrung des Anderen. In einer weitergehenden poetologischen und interkulturellen Reflexion ergibt sich dann die Möglichkeit, zwischen der eigenen und der fremden Kultur hin- und herzupendeln und damit den vielzitierten ‚dritten Raum' zu besetzen. Trotz dieser epochalen Option für die interkulturelle Öffnung erkennt man auch bei Goethe die erwähnte Spannung zwischen Öffnung gegenüber dem Fremden und Universalismus. Nicht in den Gedichten des *Divan*, aber doch in den begleitenden Essays findet sich eine eurozentrische Abwertung des ‚Geschmacks' der Araber. Goethe verwendet die Kategorie des Geschmacks in einer eindeutig vereinnahmenden Weise, indem er den arabischen Poeten vorwirft, sie verbänden in ihren Gedichten aufgrund der in der arabischen Sprache vorwaltenden Tendenz einer phonetischen Ähnlichkeit verschiedener Wörter in unpassender Weise allzu weit voneinander Entferntes. Dass es sich bei dieser Bewertung weniger um eine interkulturelle Differenzierung als vielmehr um eine auf formale und stilistische Prinzipien innerhalb der Dichtung beruhende Unterscheidung handelt, wird deutlich, wenn Goethe in diesem Zusammenhang den *deutschen* Schriftsteller Jean Paul zum Orientalen erklärt. Und der heutige Leser kann verstehen, dass und warum die Schriftsteller und Künstler der Moderne sich der orientalischen Kultur zuwandten, als sie die Grenzen des europäischen Klassizismus zu überschreiten suchten (vgl. Schwarz 2003). Weiterhin ist in diesem Kontext festzuhalten, dass Goethe mit schroffen Worten eine tiefgreifende Distanz gegenüber der indischen Kultur artikuliert, die sich allerdings ihrerseits der besonderen Hochschätzung der Romantiker erfreute.

Goethes Distanz zur arabischen Kultur

3. Indien, Ägypten und die Literatur der Romantik

Orient in der Frühromantik

Die Romantik schrieb ein umfangreiches und vielgestaltiges Kapitel interkultureller Literatur in der Zeit um 1800. Für die Frühromantik, also für Schriftsteller wie Wilhelm Heinrich Wackenroder (1773–1798), Novalis (1772–1801) oder Ludwig Tieck (1773–1853) und Friedrich Schlegel (1772–1829) geht es, wenn vom ‚Orient' die Rede ist, in erster Linie um die Suche nach neuen Formen der Erkenntnis. Diese sollen bestimmte Schwachstellen der Aufklärung überwinden, ohne hinter deren Errungenschaften zurückzufallen, und sie sollen religiöses Denken insofern einbeziehen, als sie ‚Ursprung', und ‚Ganzheit' so weit wie möglich berücksichtigen. Den alten Dichtungen des ‚Orients' – d.h. den antiken Hochkulturen Ägyptens, Persiens, Indiens und der arabischen Länder – wird zugeschrieben, bereits eine Dichtkunst gekannt zu haben, die Ursprung und Ganzheit evoziert und damit bereits das Höchste geleistet hat, was die europäische und insbesondere die deutsche Kunst in Zukunft erreichen kann. Insbesondere für Novalis bedeutet ‚Poesie' eine eigenlogische Form der Erkenntnis, deren Vorzüge vor allem darin liegen, Verstandenes mit Nicht-Verstandenem, Unbekanntem zusammenzubringen und damit die Figur einer ‚unendlichen Annäherung'

Eigenlogik der Poesie

an das ‚Ganze' und den ‚Ursprung' ins Bewusstsein zu rücken. Anfang oder ‚Ursprung' der Kultur sowie der letztgültige Bezugsrahmen aller Erkenntnis können nicht eingesehen oder gedacht werden, absolut wahre und gültige Unterscheidungen können allerdings nicht getroffen werden, ohne beides zu kennen. Geschlossene Systeme erweisen sich dementsprechend als bloße revisionsbedürftige, vorläufige Modelle und die Literatur, die sich gegenüber der Deutungshoheit der christlichen Religion und den feudalen Herrschaftsverhältnissen emanzipiert hat, kann auf diese Weise mit den aufgeklärten Wissenschaften in einen Dialog treten und einen eigenen Modus der Erkenntnis beanspruchen. Ihr Interesse richtet sich insbesondere auf das Ineinandergreifen von ‚Welt', ‚Natur', ‚Ordnung' und ‚Individuum', wobei ‚Gespräch' und ‚Liebe' sowie der Gedanke der ‚Vermittlung' zwischen Weltlichem und Transzendentem (Unbekanntem) das ‚Selbst' dynamisieren und erweitern sollen. Gemeint ist der sich selbst fühlende und denkende individuelle und kollektive Selbstentwurf (als Einzelner bzw. als Kollektiv der ‚Deutschen'). Dabei kommen dem ‚Orient' oder dem ‚Morgenland' zwei verschiedene, aber gleichermaßen wichtige Rollen zu: Zum einen ist der ‚Orient' als ‚Fremdes' ein Gegenüber, an dem sich achtsame Zuwendung und anerkennendes Verhandeln von ‚Gleichem' und ‚Verschiedenem' bewähren sollen. Zum anderen ist der ‚Orient' auch der Ort, dem die Urheberschaft einer Dichtkunst, die genau dies leistet, zugeschrieben wird. „Im Orient müssen wir das höchste Romantische suchen […]" (Schlegel 1800, S. 103f.), schreibt Friedrich Schlegel im zeitgenössisch stark rezipierten und auch später einflussreichen *Gespräch über die Poesie*. Schlegel war es auch, der von einer „Lehre des ewigen Orients" (Schlegel 1800, S. 33) sprach, die er besonders Novalis, neben ihm aber auch generell allen Künstlern zueignete und damit Ursprung oder Urgrund aller Erkenntnis, Gefühle, Zeichen und Formen meinte.

Friedrich Schlegel

Der Orient ist damit ‚Fremdes' und ‚Gleiches', und diese Paradoxie wiederholt den zentralen Modus der Erkenntnissuche, wie er weiter oben beschrieben wurde. Der Auseinandersetzung mit dem Orient verdankt sich somit nicht allein eine hoch interessante interkulturelle Literatur, auch wichtige Entwicklungen für die Literatur als eigenständige Repräsentations- und Kommunikationsform nehmen hier ihren Anfang. Gerade die literarischen Texte über den Orient sind nicht ohne Weiteres gleichzusetzen mit dem sonstigen Diskurs des Orientalismus (Said 1978). Dieser Orientalismus-Diskurs besaß im Wesentlichen zwei Facetten: Zum einen ging es darum, die wenig erschlossenen Gebiete der Weltkarte zu erkunden und wissenschaftlich gesichertes Wissen über den ‚Orient' zu sammeln. Zu diesen Bestrebungen, die bald in eine eigene akademische Disziplin, die Orientalistik, einmündeten, gehörte ein ausgeprägtes Interesse an den Sprachen des Ostens. Hinzu kamen aber bald auch Bestrebungen, die politische Verfasstheit, Kultur und Moral sowie ethnographische Merkmale zu erfassen, in deren Folge die Darstellung jedoch häufig in eine Schieflage geriet: Dieser ‚Orient' glich einer Gegenfolie zum eigenen Selbstentwurf, noch in voraufklärerischem ‚Aberglauben' und Despotismus befangen, schien er – anders als Europa – unfähig, seine politischen Geschicke selbst in die Hand zu nehmen, was die Aufklärung und die westeuropäischen Wissenschaften einerseits in umso hellerem Licht erscheinen ließ und andererseits zu immer

Orient als ‚Fremdes' und ‚Gleiches'

neuen Wissensproduktionen über den vermeintlich ‚zurückgebliebenen' Orient anregte. Diese von Edward Said und im Anschluss an ihn beschriebene Dynamik trifft aber für die Frühromantik kaum zu.

Nachgeordnete Rolle des Exotischen

Eine zweite Facette des Orientalismus-Diskurses besteht in einer Faszination für das ‚Exotische' im Umkreis des Orient-Begriffs, im Sinne eines gezähmten Fremden, das die eigene Phantasie in kontrollierbarer Weise anregt und fördert. Dem Exotischen kommt per definitionem keine Deutungshoheit über das Eigene (‚Deutsche') zu, es wird nicht als gleichwertige Instanz anerkannt. In der Frühromantik spielt das Exotische demgegenüber aber gerade deshalb lediglich eine nachgeordnete Rolle, weil dem Orient – zumindest in der Theorie – durchaus Deutungshoheit über das Eigene (‚Deutsche') zuerkannt und die Kulturräume des Orients (in den fiktiven Szenarien der literarischen Texte) als ernstzunehmendes Gegenüber dargestellt werden. Die Vorwürfe, die Edward Said gegen die Beschäftigung mit dem Orient erhoben hat, greifen also nur zu einem geringen Teil für die Romantik.

Anerkennung und okkupatorische Momente

Eine anerkennende Auseinandersetzung mit dem ‚Orient' findet in dreierlei Hinsicht statt: Erstens in Form von Übersetzung und Rezeption von Werken aus Asien, zweitens indem in literarischen Texten Begegnungen und Dialoge mit Stimmen aus dem ‚Orient' dargestellt werden und drittens indem der ‚orientalischen Poesie' jener erkenntnisträchtige, synthetisierende Umgang mit Eigenem und Fremdem zuerkannt wird, den die Romantik selbst anstrebt. Im Ergebnis wünscht sich die Frühromantik eine Poesie, die Analogien zu jener des Orients aufweist. „Es ist ein angebohrner Trieb des Deutschen, daß er das Fremde liebt" (Schlegel 1803, S. 49), schreibt Friedrich Schlegel; die orientalische Poesie liebt das Fremde ebenfalls und steht deshalb analog zum Eigenen; der Orient kommt einer „alten Heimat" (Schlegel 1803, S. 49) gleich. Zugleich ist der Orient aber auch das ‚geliebte Fremde', das erobert, besetzt und in Besitz genommen werden kann. Die Gefahr eines okkupatorischen Moments wohnt dem Blick auf den Orient durchaus inne. Sie kommt auf, sobald Deutungshoheit und Besitz nicht mehr im Gleichgewicht schweben, sondern auf deutscher Seite verortet werden. Davon zeugen die weiteren Ausführungen Friedrich Schlegels, der mit dieser Liebe zum Südländischen die Besetzung und Zerstörung Roms durch die Germanen im fünften Jahrhundert sowie die mittelalterlichen Kreuzzüge – den Versuch, den Orient bis nach Jerusalem zu vereinnahmen, die Muslime zu besiegen und zu vertreiben – erklärt.

Anteilnahme an der Gegenwart

Der Orient trägt schon in der Frühromantik viele Namen, von denen einige auf Länder oder Städte, wie etwa ‚Ägypten' oder ‚Jerusalem', andere bloß auf eine Himmelsrichtung oder ein Volk, wie das ‚Morgenland' oder ‚Hindostan', und manche auf imaginäre Orte, wie etwa ‚Dschinnistan' (Wieland 1992), das Land der Geister in der arabischen Mythologie, verweisen. All diesen Namen ist es gemeinsam, dass sie einen engeren oder loseren Bezug zu Asien, Afrika und manchmal auch zum europäischen Osten aufweisen, selten dagegen auf physikalische oder politische und sozialräumliche Entitäten referieren. So nehmen zwar auch die Frühromantiker die großen politischen Krisen und Umbrüche am Ende des 18. Jahrhunderts zur Kenntnis und versprechen sich davon individuelle und gemeinschaftliche Selbstreflexion und Selbstbestimmung. Vor allem die Französische Revolution

1789 und die von ihr angestoßene Verhandlung von Moderne und Modernisierung, aber auch das politische Weltgeschehen auf anderen Kontinenten wie der Napoleonische Feldzug in Ägypten werden wahrgenommen und diskutiert. Schließlich verfassen Novalis (*Die Christenheit oder Europa. Ein Fragment*, 1799; vgl. Novalis 1983, S. 507–524) und Friedrich Schlegel (*Allgemeine Bemerkungen über Europa*, 1803/1804; vgl. Schlegel 1958, S. 15–18) Essays zu Europa, die versuchen, den Status quo des Kontinents vor dem Hintergrund seiner geschichtlichen Entwicklung und seiner Zukunftsperspektiven zu bestimmen und eine Abgrenzung von anderen Kontinenten vorzunehmen. Es greift also zu kurz, der Frühromantik Blindheit gegenüber der Gegenwart vorzuwerfen.

Dennoch liegt ihre Stärke nicht in unmittelbaren politischen Stellungnahmen, sondern vielmehr im Innehalten, der Skepsis und Hinterfragung bestehender Wissensmodelle und damit auch der imaginären Landkarte der Welt, auf der sich die aufgeklärten Staaten Westeuropas als moralisch, ökonomisch und politisch überlegene Großmächte sahen und sich auf die Überlegenheit ihrer kulturellen Errungenschaften sowie auf ihre militärische Vormachtstellung (Letzteres gilt für Großbritannien und das napoleonische Frankreich) beriefen. Zumindest werden in der Frühromantik apriorische Asymmetrien in interkulturellen Beziehungen mit einem Fragezeichen versehen. Manche Schriften – etwa Hardenbergs *Hymnen an die Nacht* (1800) (vgl. Novalis 1983, S. 130–157) – gehen so weit, zu beschreiben, wie sich die westeuropäische Kultur nur vom ‚Orient' her denken könne, der zugleich als Teil und als übergeordnetes Ganzes erscheint.

Hinterfragung bestehender Wissensmodelle

Nicht etwa um eine Erkundung kultureller Räume des Orients, sondern um eine spezifische Weise der Weltbetrachtung, die als eine dem ‚Orient' eigene angesehen wird, geht es hier. Man kann der Frühromantik vorhalten, sich wenig mit den damaligen Bewohnern Afrikas oder Asiens befasst zu haben; allerdings liegen ihre Leistungen auch in Bezug auf die europäischen Gesellschaften selten in unmittelbaren Stellungnahmen. Die Hinwendung zum Orient unterscheidet sich dafür in vielerlei Hinsicht von dem kolonialen Denken, das vielerorts (aber nicht überall) auch der Aufklärung eigen ist. Koloniales Denken beharrt auf der Gültigkeit der eigenen Wissensordnung, durch deren Anwendung auf wenig bekannte kulturelle Räume und deren Einwohner Erkenntnis angestrebt wird. Edward Saids Kritik am europäischen Orientalismus trifft daher die Frühromantik kaum, bzw. gar nicht. Es geht ihr weder um das Entdecken fremder Räume noch um szientistisches und ökonomisches Erschließen und ebenso wenig um die Projektion unerwünschter Eigenschaften auf Andere oder den Nachweis eigener Überlegenheit, sondern um Verfremdung der eigenen Gegenwart und Würdigung des ‚Anderen', der in die Rolle des Lehrenden erhoben wird. Diese interkulturelle Figuration war in der Zeit um 1800 neu und hat auch in den kommenden Jahrhunderten ein innovatives Potential bewahrt.

Der Andere in der Rolle des Lehrenden

Doch welche Probleme des aufklärerischen Denkens sollten auf dem Weg der Auseinandersetzung mit dem Orient behoben werden? Aus Sicht der Frühromantik war die Aufklärung hinsichtlich der Ermächtigung des Einzelnen als denkendes Wesen genauso wie in der Einsicht, dass gesellschaftliches Handeln menschlicher Verantwortung obliegt, durchaus im Recht. Da die Aufklärung aber die Grenzen der Vernunft nicht als solche beobach-

Avanciertes Denken des Fremden

ten konnte, während sie auf der anderen Seite uneingeschränkte Geltung für die aus ihr gewonnenen Erkenntnisse beanspruchte, lief sie Gefahr, Halbwahrheiten hervorzubringen und ihr Denkgebäude immer weiter auszudifferenzieren, ohne zu bedenken, dass dessen äußere und innere Umrisse und Trennwände fragwürdig waren. Dieser Widerspruch zwischen der Uneinsehbarkeit des Ganzen auf der einen Seite und der beanspruchten Gewissheit über die Teile auf der anderen Seite beschäftigte die Frühromantik. In diesem Zusammenhang kommt der ‚Orient' ins Spiel, der weniger als Fremdes im Sinne eines ganz Unbekannten, Unzugänglichen und Unvertrauten gedacht wurde, denn als der Ort eines avancierten Denkens des Fremden, das in einem facettenreichen Verhältnis zum Eigenen, dem ‚Deutschen', steht. In den alten orientalischen Überlieferungen wurde ein Weltzugang vermutet, der Antworten auf die oben beschriebene Paradoxie des aufgeklärten Verstandes enthielt. Vom Orient erwartete man sich also einen Modus, das Nicht-Erschlossene in das eigene Denken – als ‚Fremdes' – einzubeziehen. Gemeint war damit der unendliche Rest jenseits der Grenzen der sich professionalisierenden Wissenschaften wie der Physik, der Medizin oder der Geographie, jenseits dessen, was die Aufklärung bereits durch Unterscheidung, Kategorisierung und Systematisierung erschlossen hatte. Von diesem fremd gebliebenen Bereich der Welt wurde in der Frühromantik angenommen, er könne ganz anders geartete Kategorien und Systematiken einfordern. Allein schon die Berücksichtigung dieser Möglichkeit verleiht dem Bekannten einen vorläufigen Charakter und geht mit der Bereitschaft einher, das Vertraute vom Fremden aus zu revidieren.

Das Bekannte als Vorläufiges

Daneben wurde der orientalischen Poesie aber auch eine besondere Affinität zum eigenen, ‚deutschen' Selbst zugeschrieben, insbesondere zur eigenen Vergangenheit. Diese Überlegung, zunächst entstanden im Zusammenhang der Suche nach Analogien, sollte in der Spätromantik eine problematische Wendung nehmen und letztlich auf eine deutsche Deutungshoheit über die Entwicklungsgeschichte und den Orient zielen.

Rezeption von Literatur und Überlieferungen aus Asien und Afrika

> Wären uns die Schätze des Orients so zugänglich wie die des Altertums! Welche neue Quelle von Poesie könnte uns aus Indien fließen, wenn einige deutsche Künstler mit der Universalität und Tiefe des Sinns, mit dem Genie der Uebersetzung, das ihnen eigen ist, die Gelegenheit besäßen [...]. (Schlegel 1800, S. 103)

Übersetzung und Rezeption

Schon Johann Gottfried Herder hatte zur Auseinandersetzung mit den Werken des Orients aufgerufen, und Friedrich Schlegel zählt zu jenen, die diese Anregung aufgriffen und sich ihr intensiv zuwandten. Vor allem Übersetzung und Rezeption aus dem Indischen, Persischen und Arabischen trugen wesentlich zur Interkulturalität der Literatur um 1800 bei. Schon in der Frühromantik bestand ein reges Interesse an den Sprachen des Orients, insbesondere am Sanskrit, dem Persischen, der ägyptischen Hieroglyphenschrift und an allem Wissen, das sich mit den alten Hochkulturen Indiens, Persiens und Ägyptens verband. Damit ging auch die Gründung der Orientalistik als akademischer Disziplin einher, zu deren Zielen primär die wissenschaftliche Untersuchung der Sprachen sowie der literarischen Überlieferungen zählten und aus der sich teilweise die Komparatistik entwickelt hat. Bereits 1784 war die ‚Asiatic Society of Bengal' in London gegründet worden, und 1800 wurde in Paris der erste Lehrstuhl für Sanskrit in Europa eingerichtet, den Antoine-Isaac Silvestre de Sacy (1758–1838) innehatte und an dem Friedrich Schlegel Sanskrit studierte. Als Begründer der Indologie in Deutschland gelten u.a. Franz Bopp (1791–1867), der in Berlin Professor der orientalischen Literatur und allgemeinen Sprachkunde wurde und Gottfried Ludwig Kosegarten (1792–1860), der indische und ägyptische Texte herausgab und der Universität Greifswald als Rektor vorstand. Johann Jacob Reiske (1716–1774) begründete als außerordentlicher Professor in Leipzig die arabische Philologie, während Johann David Michaelis (1717–1791) als Göttinger Professor mit einer arabischen Grammatik zur Orient-Forschung beitrug; Johann Gottfried Eichhorn (1752–1827) gab als Göttinger Historiker und Orientalist das *Repertorium für Biblische und Morgenländische Litteratur* heraus. August Wilhelm Schlegel (1767–1845) richtete seine Professur in Bonn 1820 ebenfalls indologisch aus.

Diese Lehrstühle bemühten sich um die Übertragung und Verbreitung der Literaturen aus dem Orient. In diesem Zusammenhang machte sich besonders August Wilhelm Schlegel um die Herausgabe und lateinische Übersetzung der Bhagavad Gita verdient.

Die *Bhagavad Gita*, ein spirituelles Lied in 18 Gesängen mit insgesamt 700 Strophen, wurde zunächst mündlich tradiert und erstmals zwischen dem 3. und 5. Jh. v. Chr. verschriftlicht. In diesem Gedicht, das zum hinduistischen Epos *Mahabharata* gehört, offenbart sich die Gottheit Krishna dem Helden Arjuna, der um die richtige Haltung im Leben ringt. Arjuna fragt nach Krieg und Frieden, nach den Vorzügen und Nachteilen von Tätigkeit und Entsagung sowie nach Erkenntnis und Liebe. Krishna, die Mensch gewordene Gottheit, bestärkt ihn auf dem Weg der Stetigkeit, in Liebe und Tat, aber auch der moderaten Askese. August Wilhelm Schlegels Übersetzung erschien 1823 (Schlegel 1823). Der Text, der für die produktive Abgrenzung der Frühromantik vom klassischen Bildungsroman, also von Goethes *Wilhelm Meister*, vielerlei Anregungen enthielt, ist aber bereits vorher ausgehend von der englischen Übersetzung von William Jones (1746–1794) bekannt gewesen.

<small>Bhagavad Gita</small>

Die Grundsteine für die Rezeption von Texten aus dem Orient sind bereits früher gelegt worden. Johann Gottfried Herder (1744–1803) gab schon 1778 die Sammlung *Lieder der Liebe. Die ältesten und schönsten aus dem Morgenlande* (Herder 1892, S. 485–588) heraus, in der er hebräische Liebesgedichte aus den alttestamentarischen Schriften und deren Einfluss auf einige ausgewählte deutsche Minnelieder zusammenstellte.

William Jones hatte 1789 die *Sakuntala*, eine weitere Episode aus der *Mahabharata*, ins Englische übersetzt und diese Fassung übertrug der Gelehrte und Weltumsegler Georg Forster (1754–1794) ins Deutsche (Forster 1791). Diese von dem Dichter Kalidasa an der Schwelle zum 5. Jh. nach Chr. zu einem Drama umgeschriebene Episode aus dem Epos *Mahabharata* handelt von der Liebe zwischen der schönen Tochter einer weiblichen Gottheit und eines weisen Asketen und einem Königssohn, der seine Geliebte, Sakuntala, und das gemeinsame Kind infolge eines Fluchs nicht wiedererkennt. Sakuntala hatte in ihrem Liebesglück versäumt, einem Priester die gebührende

<small>Sakuntala</small>

Ehre zu erweisen und den Ring verloren, der sie laut dem Priesterfluch vor dem Vergessenwerden bewahren konnte, sodass der Königssohn sich erst nachdem er den Ring erblickt, den ein Fischer im Bauch eines Fisches gefunden hatte, an Sakuntala erinnert und sie schließlich im Wald wiederfindet. Die Geschichte Sakuntalas handelt von der Überwindung schicksalhafter Wiederholungen (wurde doch auch Sakuntala einst von ihrem Vater, dem Asketen, verstoßen), von ungekannter Schuld (denn Sakuntala kennt den Fluch, der auf ihr lastet, nicht) und schließlich von dem Ring als geheimnisvollem Zeichen des Erkennens und des Verbunden-Seins. Stoff und gefühlsbetonte Darstellungsweise regten nicht allein Johann Gottfried Herder (der zahlreiche Nachdichtungen der Lyrik Indiens verfasste und hervorhob, dass diese Texte jenen der alten Griechen in nichts nachstünden) (Herder 1882, S. 408–410), Friedrich und August Wilhelm Schlegel sowie Friedrich von Hardenberg zu eigener literarischer Produktion an, sondern erweckten auch den Eindruck, bereits vollbracht zu haben, was sich die Frühromantik erst als Ziel gesetzt hatte.

Weitere Übertragungen

Auch weitere Texte des ‚Orients' wurden übersetzt, darunter Übertragungen aus der persischen Literatur. Der Gelehrte Adam Olearius, der 1637 an einer einjährigen Handelsexpedition nach Persien teilgenommen hatte, übersetzte 1654 *Gulistan (Der Garten der Rosen)*, eine Sammlung von Erzählungen und Gedichten des persischen Dichters Saadie (gest. 1292), 1696 folgte die Übersetzung der persischen Sammlung *Bustan (Der Garten des Geschmacks)*. Johann Gottfried Herder kannte diese Übersetzungen und würdigte sie 1803 in seinem Aufsatz *Morgenländische Literatur* in seiner Zeitschrift *Adrastea* (Herder 1886, S. 350–356). Auch der epische Dichter Firdusi war Herder bekannt, der im Monumentalepos *Schahname (Buch der Könige)* Sagen, Mythen und überlieferte Geschichte des Persischen Reichs bis zu den arabischen Eroberungen in Persien und der Hinwendung zum Islam bearbeitet hatte. Die Verknüpfung von Heldensagen, Dichtungen, imaginärer Genealogie des Selbst und Geschichte übte große Faszination auf die Frühromantik aus, nicht zuletzt wegen der Figur des Zoroaster, der durch prophetische Kraft, Weisheit und die Aura des Heiligen schon in der griechischen Antike beachtet wurde.

Stimmen aus dem ‚Orient' in literarischen Texten der Romantik

Zulima und Mignon

Fast alle bedeutenden Schriftstellerinnen und Schriftsteller der Romantik stellten auch ‚Orientalen' in ihren Werken dar. In der Frühromantik ist es vor allem Novalis, der mit der Figur der Zulima einer von christlichen Kreuzrittern geraubten muslimischen Frau im Romanfragment *Heinrich von Ofterdingen* eine Stimme verleiht. *Heinrich von Ofterdingen* verstand sich als Antwort auf Johann Wolfgang von Goethes *Wilhelm Meisters Lehr- und Wanderjahre* (1795/1796) und zugleich auch als dessen Korrektur. Besonders deutlich werden die Modifikationen der Wertvorstellungen und Bezugsrahmen des klassischen Bildungsromans zu seinem frühromantischen Äquivalent an dem Verhältnis zwischen den beiden jungen Frauenfiguren Mignon und Zulima. Für Goethes Mignon, eine interne Fremde, die südländische, nur teilweise verständliche Lieder und einen geheimnisvollen, höchste Körperbeherrschung erfordernden Tanz vorführt, und damit an die Motivik des ‚Zigeunerischen' erinnert, gibt es am Ende keinen Platz in der

Gesellschaft. Zweckorientierte Regeln der Vernunft bedürfen dessen, was die teilweise ‚orientalisch' und zivilisationsfern gezeichnete Mignon zu bieten hat, nicht. Indem die Exequien Mignons am Ende im Turm, dem Inbegriff einer von freimaurerischen, aufgeklärten Prinzipien geleiteten Gesellschaft, eingelagert werden, legt Goethes Text aber immerhin die Gewalt der Exklusion von Lebendigem, Unverstandenem offen und rückt sie in ein kritisches Licht: mit der toten Mignon im Turm bleibt die Spur dieser Gewalt der Zivilisation eingeschrieben. Zulima kommt demgegenüber in *Heinrich von Ofterdingen* eine ganz andere, sehr viel größere Bedeutung zu. Sie wurde von Kreuzrittern als Kriegsgefangene aus dem muslimischen ‚Morgenland' mitgebracht. Demzufolge kennt sie jene beeindruckenden Schätze des Orients, von denen ein deutsch-europäischer Einsiedler erzählt, aus eigener Erfahrung, und diese Erfahrung ist im Text als Gegenstimme des potentiell okkupatorischen Blicks der Kreuzritter wie der Dichter und Gelehrten präsent. So preist Zulima das Zusammenleben des muslimischen ‚Orients' und die dortige Kultur und beschreibt die Kreuzzüge als Akt der Gewalt. Heinrich erkennt die Vorstellungen, Sehnsüchte und Gefühle wie Einheit, Liebe und Mitleid, die dem Christentum zu eigen waren, in Zulima, die diese selbst verkörpert, wieder. Durch ihre Rede, ihre Präsenz und vor allem ihre ergreifenden Lieder und ihr Lautenspiel erscheint das Ansinnen der Kreuzritter, das moralisch Gute durch ihren Feldzug in den Orient zu bringen, absurd. Der angehende Dichter Heinrich maßt sich kein Urteil über Zulima an, er möchte vielmehr mit ihr in Verbindung bleiben und sie in besseren Umständen wiederfinden. Zulima spricht von einem Bruder, der im fernen Orient ein Dichter ist und den Kreuzzüglern entkam, weil er vor ihrer Ankunft aufgebrochen war, um einen Lehrmeister aufzusuchen. So tut sich eine Analogie zwischen Heinrich und dem Bruder Zulimas auf, die sich als subtile Reflexion des romantischen Verhältnisses zwischen Westeuropa (‚Abendland') und Orient erweist. Heinrich und der orientalische Dichter ähneln sich auf ihrer Suche nach Poesie und Selbstfindung, sie werden aber dadurch geschieden, dass Zulima in der Fremde bei Heinrich und nicht in der Heimat bei dem Bruder ist. Zulimas Sehnsucht nach dem wirklichen Bruder, mit dem sie die Kindheit und Jugend verbracht hat, ist eine andere als die abstrakte Liebe des Orients als Metapher der imaginären Heimstätte frühromantischer Poesie. In der Szene, in der Zulima Heinrich die Laute, einst ein Abschiedsgeschenk des Bruders, schenken will, und Heinrich sich stattdessen ein goldenes Haarband mit dem Namen Zulimas erbittet, überschneidet sich die Übereinstimmung in der Poesie mit der Differenz kultureller Zugehörigkeit. Die fremden Zeichen relativieren den uneingeschränkten Geltungs- und Wahrheitsanspruch der eigenen Sprache, denn sie sind ‚wahr', verweisen sie doch als Name auf die anwesende Zulima. Es liegt hier eine differenzierte Figuration von Interkulturalität vor, die sich weder dem Universalismus, noch dem Partikularismus zurechnen lässt, sondern auf achtsame und anerkennende Auseinandersetzung und Dialog zielt und dabei Sehnsüchte, Ängste, Projektionen sowie Zugehörigkeit zu Diskursräumen samt deren Geschichte mit einberechnet. Nur in dieser interkulturellen Konstellation kann sich Heinrich bewähren, zu seinem ‚Selbst' und zur ‚Poesie' finden. Es geht nicht etwa darum, Zulima, ihren Dichter-Bruder, das ‚Morgenland' und die Musik der Laute als nebensächlich abzutun oder sie vollständig zu begreifen, sie zu vereinnahmen oder zu ‚besiegen', sondern sich in der Auseinandersetzung mit ihnen und ihren Gegenstimmen zu bewähren.

Heinrich von Kleist

Anfang des 19. Jahrhunderts greift Heinrich von Kleist (1777–1811) in *Die Verlobung in Santo Domingo* (1811) einige der in der Frühromantik insbesondere von Novalis aufgeworfenen Fragen auf. Zwischen der Begegnung der unterworfenen, gefangenen Zulima mit den weißen, christlichen Kreuzrittern und dem Aufeinandertreffen der ‚Mulattin' Toni mit dem Schweizer Gustav von Ried auf Santo Domingo bestehen gewisse Analogien. Diese betreffen Fragen der Anerkennung, der Asymmetrien zwischen den Geschlechtern und solche nach der (vermeintlichen) Überlegenheit der Deutschen bzw. Europäer gegenüber ‚Orientalen' bzw. Kolonisierten. Kleist versieht die angebliche Inferiorität der ‚dunklen Frau', die in Reiseskizzen und gelehrten Publikationen seiner Zeit oftmals vorausgesetzt oder ‚bewiesen' wurde, im Handlungsverlauf mit einem Fragezeichen und widerlegt sie am Ende. Gustav versagt, indem er nicht in der Lage ist, Vertrauen gegenüber Toni aufzubringen, während diese entschieden hatte, ihn vor der Tötung durch ihren aufständischen Ziehvater, den Schwarzen Congo Hoango, zu retten und einen entsprechenden Plan geschmiedet hatte. Gustav erschießt bei der ersten sich ihm bietenden Gelegenheit Toni, weil er sie, der er sich anvertraut und mit der er sich in der ersten Nacht des Kennenlernens verlobt hatte, verdächtigt, ihn getäuscht, verraten und den Verfolgern ausgeliefert zu haben, und er tötet, nachdem er seinen Irrtum eingesehen hat, sich selbst. Aus Sicht einer postkolonialen Kritik an dem Text ist angemerkt worden, dass das ‚gute Handeln' Tonis im Sinne der Weißen sei und darin bestünde, dass sie zwar nicht Gustav, aber dafür den Befreiungskampf der über Jahrhunderte als Sklaven Ausgebeuteten verrate. Im Text wird jedoch deutlich, dass Toni sich der Komplexität des Konflikts bewusst ist, insofern sie in einer schwierigen Lage, der viel Gewalt vorangegangen ist, sorgfältig abwägt und eine vertretbare Entscheidung trifft, der durchaus ‚Gerechtigkeit' zugesprochen werden kann und die sich gerade nicht an den Trennlinien zwischen ‚Weißen' und ‚Schwarzen' orientiert. So betrachtet, besitzt der Text selbst ein kolonialismuskritisches, postkoloniales und damit interkulturelles Potential.

‚Zigeuner' als interne Fremde

Nicht nur in der Auseinandersetzung mit entfernten, unbekannten Diskursräumen, etwa mit dem ‚Orient' oder den überseeischen Kolonien entsteht eine umfassende interkulturelle Literatur, auch im Zuge der Verhandlung interner Homogenität bzw. Heterogenität. Besonders intensiv wurde diese Frage anhand der sogenannten ‚Zigeuner' verhandelt, jener Gruppe, die seit dem 15. Jahrhundert auf dem Gebiet Deutschlands lebt, über deren Herkunft unzählige Hypothesen entworfen wurden und der alle Register der Fremdheit zugeschrieben wurden, von der ethnischen über die soziale bis hin zur religiös begründeten. Die ‚Zigeuner' rückten in die Diskursposition des ‚inneren Orients', da man sukzessive annahm, die ‚Zigeuner' kämen entweder aus Ägypten, aus den Territorien des Osmanischen Reichs oder schließlich aus Indien – alles Gebiete, die auf der damaligen imaginären Landkarte dem ‚Orient' angehörten. Neben zahlreichen Abhandlungen,

‚Zigeuner' und interner Orient

Reiseskizzen und ethnographischen Schriften setzt sich auch die Literatur der Zeit um 1800 intensiv mit den als ‚Zigeuner' – damals schon ein stigmatisierender Begriff – Bezeichneten auseinander. 1787 hatte Heinrich Moritz Gottlieb Grellmann (1756–1804) in einer zweiteiligen vielbeachteten Abhandlung den Nachweis erbracht, dass die ‚Zigeuner' aus Indien stammen und dass die von ihnen gesprochene Sprache, das Romanes, so eng mit dem alten Sanskrit verwandt ist, dass eine Verständigung zwischen Roma und Indern möglich sei. In seinem Nachweis stimmte Grellmann mit weiteren bedeutsamen Gelehrten der Aufklärung wie Johann Christian Christoph Rüdiger (1751–1822) und Johann Erich Biester (1749–1816) überein. In Anbetracht der Wertschätzung, die das alte Sanskrit und Indien in der Romantik erfuhren, ist es nur folgerichtig, dass die ‚Zigeuner' als ‚interne Orientalen' angesehen und zu Figuren einer regen und facettenreichen Auseinandersetzung wurden.

Die wichtigsten Vertreter der Heidelberger Romantik setzten sich auch mit dem geographischen Orient auseinander. So spielen in Texten wie Achim von Arnims *Melück Maria Blainville, die Hausprophetin aus Arabien* (1812) sowie *Armut, Reichtum, Schuld und Buße der Gräfin Dolores* (1810) oder Clemens Brentanos *Das Märchen von Fanferliesschen Schönefüßchen* (1842) Landschaften und Menschen aus dem muslimischen Orient eine zentrale Rolle. Doch neben den Ländern des Südens und Ostens befassen sich Achim von Arnim (1781–1831) und Clemens Brentano (1778–1842) auch mit ‚Zigeunern' als ‚internen Orientalen'. Diese Figuren sind besonders interessant, weil sie Fragen der Anerkennung und sozialer Exklusion aufgreifen und gleichzeitig interkulturelle Figurationen der Begegnung mit fremden Kulturen entwerfen. Aus heutiger Sicht sind Fremdheitszuschreibungen an die deutschen Sinti unangemessen, weil sie nach sechshundertjähriger Präsenz auf dem Gebiet Deutschlands selbstverständlich ‚Deutsche' sind. In der Romantik um 1800 verband sich mit dem Interesse an der ‚Fremdheit' der als ‚Zigeuner' Bezeichneten ein Moment der Anerkennung als gleichwertiges Gegenüber, das sich von dem stigmatisierenden Umgang mit ‚Zigeunern' unterschied. Ein Beispiel dafür ist die Fürstin Isabella in Arnims *Isabella von Ägypten oder Kaiser Karl des V. erste Jugendliebe* (1812), eine komplexe, letztlich identifikatorisch dargestellte Figur, die ihr Volk der ‚Zigeuner' nach Ägypten führt und dort einen eigenen Staat gründet, während eine deutsche Staatsgründung Kaiser Karls V. misslingt. Der Text entwirft ein komplexes Spiel mit Analogien und Differenzen und fokussiert auch auf die Verfolgung der ‚Zigeuner' in den deutschsprachigen Gebieten: Michael, der erhabene Herzog der ‚Zigeuner', wird unschuldig gehängt, erfährt aber anschließend eine Jesus gleiche Apotheose, woraufhin er von den Seinen in den Fluss Schelde gelegt wird, um den Heimweg nach Ägypten zu finden, während Isabella in einer Nacht, als sie, erschöpft und von allen verlassen, bewusstlos auf einem Grenzpfad liegt, von Flurhütern, die sie für tot halten und sich die Bestattungskosten sparen möchten, beinahe ebenfalls in die Schelde geworfen wird. Wie bei Novalis steht die Verhandlung von Zeichenordnungen, Weltbildern und Bezugsrahmen in einem Spannungsverhältnis mit dem dargestellten ‚realen Leben', auf das es eben durchaus ankommt. Aus heutiger Sicht problematisch ist, dass Isabella in ein anderes Land ausziehen muss. In der Konzeption des Textes scheint hier

‚Zigeuner' bei Arnim und Brentano

Verhandlung von Weltbildern

eine Verknüpfung von Kultur und Ethnizität auf, die trotz aller Entsprechungen und Analogien im Text dennoch ‚Völker' zu homogen gedachten Kollektivsubjekten macht und somit eine zumindest im Hinblick auf interne Heterogenität zu kurz greifende interkulturelle Konstellation entwirft.

Interkulturalität und interne Heterogenität

Clemens Brentano hat mit *Die mehreren Wehmüller und ungarischen Nationalgesichter* (1817) eine hoch ironische Erzählung verfasst, in der Interkulturalität im Gegensatz zu Arnims *Isabella* unter Gesichtspunkten interner Heterogenität verhandelt wird. Schauplatz der Erzählung ist das Gebiet der österreichisch-ungarischen Monarchie, auf dem ein grotesk-unübersichtliches Spiel mit Identitäten und Differenzen im Vielvölkerstaat in Gang gebracht wird, zu dem unter anderem Deutsche, Österreicher, Ungarn, Türken, Savoyarden, Slowenen und ‚Zigeuner' gehören. Die Grenzen zwischen kollektiven Identitäten werden ausgehend von der Figur der ‚Zigeunerin' Mitidika und ihrem berühmten Lied, in dem es um Identität, Differenz, Nähe und Distanz geht, hinterfragt. Sie ist es auch, die, als Mann verkleidet, zu Pferd einen Quarantäne-Kordon durchbricht, durch den ein zu Unrecht unter Pestverdacht gestelltes Gebiet abgeschottet worden war. Mit dieser Geste kommt es zu einer Auflösung der Konflikte und Verwechslungen, die sich im Handlungsverlauf ergeben hatten, mit ihr verbindet sich aber auch eine generelle Infragestellung des Inklusions- und Exklusionsregimes, der ethnisch codierten Hierarchien und Stereotypen sowie ein Plädoyer für die Auseinandersetzung mit Individuen (anstelle von Kollektiven). Darauf zielt auch der Titel, der den österreichischen Maler Wehmüller karikiert. Dieser porträtiert alle Ungarn nach einem stereotypen phänotypischen Muster, während er sich umgekehrt in seiner eigenen Handlungsrealität mit einem Doppelgänger konfrontiert sieht. Die Situation wird erst dadurch entschärft, dass Mitidika den Pestkordon durchbricht und dessen Zwecklosigkeit offenbart. Sie und ihr Bruder Mihaly treten zudem als individuelle Künstler-Figuren in Erscheinung, wobei ihre Lieder sich mit der Verfolgungsgeschichte der ‚Zigeuner' auseinandersetzen.

Michael Kohlhaas

Neben Arnim und Brentano entwarf auch Heinrich von Kleist ‚Zigeuner'-Figuren, allen voran die alte, wahrsagende ‚Zigeunerin' Elisabeth, die in *Michael Kohlhaas* (1808) in die Geschicke der Fürstlichen Häuser zu Sachsen und Brandenburg eingreift, offenbar eine höhere Wahrheit, die dem Leser verborgen bleibt, überblickt und, da an ihrem Körper Zeichen der Verwandtschaft mit Kohlhaas' Frau zu sehen sind, gleichzeitig unmittelbar verwoben mit dem Vertrauten, Eigenen, ‚Deutschen' zu sein scheint. Wie eine Chiffre für die unauflösbare Aporie von Identität/Differenz nimmt die alte Elisabeth just jene Diskursposition ein, die auch die ‚Zigeuner' innehaben: Sie sind aufgrund des um 1800 bereits vierhundertjährigen Lebens auf dem Gebiet Deutschlands ‚Deutsche', und zugleich gelten sie doch als ‚fremde Orientalen'. Kleist stellt sich der Abwertung der als ‚Zigeuner' Angesprochenen entgegen, indem die abwertenden Blicke auf die in Lumpen gekleidete Alte als unbegründet und anmaßend erscheinen, und vor allem, indem die ‚Zigeunerin' eine dem Leser unzugängliche Einheit hinter allen dargestellten Differenzen einzusehen scheint und so zur Imago des Textganzen wird.

Ludwig Tieck

Ludwig Tieck (1773–1853) stellt im Kunstmärchen *Die Elfen* (1812) die Abwertung, Verschmähung und Ausgrenzung der in der Nähe ansässigen ‚Zigeuner' als Gewaltakt dar, mit dem sich die Bewohner eines kleinen Dorfes, in dem alles gut gedeiht, letztlich ins eigene Fleisch schneiden, denn mit dem Verschwinden der ‚Zigeuner' endet der Wohlstand und alles Lebendige geht zugrunde. Der Text spricht sich damit insgesamt dafür aus, ein hohes Maß an interner Heterogenität anzuerkennen und zuzulassen.

Insgesamt zeigt sich, dass in der Literatur der Romantik eine intensive Problematisierung des Repräsentationsregimes anderer Kultur- und Diskursräume stattfand, vom ‚Orient', Ägypten, der arabischen und muslimischen Welt bis hin zu den Kolonien. Daneben gehören zur interkulturellen Literatur auch Texte, die interne Heterogenität verhandeln, und das sind in der deutschsprachigen Literatur vor den großen Migrationen im zwanzigsten Jahrhundert insbesondere diejenigen, die das Blickregime auf die ‚Zigeuner' infrage stellen.

4. Die ‚Entdeckung der Welt' in der Literatur des Realismus

Die Auseinandersetzung mit interkulturellen Konstellationen gewann im Realismus an Konkretion. Dies hing damit zusammen, dass mit der Industrialisierung auch entlegene Weltteile für den Handel, als Absatzmarkt oder als Quelle für Rohstoffe zunehmend berücksichtigt wurden. Durch die Verbesserung der Infrastruktur, den Ausbau des Postwesens und die Verlegung von Bahngleisen waren Entfernungen leichter und schneller zu bewältigen und auch der Gütertransport lohnte sich zunehmend. Die Faszination für das ‚Fremde' trat dabei in den Hintergrund; das ‚Orientalische' erhielt einen schalen Beigeschmack als exotisches Accessoire bürgerlicher Populärkultur. Zugleich gewannen die verfügbaren Informationen über die Länder Asiens und Nordafrikas zunehmend an Differenzierung. Dies hing mit der Professionalisierung einzelner Wissenschaftszweige wie der Geographie, aber auch mit ökonomischen Interessen zusammen. Das neu gewonnene Wissen wurde in den ebenfalls expandierenden Printmedien, insbesondere in Zeitschriften und Zeitungen sowie in einer wachsenden Zahl an Fachzeitschriften, die sich an ein breites, gebildetes Publikum richteten, popularisiert. Hohe Auflagen und eine weite Verbreitung genossen während der zweiten Hälfte des 19. Jahrhunderts *Die Gartenlaube. Illustriertes Familienblatt* (1853–1937), *Über Land und Meer. Allgemeine illustrirte Zeitung* (1858–1923) sowie *Westermanns Monatshefte* (1865–1906). Die wachsende Schicht der Bürger konsumierte mit großem Interesse die Mischung aus populär aufbereiteten wissenschaftlichen oder halbwissenschaftlichen Informationen, Illustrationen, Kurzmitteilungen, Glossen, Sensationsgeschichten, Reiseberichten und kleinen literarischen Texten, die sich ihnen in diesen Zeitschriften darbot. Die Zeitschriften enthielten in allen genannten Sparten Darstellungen afrikanischer und asiatischer Länder sowie Osteuropas und des Balkans, die ebenfalls als Teil des ‚Orients' angesprochen wurden, weil sie sich mehrheitlich unter türkischer Herrschaft befunden hatten oder noch befanden.

Über Land und Meer druckte beispielsweise in der Nummer 7 vom November 1868 Friedrich Gerstäckers zeitgenössisch vielbesprochene Reise-

Industrialisierung und Professionalisierung der Wissenschaft

Fach- und Populärzeitschriften

Delegitimierende Bilder vom Fremden

Afrika und Australien als Anderes der europäischen Zivilisation

skizze *Die Neger in St. Thomas*, die *Gartenlaube* enthielt zahlreiche Skizzen, Berichte und Abbildungen zum europäischen Osten und den dort lebenden ‚Zigeunern' und *Westermanns Monatshefte* spezialisierte sich auf halbwissenschaftliche Informationen über fremde Erdteile, die vom Lesepublikum größtenteils für bare Münze genommen worden sein dürften. Aus heutiger Sicht sind diese Darstellungen zum großen Teil rassistisch, von dem Wunsch nach deutschen Kolonien durchzogen und perpetuieren zudem Stereotype von dem minderwertigen Schwarzen, für den es eine Wohltat darstelle, in Kontakt mit der westlichen, insbesondere der deutschen Zivilisation zu kommen. Dabei beanspruchen sie entweder Authentizität als Reiseberichte, wobei das Erleben des Reisenden als Garant der Richtigkeit des Ausgesagten fungiert, oder Objektivität durch wissenschaftliche Klassifizierung. Das austarierte Verhältnis der Unterabteilungen zueinander (etwa zwischen unterschiedlichen afrikanischen Völkern) sollte den Nachweis der Stimmigkeit der Konstruktionen Afrikas und Australiens als Anderem der europäischen Zivilisation ersetzen. Diesen vermeintlich objektiven, herablassenden und sensationsheischenden Blick auf Afrika vermag das folgende Zitat aus *Westermanns Monatshefte* zu veranschaulichen:

„Buschmann" und „Hottentotte" in Westermanns Monatshefte

> Der Buschmann und der Hottentotte haben wenigstens Viehzucht, als ersten Anfang der Cultur, während der Bewohner des innern Australien nur die Jagd kennt und sich kaum durch seine nothdürftigen Waffen und allenfalls durch den Gebrauch des Tättowirens von den höheren Thiergattungen unterscheidet. Der Hottentotte hat auch eine Wohnung und eine Art von Bekleidung, der Neuholländer geht völlig nackt und streift als Nomade in der Wildniß umher. Auch herrscht aller Wahrscheinlichkeit nach im Innern Australiens noch der entsetzliche Gebrauch der Menschenfresserei. (Malano 1868, S. 614)

Während des Realismus wurde aber auch interkulturelle Literatur geschrieben, die den europäischen Überlegenheitsgestus gegenüber Afrika, Asien und Lateinamerika hinterfragen und ihm entgegenwirken sollte. Auch im Hinblick auf die ‚Zigeuner' als interne Fremde entsteht eine realistische Literatur, die sich mit den gesellschaftlichen Strukturen, Semantiken und Prozessen der Inklusion und Exklusion auseinandersetzt.

Adalbert Stifter

Adalbert Stifter: Die Narrenburg

Adalbert Stifter (1805–1868) entwirft ebenfalls sowohl interne Konstellationen des Interkulturellen, als auch solche, die die Realität und die Einwohner der kolonisierten Länder mit einbeziehen. Letzteres ist insbesondere in *Die Narrenburg* der Fall. Die auf der Burg lebenden Adelsleute von Scharnast sind durch einen Eid verpflichtet, ihre Lebensgeschichte zur Erbauung der Nachfahren niederzuschreiben, mit der Zeit geraten die von Scharnasts aber auf immer schwierigere Lebenswege; und auch die Lektüre der Geschichten ihrer Vorfahren scheint ihnen nicht zu einem rechtschaffenen, ruhigen Leben zu verhelfen. Christoph von Scharnast kämpft in Afrika auf der Seite afrikanischer Muslime gegen Frankreich, er ergreift also Partei für die Kolonisierten und Andersgläubigen. Jodokus von Scharnast bereist Indien, bringt von dort die Paria Chelion als Ehefrau mit und errichtet für sie ein Gewächshaus mit exotischen Pflanzen, sodass die Narrenburg, auf der ohnehin fast jeder der Nachfahren bauliche Veränderungen vorgenommen hatte, zunehmend zu einem synkretistischen Fremdkörper in der ansonsten beschaulichen Landschaft der deutschen Provinz wird. Chelion verträgt weder das deutsche Klima, noch kann sie die Regeln des Christentums, zu denen auch das Ehebruchverbot gehört, verinnerlichen; die junge Frau stirbt, tödlich verletzt durch den Hass, der sie im Blick ihres Ehemanns trifft, nachdem dieser von Chelions Ehebruch mit seinem Bruder erfährt. Die Versuche, sich mit Kolonisierten zusammenzutun, enden für die von Scharnasts katastrophisch. Stifters Text plädiert aber nicht für Abschottung, sondern legt offen, dass die Ausgriffe der von Scharnasts nach Indien und Afrika weniger einem Wunsch nach Dialog und der wohlbedachten Anerkennung ihres Gegenübers entsprungen sind, als sie von der Sehnsucht, aus der Genealogie der Narrenburg auszubrechen, getragen wurden (Begemann 1995, S. 210–241). Dieses problematische Motiv führt zum Scheitern der Begegnungen mit den Kolonisierten, die, in ihrer Geschichte und ihren kulturellen Zusammenhängen nicht oder nur teilweise ernst genommen, lediglich eine befreiende Funktion im genealogischen Dispositiv des Fideikommisses einnehmen sollen.

Scheiternde Begegnungen mit den Kolonisierten

In *Katzensilber* (1853) und *Der Waldbrunnen* (1866) setzt sich Stifter mit ‚interner Fremdheit' auseinander, insbesondere mit den ‚Zigeuner'-Semantiken. Stifters ‚braune Mädchen' stehen in der Nachfolge von Goethes Mignon und Novalis' Zulima, sie besitzen aber (anders als die Letztgenannte) keinen anderweitigen hochkulturellen Hintergrund, sondern kennzeichnen sich vielmehr dadurch, dass sie mit den Regeln der bürgerlichen Gesellschaft nicht vertraut sind. So auch das ‚nussbraune Mädchen' aus *Katzensilber*, das einer Gruppe geheimnisvoller Waldleute angehört, deren Identität und Aufenthalt den Behörden nicht bekannt ist und die offenbar über eine eigene Sprache und eigene soziale Regeln verfügen. Das Mädchen ist nicht willens und in der Lage, sich aus diesen Bindungen zu lösen und sich der bürgerlichen Familie anzuvertrauen, die ihr familiäre und gesellschaftliche Inklusion anbietet. Anders verhält es sich mit Jana/Juliana, dem ‚braunen Mädchen' aus *Der Waldbrunnen*, die nach anfänglicher Scheu den schulischen Bildungsweg akzeptiert und schließlich einen adligen jungen Mann heiratet. Die Inklusion gelingt, weil der Großvater des zukünftigen Ehemanns das kleine Mädchen über viele Jahre mit Bedacht begleitet und ihm genügend Zeit lässt, sich aus den alten Bindungen zu lösen und die neuen zu festigen.

Adalbert Stifter: Katzensilber und Der Waldbrunnen

Gottfried Keller

Der Schweizer Schriftsteller Gottfried Keller (1819–1890) entwarf ebenfalls zahlreiche Figurationen des Interkulturellen, sowohl in Bezug auf die internationalisierte Welt des Handels und auf die Kolonien, als auch hinsichtlich interner Homogenität bzw. Heterogenität. *Pankraz der Schmoller* (1856), die erste Erzählung aus dem Zyklus *Die Leute von Seldwyla*, berichtet von den Erlebnissen des Pankraz, einem ‚Taugenichts' aus Seldwyla, der sich zunächst den Franzosen als Legionär andient, um später im englischen Militär als Soldat der ostindischen Kompanie anzuheuern, wo er zum Kapitän aufsteigt, sodann aber den Dienst quittiert und der französischen Kolonialar-

Gottfried Keller: Die Leute von Seldwyla

Die Berlocken: mee in Nordafrika beitritt, in der er zum Oberst avanciert. 1881 entstanden *Die Berlocken* und *Don Correa*. Ersteres handelt von einem adligen Offizier, Thibaut von Vallormes, der Frauen erobert, um sich Schmuckstücke schenken zu lassen, die er als Ziergehänge seiner Uhrenkette, die er von Königin Marie Antoinette geschenkt bekommen hatte, verwendet. Im Gefolge des Herrn von Lafayette bewährt er sich in der Neuen Welt, und nicht zuletzt aufgrund seiner nach der Lektüre von Rousseaus *Emile* gewachsenen Sympathien für die ‚edlen Wilden' macht er die schöne Indianerin Quoneschi zur Projektionsfolie seines Begehrens nach unverstellter Natur, die mit der Welt französischer Damen und ihren Salons kontrastieren soll. Doch er wird eines Besseren belehrt: Quoneschi, der Thibaut einen Heiratsantrag unterbreitet, handelt nicht anders als Thibaut es selbst gegenüber den vielen Frauen getan hatte, denen er wertvolle Geschenke als Berlocken unter falschen Versprechungen abgerungen hatte. Sie lässt ihn in dem Glauben, sie werde am nächsten Tag seinen Heiratsantrag annehmen, erbittet sich die Kette mit allen Berlocken und schenkt diese ihrem Bräutigam, dem jungen und schön gewachsenen Donner-Bär, an dessen Nase die Berlocken Thibauts zur Belustigung von dessen französischen Kameraden am folgenden Abend hängen. Hier werden exotistische Erwartungen enttäuscht, und ihre Entstehung aus dem fehlgeleiteten Narzissmus der schwachen Persönlichkeit Thibauts erklärt. In *Don Correa* lässt Keller den Gouverneur von Rio de Janeiro und Held zur See Salvador Correa de Sa Benavides eine ehemalige schwarze Sklavin zur Frau nehmen, die ihm von einer afrikanischen Herrscherin in einer Geste der Herablassung geschenkt wird. Es geht hier um das ungebrochene Vertrauen Correas gegenüber der jungen schwarzen Frau, die sich aus Liebe zu ihm hat taufen lassen, später von Jesuiten über den Atlantik verschleppt und in dem infolge der Pest gesperrten Hafen Cadix gefangen gehalten wird, bis es schließlich doch zu einem guten Ende kommt.

Don Correa: Vertrauen in die Sklavin

In *Romeo und Julia auf dem Dorfe* (1856) thematisiert Keller die soziale Konstruktion des ‚Zigeuner'-Stereotyps und legt in der Figur des ‚Schwarzen Geigers' offen, wie jeder dieser Stigmatisierung zum Opfer fallen kann.

Theodor Fontane
Theodor Fontane (1819–1898) entwickelte eine große Sensibilität für den instrumentalisierenden Blick auf den Orient, der nicht als tatsächliche Auseinandersetzung gemeint war, sondern vielmehr als Phantasma der eigenen (deutschen) Ängste und Sehnsüchte in Erscheinung trat. Fontane teilte aber durchaus auch selbst eine gewisse Faszination für den Orient. In den *Wanderungen durch die Mark Brandenburg* (1862–1889) berichtet er anerkennend über das Werk des Orient-Malers und Jugendfreunds Wilhelm Gentz (1822–1890) aus Neuruppin; zu diesem zählten:

> [...] ein Harem auf Reisen, Supraporte für das Pringsheimsche Haus; eine Koran-Vorlesung; ein Sonnenstreifen (Straße in Algier); Mirjam am Quell als Illustration zu Ebers' „Homo sum"; Marabustorch und Flamingos; Abend am Nil; Mameluckengräber bei Kairo; koptische Christen in den ersten Jahrhunderten; und eine große Zahl von Portraits, besonders Negerköpfe. (Fontane 2014, S. 162)

Theodor Fontane widmet sich insbesondere ‚internen Fremden', die die Kohäsion und Homogenität der Nation sowie ihr Inklusions-/Exklusionsregime auf den Prüfstand stellen. Er fängt in *Ein Sommer in London* (1854) die exotistische Faszination ein, die von schwarz geschminkten ‚Mohren' ausgeht und berichtet in dem Roman *Cecile* von einer nur oberflächlich gebildeten Frau, die „passioniert für Nilquellen und Kongobecken sei, […] und wenn es Afrika nicht sein könne, so werde sie sich auch mit Persien und Indien zufriedengeben". (Fontane 2013, S. 425) Verwandt mit diesem pseudowissenschaftlichen Interesse am Orient ist auch die von Effi Briest im gleichnamigen Roman von 1895/96 geäußerte Faszination für einen Chinesen. In beiden Fällen steht der exotistische Blick weiblicher Figuren in Relation zur Fremdheit der Protagonistinnen. Effi sagt über die Seestadt Kessin: „Aber das ist ja entzückend, […] nun finde ich […] eine ganz neue Welt hier. Allerlei Exotisches. […] vielleicht einen Neger oder einen Türken, oder vielleicht sogar einen Chinesen." (Fontane 2013, S. 46)

Cecile wird als herablassende, ungebildete Polin oder „polnisches Halbblut" (Fontane 2013, S. 321) bezeichnet, während Effi Briest nicht nur in dem norddeutschen Städtchen Kessin, in das sie ihrem Mann, dem Baron Geert von Innstetten gefolgt ist, eine Fremde bleibt, sondern auch sich selbst gegenüber in der Rolle als Ehefrau, auf die sie innerlich nicht vorbereitet ist. Auch in Fontanes Großerzählung *Graf Petöfy* (1883) ist Exotismus Symptom der Fremdheit einer weiblichen Protagonistin, die als Preußin zum Katholizismus konvertiert und einen sehr viel älteren ungarischen Adligen heiratet, dann aber beginnt, sich für die ‚Zigeuner'-Familien auf dessen Hof zu interessieren. Durch diese ‚Zigeuner' gerät sie beinah in ein Liebesabenteuer mit dem jüngeren Neffen ihres Ehemanns, anders als Effi, für die der Chinese das Abenteuer ankündigt, entkommt sie jedoch der Gefahr.

Wilhelm Raabe

Ein gutes Beispiel für eine interkulturelle Ausweitung des Erzählens liefert Wilhelm Raabe (1831–1910), dessen Texte von einer anspruchsvollen Auseinandersetzung mit Internationalisierung, aber auch mit interner Heterogenität zeugen. In *Die Leute aus dem Walde* setzt sich Raabe mit der Auswanderung in die Vereinigten Staaten von Amerika auseinander, die in der zweiten Hälfte des 19. Jahrhunderts von der mit dem neuen Reichtum einer recht großen städtischen Bürgerschicht (die von der Industrialisierung profitiert hatte) stark kontrastierenden Armut in ländlichen Regionen mitbedingt wurde. Schneller Reichtum schien machbar, und dies begünstigte die Entscheidung vieler, sich als Goldgräber um einen Claim in Texas oder in den Canyons zu bemühen. Entgegen der wissenschaftlichen Thesen von radikaler Differenz zwischen den Völkern, die sich zunehmend zu einer Rassenkunde verfestigten, laufen die Großerzählungen und Romane Raabes (so auch *Die Leute aus dem Walde*) darauf hinaus, dass in verschiedenen Weltgegenden zwar unterschiedliche klimatische und geographische Umstände oder Sitten und Bräuche gegeben sind und unterschiedliche Engpässe vorherrschen, im Großen und Ganzen aber die Problemlagen, mit denen sich der Einzelne auseinandersetzen muss, vergleichbar sind. Insofern ist die hierin enthaltene Zustimmung zu Darwins Selektionstheorie, die zu seiner Artenlehre gehört, ironisch gemeint; sie zeugt einerseits von einem Denken in globalen Zusammenhängen, andererseits von der (stark simplifizierenden) Überzeugung eines letztlich analogen Verhältnisses zwischen den Lebensumständen der Menschen auf allen Erdteilen. Die Goldsuche in Amerika wird zum Anlass der Begegnung von Menschen, die ansonsten kaum zusammengefunden hätten, „Chinese-John", der „Ausreißer des himmlischen Reiches" trifft etwa „Chilenen, Hindus, Deutsche, Mexikaner, Engländer, Yankees, Juden, Italiener, Spanier, Russen, Franzosen" (Raabe 1962, S. 343f.).

Letztlich bestätigt sich, was Raabe einem Polizeibeamten aus der Provinz in den Mund legt, und was zwar keine weitreichende Analyse der globalen ökonomischen Prozesse und ihrer Asymmetrien darstellt, aber immerhin einen Kontrapunkt zu der aufkommenden Rassenlehre im Anschluss an Arthur de Gobineau und seine Abhandlung *Über die Ungleichheit der Menschenrassen* (1853–1855) markiert:

> […] ich treibe Naturgeschichte der Menschheit und jage mein Steckenpferd um die Erde und durch – diese Polizeistube. Die weite Welt und die Polizeistube bieten ein gleich ergiebiges Feld; der Kampf um das Dasein bleibt überall derselbe, im brasilianischen Urwalde wie in der Wüste Gobi; im ewigen Eis von Boothia Felix wie hier unter der gipsernen Nase Ihres weiland Vorgesetzten, Tröster. (Raabe 1962, S. 24f.)

Wilhelm Raabe: Sankt Thomas

Kritischer Kommentar zu exotischen Reiseberichten

Die historische Novelle *Sankt Thomas* (1866) greift dagegen durchaus die historischen Ungleichheiten und Asymmetrien auf, die durch den Kolonialismus entstanden waren. Raabe greift auf Karl Curths *Der Niederländische Revolutionskrieg im 16ten und 17ten Jahrhundert* (1809–1810) zurück, eine Abhandlung, die auch den Kolonialkrieg um die ursprünglich von den Portugiesen in Besitz genommene Insel São Tomé im Detail thematisiert. Die Erzählung lässt sich als kritischer Kommentar zu den exotistischen Berichten über die ‚Neger' auf dieser Insel, die als Tor zu dem rohstoffreichen westafrikanischen Guinea unter den europäischen Kolonialmächten um 1600 umkämpft war, auffassen. Doña Camilla Drago, die junge und anmutige Tochter eines spanischen Obersten wird 1595 in den Niederlanden gefangen genommen und lebt im Hause Mynheers van der Does als Geisel, wo sich ein freundschaftliches Verhältnis zu dessen Sohn Georg entwickelt, bevor Camilla 1597 nach dem Tod ihres Vaters aus der Geiselhaft entlassen wird und sich weit weg von Europa zu ihrem Onkel Franzisko Meneses an den Äquator flüchtet. Letzterer ist dort, auf der Insel Sankt Thomas vor Westafrika, als Oberst und Statthalter Philipps des II. stationiert. Die Niederlande entsenden jedoch eine Flotte unter Admiral Mynheer van der Does, in der auch Georg van der Does kämpft und die unter anderem die spanischen Kolonien in Westafrika für die niederländische Krone erobern soll. Franzisko fällt als Held in der Schlacht, ebenso wie Georg, der bei dem Versuch stirbt, das spanische Mädchen Camilla, in das er sich verliebt hatte, zu retten. Camilla wiederum beteiligt sich ihrerseits am Kampf gegen die Niederländer und wird dabei erschlagen. Mynheer van der Does und große Teile des niederländischen Heers fallen schließlich einer Tropenkrankheit zum Opfer und müssen sich zurückziehen, während ein schwarzes Mädchen, das an der Seite der Niederländer gegen die spanischen Kolonialherren gekämpft hatte, ein Siegeslied singt. Kurze Zeit danach kann auf der von den Niederländern verlassenen Insel ein spanischer Handelsreisender die spanische Kolonialflagge hissen und die Insel in Besitz nehmen, ungeachtet aller Gewalt nimmt das koloniale Geschehen wieder seinen Lauf. Diese Novelle Raabes gehört zu den verhältnismäßig wenigen ausdrücklich kolonialismuskritischen Texten der deutschen Literatur, die historisch verbriefte Episoden der europäischen Kolonialgeschichte in Afrika oder Lateinamerika problematisieren und offenlegen, dass der Kolonialismus vielleicht manchen kurzfristigen ökonomischen Gewinn bringt, ansonsten aber menschliche Katastrophen verursacht, denen jeder, gerade auch die kolonialen Eroberer und Hauptverantwortlichen, zum Opfer fallen können (Krobb 2009, S. 83).

Kolonialismus-kritische Blicke

In *Abu Telfan oder die Heimkehr vom Mondgebirge* (1867) werden ähnlich kritische Blicke auf die Kolonisierung Afrikas gerichtet. Dort rückt Raabe die fragwürdige Allianz zwischen Forschungsreisenden, kolonialen Hasardeuren, die das schnelle Geld durch Sklaven- und Elfenbeinhandel suchen, und dem deutschen Pressewesen, das nach afrikanischen Sensationen heischt, in den Mittelpunkt. Leonhard Hagebucher ist im Gefolge des Professors Reihenschlager, der die Koptische Grammatik erforschen möchte, in Oberägypten bis an die Quellen des Weißen Nils unterwegs, gerät dabei in die Gefolgschaft eines Sklavenhändlers und wird infolge von Auseinandersetzungen mit den Einheimischen selbst zum Sklaven einer schwarzen Herrscherin, die er Madame Kulla Gulla nennt, bis er schließlich von einem anderen europäischen Reisenden freigekauft wird. In sein Provinzstädtchen zurückgekehrt, erfährt er Teilnahmslosigkeit und Gleichgültigkeit sowie Herabsetzung als Taugenichts, da er ohne Reichtümer aus Afrika zurückgekehrt ist; erst die Sensationsgeschichten, die er für den Publikumsgeschmack erfindet und zum Besten gibt, verhelfen ihm zu einiger Aufmerksamkeit und einem kleinen Einkommen. Der Roman thematisiert die medialen und zwischenmenschlichen Kommunikationsgewohnheiten der selbstgefälligen, bigotten bürgerlichen Gesellschaft, die sich nicht mit der Gewalt kolonialer Eroberungen und den illegitimen Raubzügen auseinandersetzen möchte. Die Bürger verlangen vielmehr von Hagebucher, Exotistisches zu phantasieren und es ihnen mit der Autorität eines Afrika-Reisenden als Wahrheit zu präsentieren. Die exotistischen Afrika-Phantasien Hagebuchers erweisen sich jedoch als Gesellschaftskritik: Durch seine Afrika-Berichte schimmert die Brutalität der Verhältnisse in der bürgerlichen Schein-Idylle in Bumsdorf durch, die Hagebucher schließlich weitaus bedrohlicher als die afrikanische Madame Kulla Gulla empfindet (Göttsche 2000, S. 46–73).

Wilhelm Raabe: *Abu Telfan*

Afrika-Phantasien als Gesellschaftskritik

Eine weitere Rückkehrergeschichte Raabes, *Zum wilden Mann* (1874), handelt von dem aus einer deutschen Scharfrichter-Familie stammenden August Mördling, der, zum kolonialen Hasardeur und Verbrecher Agostin Agonista geworden, aus dem brasilianischen São Paulo zurückkehrt und einen bedeutenden Geldbetrag zurückfordert, den er vor Jahrzehnten dem rechtschaffenen und angesehenen Apotheker Philipp Kristeller überlassen hatte. Diese Forderung kann jedoch nur erfüllt werden, indem der Besitz Kristellers von jenen Ortshonoratioren ersteigert wird, die jahrelang in seinem Haus als Gäste und Freunde verkehrt sind. Auf diese Weise entwirft der Text Verflechtungen zwischen der Gewalt in Deutschland und jener in den Kolonien (Scharfrichter-Familien und ihr gesellschaftlicher Ausschluss; der ‚Blutstuhl' im Harzgebirge und die Erinnerung an Menschenopfer; kolo-

Kolonialismuskritik in Rückkehrergeschichten

Gewaltverflechtungen zwischen Deutschland und den Kolonien

niale Gier nach Reichtum in Übersee; die brüchige Fassade bürgerlicher Integrität, hinter der Skrupellosigkeit herrscht). Ebenfalls kritisch gegenüber dem niederländischen Kolonialismus verhält sich eine weitere Rückkehrergeschichte, *Meister Autor Oder die Geschichten vom versunkenen Garten* (1874). Am Vorabend des deutschen Kolonialismus in Afrika wird der in den Kolonien, in diesem Fall in Surinam erworbene Reichtum als unheilbringend dargestellt; er zerfällt den Erben unter den Händen. Mit der Figur des Ceretto Meyer wird hier zudem ein schwarzer Deutscher repräsentiert. Im Entwicklungsroman *Prinzessin Fisch* (1883) geht es um einen Kriegszahlmeister a.D., der unter dem Namen Don José Tieffenbacher in den Diensten des österreichischen Kaisers Maximilian von Mexiko gestanden hatte. Maximilian war auf Betreiben des französischen Kaisers Napoleon III. inthronisiert worden, nachdem Mexiko unter seinem Präsidenten Benito Juarez die Zahlung der ihm von Spanien auferlegten Schulden verweigert hatte. Auch hier geht es also um einen skrupellosen Geldeintreiber, der wegen seines erworbenen Reichtums als vermeintlich rechtschaffener Bürger in der deutschen Provinzstadt, in die er zurückkehrt, geachtet wird. Er bringt eine schöne mexikanische Ehefrau, Romana, mit in das spießbürgerliche Städtchen. Von den meisten wird sie geringgeschätzt und ausgegrenzt, der junge Theodor, um dessen Bildungsgeschichte es geht, exotisiert sie und macht sie zum Gegenstand jugendlicher erotischer Phantasien. Der Text legt offen, dass die Kolonisierten in vielfältiger Weise instrumentalisiert werden, ohne dass die deutsche bürgerliche Gesellschaft in irgendeiner Weise Interesse an einem Dialog oder einem anerkennenden Umgang mit ihnen hätte; Afrikaner und Lateinamerikaner sind nur als koloniale Andere interessant. In der späten Großerzählung *Stopfkuchen. Eine See- und Mordgeschichte* (1891) werden ebenfalls sowohl die koloniale Präsenz von Deutschen in Afrika als auch die Verhältnisse im deutschen Reich kritisch durchleuchtet.

Prinzessin Fisch: Koloniale Andere in Deutschland

Ähnlich radikal fällt auch Wilhelm Raabes Kritik an dem Umgang der bürgerlichen Gesellschaft des Provinzstädtchens Finkenrode mit den seit Jahrhunderten dort ortsansässigen ‚Zigeunern' aus. In *Die Kinder von Finkenrode* (1859) geht es um eine ‚Zigeuner'-Familie, die von den meisten Finkenroder Bürgern verleumdet und zum Sündenbock gemacht wird, obgleich die Finkenroder ihr in keiner Weise moralisch überlegen sind. Im Gegenteil: Familie Nadra stößt nicht nur die Entwicklung des Protagonisten Dr. Max Bösenberg an, indem sie ihn mit in die nächste Stadt nimmt und ihn den beengenden Horizont des Heimatstädtchens überwinden lässt, in der Textlogik wird der Familie darüber hinaus, im Unterschied zu den meisten übrigen Finkenrodern, die sich auf eine zweifelhafte Gründungsgeschichte der Stadt berufen, ein legitimes Heimatrecht zugestanden.

Xenophobie in kleinbürgerlicher Enge

Insgesamt zeigt sich in der Literatur des Realismus ein vielschichtiges, facettenreiches Bild interkultureller Konstellationen. Insbesondere an der Frage nach interner Heterogenität bzw. nach ‚internen Fremden' arbeiten sich zahlreiche Texte ab und versuchen, die soziale Bedingtheit von Ein- und Ausschlussprozessen zu durchdringen. Wenn es um koloniale Fremde geht, werden insbesondere Projektionen, Exotismus und ökonomische Eigeninteressen deutscher Hasardeure oder der Wunsch Einzelner, aus der Familiengenealogie durch eine Annäherung an die Kolonisierten auszubrechen, offengelegt.

5. Exotismus und Primitivismus in den Avantgarde-Bewegungen

Unter Exotismus versteht man erstens eine Denkfigur, die in der Faszination und Abgrenzung gegenüber einem Fremden besteht, das man nicht näher kennen lernen will (es soll vielmehr als ‚Exotisches' erhalten bleiben). Mit Exotismus und Primitivismus verwandt ist die von Jean-Jacques Rousseau in dem Erziehungs-Roman *Emile oder über die Erziehung* (1762) und in der *Abhandlung über den Ursprung und die Grundlagen der Ungleichheit unter den Menschen* (1755) exponierte Vorstellung von der natürlichen Rechtschaffenheit der durch die Zivilisation unverbildeten ‚edlen Wilden'. Die ‚edlen Wilden' werden zu einer konstruierten Instanz, von der aus Kulturkritik an den Gegebenheiten im eigenen Land geübt wird. Damit hängt zusammen, dass die Kultur der ‚Exotischen' bzw. der ‚edlen Wilden' nicht als solche anerkannt und wahrgenommen wird. Exotismus zielt also nicht auf Begegnung und Dialog.

Zwei Bedeutungsebenen von Exotismus

Daneben ist mit dem mittlerweile negativ konnotierten Begriff ‚Exotismus' eine Richtung in der Literatur und Kunst gemeint, die ‚Exotisches' darstellt, indem sie Stile, Motive und Stoffe aus fremdkulturellen Erzähl- und Kunsttraditionen übernimmt oder dies dem Leser bzw. Betrachter zumindest suggeriert. Exotistische Kunst beansprucht, authentische Elemente fremder, entfernter Kulturen aufzugreifen und sie einem westlichen Betrachter zu präsentieren. Sowohl in der Literatur als auch in der Landschaftsmalerei wird diese vermeintliche Authentizität der exotischen Kultur durch Bezugnahme auf zusehends stabile Topoi gewährleistet. Zu ihnen zählen Darstellungen wilder, exuberanter Natur, von bedrohlichen wilden Tieren oder exotisch-schönen Frauen, deren braune, schwarze oder gelbe Hautfarbe eingehend beschrieben wird, ohne dass ihnen Ehrbarkeit im bürgerlichen Sinne zugeschrieben würde. Dabei bleiben exotistische Darstellungen an der schönen Oberfläche hängen und entwerfen amoene Landschaften, die westeuropäische Bedürfnisse befriedigen, ohne im eigentlichen Sinne interkulturelle Begegnungen zu thematisieren.

In den literarischen und bildkünstlerischen Avantgarde-Bewegungen, also insbesondere in Symbolismus, Expressionismus, Dada und Surrealismus, entstehen neue Modi des ästhetischen Umgangs mit ‚Exotischem'. Literatur und Kunst beginnen, mit dem Exotismus regelrecht zu spielen und ihn kultur- und gesellschaftskritisch zu wenden: Das Bekenntnis zum ‚Exotischen' wird zur Ausstiegserklärung aus der als restriktiv, rigide, borniert und verknöchert erfahrenen westlichen Kultur und Zivilisation und aus den kanonisierten, überlieferten ästhetischen Formen. Das Exotische ist nicht mehr bieder eingerahmter Dekor im bürgerlichen Wohnzimmer, sondern das Künstler-Ich strebt es an, sich möglichst weitgehend dem ‚Exotischen' zu übereignen. ‚Exotistisch' wird die Kunst dann, wenn nicht Stimmen und Zitate aus den jeweiligen Kulturen, sondern artifizielle vorgefertigte Versatzstücke des ‚Exotischen' als unreflektierte Ausflucht des Westeuropäers ohne eigentliches Interesse an den Kulturräumen, auf die angespielt wird, und ohne Sensibilität für die Machtasymmetrien des Repräsentationsregimes dargestellt werden.

Exotismus und Avantgarde

IV. Geschichte interkultureller Literatur

Exotismus als selbstbezügliche Denkfigur

In den Avantgarde-Bewegungen entstehen zunehmend Bezugsrahmen und ein damit verbundenes Formeninstrumentarium, das Möglichkeiten der Distanzierung von den Sinnwelten und Wahrnehmungsgewohnheiten westlicher Kulturen auslotet und mitunter zur vollständigen (bisweilen nicht zu Ende gedachten) Identifikation mit dem ‚Exotischen' bzw. ‚Primitiven' neigt, um dadurch aus der als abgeschmackt erlebten Kultur- und Kunsttradition Westeuropas auszutreten. Neben Texten, die einer solchen Versuchung einer einfachen Ausflucht in exotische Phantasiewelten erliegen, ohne dies in all seinen Implikationen zu reflektieren, entstehen Anfang des 20. Jahrhunderts durchaus auch Texte, welche den Exotismus als selbstbezügliche Denkfigur durchschauen und neue Perspektiven der Auseinandersetzung mit wenig bekannten, aber faszinierenden Diskursräumen aufwerfen. Sofern den Texten, die Exotistisches aufgreifen, eine Selbstreflexion als ästhetische Artefakte gelingt und sie mit dem Anspruch, auf fremdkulturelle Welten zu verweisen, spielerisch umgehen, gelingen hoch interessante und innovative Darstellungen, die nicht allein in ästhetischer, sondern auch in interkultureller Hinsicht weitreichend sind. Diese werden nicht als ‚exotistisch' bezeichnet, sie betreiben allenfalls ein vielschichtiges Spiel mit exotistischen Phantasien und den dahinter stehenden Dynamiken, gesellschaftlichen Entwicklungen und Bedürfnissen und sie konfrontieren diese Phantasien mit dem Eigenleben von Individuen in den unvertrauten, auf den ersten Blick faszinierenden Kulturräumen.

Expressionismus

Der literarische Exotismus flüchtet sich – wie die exotistische Malerei eines Emil Nolde (1867–1956) und Max Pechstein (1881–1955) – also in entlegene Bildwelten, die konträr zu tradierten künstlerischen Formen stehen. Die Ende des 19. Jahrhunderts neu entstehende Strömung des Expressionismus in Literatur und Malerei erwächst zum großen Teil aus der Hinwendung zum Exotischen. In der französischen Literatur hat der Symbolismus, eingeläutet durch Charles Baudelaires *Blumen des Bösen* (1857), eine später überaus erfolgreiche Vorlage literarischer Darstellungen wuchernder Vegetation, dschungelartiger Flussmäander, weiblicher Wasserleichen und aller Erscheinungsformen von Fäulnis, Zerfall und Tod geliefert. Spätere exotistische Darstellungen in den Avantgarde-Bewegungen um und nach 1900 schöpfen teilweise auch aus diesem Formen-Repertoire, das sie in afrikanische oder asiatische Kulissen verlegen.

Im literarischen Expressionismus oszilliert die Hinwendung zum Exotischen zwischen einer (ästhetisch innovativen) Rebellion gegen die tradierten Schönheitsideale und ästhetischen Kanones sowie einem tatsächlichen Interesse an afrikanischen, asiatischen und lateinamerikanischen Gegebenheiten, Erzähltraditionen, Formen und Mustern auf der einen Seite und einer Flucht in angenehme Phantasie-Welten, die sich der Gegenwart verweigern, ohne sie kritisch zu hinterfragen, und die sich auch des Fremden nur an der Oberfläche annehmen, auf der anderen Seite.

Texte, die sich im weitesten Sinne mit Exotismus befassen oder selbst exotistische Züge tragen, verfassten nach 1900 Klabund (d. i. Alfred Henschke, 1890–1928), von dem *Mohammed, der Roman eines Propheten* (1917) stammt, Hans Paasche (1881–1920) mit seinem kulturkritischen Text *Die Forschungsreise des Afrikaners Lukanga Mukara ins innerste Deutschland*

(1912/13) oder Max Dauthendey (1867–1918), der im Anschluss an seine Mexiko-Reise den Roman *Raubmenschen* (1911) veröffentlichte.

Max Dauthendey

Dauthendey, der bereits 1906 nach Japan gereist war und im Anschluss daran *Lingam. Zwölf asiatische Novellen* (1909) sowie die japanischen Liebeserzählungen *Die acht Gesichter am Biwasee* (1911) schrieb, verfasste neben den auf Java während des Ersten Weltkriegs entstandenen expressionistischen Gedichten weitere Prosatexte mit exotistischen Zügen (*Das Märchenbriefbuch der heiligen Nächte im Javanerlande*, 1921). In *Den Abendschnee am Hirayama sehen*, einer der Liebeserzählungen in den *Acht Gesichtern*, problematisiert der japanische Schauspieler Kutsuma die Wahrnehmungs- und Repräsentationsmuster der Europäer, die von Technisierung, Schematisierung und Klassifikationsdrang geprägt und durchzogen sind. Kutsuma preist den japanisch-asiatischen religiösen Synkretismus, der sich insbesondere in der Lehre von der Seelenwanderung niedergeschlagen habe, und hinterfragt die europäische Kartierung der Welt, indem er die Europäer fast schon um ihren Glauben, die farbigen Flecken auf der Landkarte seien wirkliche Länder, die Längen- und Breitengrade reale Orte, beneidet.

›Die Götter in Europa haben euch Europäer nicht umsonst Mikroskope für eure Augen konstruieren lassen. Ihr könnt auch eure Liebesaufregung unter ein Mikroskop legen. Wie die Eisblumen an euern Fenstern, so seht ihr die Linien eurer Liebesleidenschaft. Und ihr Europäer könnt über Dinge sprechen, die uns Asiaten ewig unsichtbar bleiben.‹ (Dauthendey 2013, S. 260)

Max Dauthendey: *Das Märchenbriefbuch*

Auf diese Weise gelingt Dauthendey ein gesellschafts- und repräsentationskritischer Exotismus, der europäische Gewissheiten von einem imaginierten asiatischen Standpunkt aus relativiert.

In einem der drei Märchen, die Dauthendey vor seinem Tod auf Java noch vollenden konnte, wendet sich der Erzähler in Form einer fingierten Ansprache eines Kindes gegen die Stereotypen von Analphabetismus, vermeintlicher Kulturlosigkeit und dem Kannibalismus der Schwarzen. In einfachen Bildern ist beispielsweise von afrikanischen Texten die Rede, die von Federn aus dem Schweif der Paradiesfedern auf die Blätter der Urwaldbäume geschrieben werden und sich durch die Zugabe von Ameisensäure dem Auge als Inschriften offenbaren. Gegenwärtig gäbe es allerdings nur noch wenige Paradiesvögel, da diese auf Geheiß europäischer Damen weggeschossen worden seien, der Zierfedern für ihre Hüte wegen. Zur exotistischen Kritik am fehlenden Verständnis Europas für die Gegebenheiten Afrikas gesellt sich ein ebenfalls an die kindliche Leserin Lore gerichtetes Plädoyer gegen das stereotyp-bedrohliche Bild vom ‚Schwarzen Mann‘:

Im Menschenfresserland frißt man gar keine weißen Menschen mehr, wie Du und ich es sind, liebe Lore; Du kannst ruhig schlafen und sollst heute Nacht nicht vom Menschenfressen träumen. Die Menschenfresser aßen nur Obst und Gemüse und Kartoffeln und taten keinem Menschen mehr was zuleide. Denn überall, wo ich hinkam, schämten sie sich bereits, daß sie einmal Menschenfresser gewesen sind, und sie wollten nicht mehr daran erinnert sein. (Dauthendey 1921, S. 13f.)

Die exotistische Literatur ist eng verwandt mit Sensationsberichten über faszinierend-bedrohliche fremde Kulturen und Landschaften, die meist in Afrika, Asien oder Lateinamerika sowie in ozeanischen Inselreichen verortet werden. Es ist dabei oft stark interpretationsbedürftig, ob einzelne Texte exotistische Stereotypen affirmieren oder nicht, ob mit der Kritik an den eigenen, europäischen gesellschaftlichen Verhältnissen eine Anerkennung der (zuweilen auch nur an der Oberfläche) exotisierten Kulturen verbunden ist.

Reiseskizzen und Zeitungsberichte aus den fernen Ländern nehmen jedenfalls eine Mittelstellung zwischen ethnographischen Berichten, die sich als expositorische, wissenschaftliche Texte verstehen, und fiktionalen literarischen Texten ein. So formiert sich ein recht diffuses, von dem Begehren nach Spektakulärem und dem Wunsch nach einem Ausbruch aus bürgerlichen Routinen keineswegs unbeeinflusstes Halbwissen über exotische Höllen und Paradiese, über ‚edle Wilde' und vermeintliche ‚Kannibalen', über ‚Primitive' und gänzlich unbekannte Kulturregeln anderer Erdteile, welches teilweise zum Nährboden für den Rassismus während des Ersten Weltkriegs und in der Zeit der Weimarer Republik wurde.

Alfred Döblin: Die drei Sprünge des Wang-lun

Literarische Texte wie die Prosa und Lyrik Dauthendeys stehen in einem Spannungsverhältnis zu dem populären Wissen über Afrika und Asien. Ähnliches gilt auch für den frühen Alfred Döblin (1878–1957), dessen Roman *Die drei Sprünge des Wang-lun* (1915) durch Presseberichte über den Aufstand chinesischer Goldwäscher in Bodaibo auf den Goldfeldern der zaristischen Minengesellschaft in der russischen Oblast Irkutsk angeregt worden ist. Dieser, nach dem in der Nähe der Goldfelder gelegenen Flusslauf der Lena benannte, sogenannte Lena-Aufstand verband in den Medienberichten beide Facetten des Exotismus: Die Faszination für die Goldfelder in Eurasien, an die bald, in den 1920er Jahren, eine neue Welle der China-Begeisterung anschließen sollte, und der Abscheu vor den hygienisch und humanitär katastrophalen Zuständen, die den wenig später blutig niedergeschlagenen Aufstand ausgelöst hatten. So hatte die russische Minengesellschaft an die ohnehin unter unwürdigen Bedingungen hausenden und arbeitenden Chinesen verdorbenes Fleisch verkauft. Nach Niederlegung der Arbeit sollen jedoch Schüsse in die Menge veranlasst worden sein, die binnen kurzer Zeit zum Ende des Aufstands führten (Schuster 2007, S. 112).

Historische Distanz zum China-Exotismus

Alfred Döblin verlegt allerdings die Handlung ins 18. Jahrhundert in die Zeit der Mandschu-Regierung (1736–1795) und tritt damit in historische Distanz zum zeitgenössischen China-Exotismus. Protagonist ist der in einem Küstendorf als Betrüger und Verbrecher aufgewachsene Wang-lun (für den es eine historische Vorlage gab), der nach der Begegnung mit dem buddhistischen Mönch Ma-noh eine spirituelle Wandlung durch die Philosophie des Wu Wei, des Verzichts auf Gewalt und Widerstand, erfährt. Nicht-Widerstreben und Nicht-Handeln werden fortan zu den zentralen Maximen des Wang-lun, der gemeinsam mit dem Mönch zum Anführer der Bewegung der ‚Wahrhaft Schwachen' wird, welcher sich vor allem Arme, Bettler, Deserteure, aber auch Gebildete anschließen. Ein Konflikt entsteht aber bald mit dem Mönch Ma-noh, der die Lehre von Yin und Yang im Sinne der sexuellen Freizügigkeit in die Wu Wei-Lehre integriert; Wang-lun vergiftet schließlich die Anhänger dieser rasch wachsenden neuen Gruppierung. Als nach einiger Zeit religiöse Verfolgungen Überhand nehmen und er von den Mitgliedern der alten Wu Wei-Bewegung zum Anführer berufen wird, verzichtet er auf die Maxime des Nicht-Widerstrebens und bezeichnet sie als Irrtum, dem sich nur Selbstmörder hingeben könnten; von kaiserlichen Truppen in die Enge gedrängt, verbrennt er sich schließlich selbst. In den facettenreichen Text wurden zwar exotistische Elemente eingewoben, er enthält Anklänge an historische Quellen und zeitgenössische Berichte über Religion, Philosophie, soziale Umstände und Aufstände in China, zugleich verhandelt er aber auch Probleme, die sich der deutschen Gesellschaft in der Gegenwart Döblins stellten, allen voran die Frage nach der Legitimität von Gewalt und Krieg während des Ersten Weltkriegs. Ähnlich wie Franz Kafka in *Beim Bau der chinesischen Mauer* (1916) und später Bertolt Brecht (dessen Parabel-Stück *Mann ist Mann* und das epische Theaterstück *Der gute Mensch von Sezuan* mit Döblins Roman bereits in Verbindung gebracht wurden) überträgt Döblin Auseinandersetzungen seiner Zeit und seiner Gesellschaft in die Vergangenheit Chinas, ohne allerdings die chinesische Geschichte gewaltsam zu okkupieren. Vielmehr wohnt dem Text eine sorgfältige Auseinandersetzung mit der Philosophie des Wu Wei inne, die zwar letztlich als reale Option verworfen, aber dennoch als ernstzunehmender Ansatz, der auch für die Europäer in Betracht kommen könnte, im Text verhandelt wird. Folgerichtig hört der Text an dieser Stelle auf, exotistisch zu sein. Dies deckt sich mit Alfred Döblins großem Interesse am Daoismus, das sich in zahlreichen Lektüren niederschlug; Döblin erkundigte sich unter anderem bei Martin Buber, der die auch Franz Kafka bekannten *Reden und Gleichnisse des Tschuang-Tse* 1910 herausgegeben hatte, nach weiterem Lesestoff über China.

Frage nach der Legitimität von Gewalt und Krieg

Einblicke in die Vorgeschichte des Exotismus
Für das Verständnis des Exotismus in der Kunst um 1900 ist es unerlässlich, die Denkfigur des ‚Exotischen' und seine Bedeutung für europäische Selbstentwürfe zu verstehen. Frühe Formen des Exotismus gibt es im Mittelalter und in der Renaissance. Die Anfänge exotistischer Denkfiguren liegen aber bereits in der Antike. Mit Exotismus ist eine Form der Sehnsucht nach faszinierenden, unbekannten Naturerscheinungen und Kulturformen gemeint, von denen keine grundsätzlichen Herausforderungen für die eigene Kulturform ausgehen. Dies hängt damit zusammen, dass ‚exotischen' Kulturen eine niedrigere Zivilisationsstufe zugeschrieben wird als der eigenen. Kulturräume erscheinen nur aus Sicht von Europäern als ‚exotisch', während sie aus Sicht der Einheimischen als gewohnter Kultivierungs- und Zivilisationsraum wahrgenommen werden. Aus Sicht der Europäer, die die ‚exotischen' Räume schon im 19. Jahrhundert gerne bereisen, ist das ‚Exotische' anregend oder nach den Strapazen der Zivilisation erholsam, es kommt trotz der häufig in Reisebeschreibungen erwähnten ‚Wildheit' der Landschaft einem gezähmten Fremden gleich, von welchem eine angenehme Irritation ausgeht, das aber keine Herausforderung der westlichen Sinnsysteme wie Theorie, Philosophie oder Religion darstellt. Die ‚exotischen' Landschaften, Kulturen und Gepflogenheiten können dabei den westlichen Betrachter durchaus irritieren, anregen und Anforderungen an ihn richten, denen er zunächst nicht gewachsen ist. Da aber dem ‚Exotischen' kein

Die Denkfigur des Exotischen in der Antike

Gezähmte Fremdheit

gleichwertiger Status als Kultur zuerkannt wird, kommt der Auseinandersetzung damit lediglich die Rolle eines ‚Probehandelns' zu, das der ‚Bereicherung' der eigentlich relevanten Handlungen und Entscheidungen innerhalb der Sinnsysteme der eigenen westlichen Kultur zuträglich ist.

Homer: Odyssee — Diese Muster der Konstruktion von ‚Exotischem' erfuhren schon im Mittelalter gewisse Verbreitung, wobei es in der Antike bereits in der *Odyssee* Darstellungen von Fremden als Barbaren mit sonderbaren Bräuchen gab, wie etwa die von den Lotophagen handelnde Episode, in der Odysseus mit seinen Gefährten an einen schönen Strand gelangt, dessen Bewohner sich ausschließlich von duftenden, wohlschmeckenden Lotosblüten ernähren, die den Esser in einen sonderbaren Rauschzustand versetzen. Zu dieser geradezu prototypischen Phantasie des ‚Exotischen' gehört noch zweierlei: Erstens besteht die Gefahr, dass Odysseus und seine Gefährten in einen dauerhaften Rauschzustand geraten und die Ufer der Lotophagen nie mehr verlassen, und zweitens ist klar, dass es sich um einen Raum jenseits der (griechischen, in der Logik der *Odyssee* einzig gültigen) Zivilisation und somit um einen Un-Ort handelt, der außerhalb der gültigen Ordnung steht. Der Verbleib dort ist inakzeptabel, und die Interaktion mit den Einheimischen, ebenso wie alle dort vollzogenen Handlungen, haben nur eine Berechtigung als ‚Erfahrung' oder ‚Bereicherung', die der Held Odysseus in die ‚eigentliche' griechische Kultur-Welt einbringen kann. Ähnlich verhält es sich auch mit angenehmen, überraschenden sexuellen Abenteuern wie jenen mit der Nymphe Calypso an einem anderen Strand, und ebenso mit der Zauberin Circe, die die Griechen nicht allein in einen Liebestaumel versetzt, sondern sie zudem in tierische, triebhafte Wesen verwandelt, die den Sinn für Sitte, Moral und Zivilisation, für die Welt der Götter, und damit die Aufgaben und Verpflichtungen im heimischen Griechenland ganz verloren haben.

Calypso und Circe

Exotismus im Mittelalter — Diese Spielarten des Exotischen setzen sich im christlichen Mittelalter fort, allerdings werden exotische Welten häufig negativ sanktioniert, indem sie als ‚teuflisch' dargestellt werden und die Gefahr des Herausfallens aus der christlichen Ordnung als besonders hoch gewertet wird. Andererseits reisten zunehmend Geschäftsleute nach Asien, von denen einige, wie beispielsweise Marco Polo, die dort gewonnenen Eindrücke in Reisebeschreibungen festhielten; es bestand reger Handel zwischen Ägypten, Italien und der Levante und auch die arabische Welt mit ihren Wissenschaften und Künsten war in Spanien und damit auf dem europäischen Kontinent bis 1492 präsent. Entlang der Seidenstraße gab es einen regen Handel mit Stoffen wie Seide, Damast, Taft und Goldbrokat, mit Tapisserien und sonstigen Geweben aus Syrien, dem Iran und Irak, China sowie Ägypten. Die Ornamente und Motive der gehandelten Stoffe galten als fremdartig und exotisch (ante litteram), gerade wenn in die Muster unbekannte arabische oder chinesische Fabelwesen, Märchen und Legenden eingewoben waren. Die christlichen Gesellschaften begehrten zwar diese Waren, die manches Interieur schmückten und auch als Kleidung getragen wurden, allerdings standen sie als ‚sarrazinische' Waren aus andersgläubigen Ländern zumindest latent unter Verdacht, nicht im Einklang mit dem Christentum zu stehen. Diese Spaltung ist für den Exotismus charakteristisch: Einerseits werden Attribute einer anderen Kultur begehrt und als Bereicherung empfunden, andererseits sollen diese gerade nicht in ihren Herkunftskontexten verstanden werden. Die Ordnung und Sinnhaftigkeit ihrer Herkunftskultur werden nicht anerkannt. Die gehandelten Gegenstände aus dem Orient geraten so in einen Raum des ‚Dazwischen', weil sie den Westeuropäern, die sie gebrauchen, die Existenz eines außereuropäischen ‚Orients' vor Augen führen, ohne diesen näherzubringen; sie stehen vielmehr metonymisch für ein Fremdes, das gerade nicht verstanden werden soll, dessen Produkte aber in europäische Handlungszusammenhänge eingebunden werden. Angelegt ist hier das Moment eines willkürlichen ‚Raubbaus' an dem Orient und seinen kulturellen und natürlichen Gütern, die zur Ressource für westliche Kulturen und deren Ökonomien herabgewürdigt werden. Es ist kein Zufall, dass Exotismus und Kolonialismus häufig miteinander einhergehen. In den Postkolonialen Studien hat sich daher eine differenzierte Kritik des Exotismus herausgebildet, die vor allem auf die ökonomischen, politischen und deutungshoheitlichen Machtasymmetrien abhebt, die der westlichen Konstruktion des ‚Exotischen' innewohnen. Dazu passt auch, dass der exotistische Blick sich häufig auf Tiere richtet. Nicht die Kultur des ‚Orients' im Sinne seiner Zivilisation und schriftlicher Überlieferung und nicht seine Geschichte interessieren den westlichen Blick, sondern das Leben, die bloße Existenz, die Farben und Texturen von Oberflächen oder der Lichteinfall, der im Süden ein anderer ist als in Europa. Der exotistische Blick richtet sich nicht auf größere kohärente Sinnzusammenhänge und nicht auf Zeichensysteme, sondern auf den optischen Eindruck, den die südliche oder östlich-exotische Natur mit ihren unvertrauten Formen und Farben hinterlässt und betrachtet arabische sowie chinesische Schrift gern als Ornament. Letzteres ist besonders wichtig, weil daran der Unterschied zur Bedeutung des Orients für die Romantik besonders deutlich wird: Während es der Romantik um Übersetzung, breite Kontextualisierung und Rezeption von Texten und Erzählstoffen aus Indien, Persien, Arabien und weiteren ‚orientalischen' Ländern ging und sie zumindest in der Theorie die Deutungshoheit des ‚Orients' über das christliche Europa anerkennen konnte, ist der Orient im exotistischen Diskurs bloß ein Refugium oder ein Raum experimenteller Selbsterkundung für den Europäer. Exotismus und ‚Dialog' schließen einander aus.

Exotische Tiere wie Kamele, Dromedare, Elefanten, Löwen, Panther und Hyänen oder auch Pelikane waren den christlichen Europäern teilweise aus einem populären Tierbuch, dem im 2. Jh. entstandenen *Physiologus*, teilweise aber auch aus christlich-jüdischen Bibelepisoden bekannt. Kaiser Friedrich II. richtete eine Menagerie ein, zu der eine Giraffe, Elefanten, Löwen, Gazellen und Geparde gehörten, die in seinem Gefolge mitsamt einiger Wagen voller Schmuck und wertvollen Stoffen in europäischen Städten wie Pisa, Verona oder Worms Einzug hielten und als Accessoire seiner Macht bestaunt wurden. Laut Augenzeugen sollen auch Äthiopier und Sarazenen (Muslime) die Tiere begleitet haben. Diese aus ihren Lebenszusammenhängen herausgerissenen Menschen, Tiere, Stoffe und sonstigen Gegenstände wurden somit allein als exotische Präsenz wahrgenommen. Die Kulturräume rücken dadurch einander nur an der Oberfläche näher, es etabliert sich ein sehr begrenzter und asymmetrischer Umgang, der mit dem Kolonialismus und der ökonomischen Ausbeutung der Exotisierten durchaus

Metonymien des Fremden

Exotische Tiere

Chinoiserie, Turquerie und Japonismus

kompatibel ist. Moden wie die Chinoiserie, die Turquerie und der Orientalismus (Letzterer als grobe Bezeichnung für die Übernahme arabischer sowie indischer Elemente in der europäischen Architektur und Innenausstattung) erfuhren im 18., 19. und beginnenden 20. Jahrhundert immer wieder Konjunkturen. Der Japonismus hatte einen Höhepunkt während der zweiten Hälfte des 19. Jahrhunderts. Diese Moden bezeichnen den oberflächlichen, eben exotistischen Gebrauch der fremdkulturellen Farben und Formen vor allem außerhalb der Literatur. Bereits in diesen Jahrhunderten griffen populäre Autoren exotistische Motive auf, im 19. Jahrhundert taten dies vor allem vielgelesene, enorm produktive Schriftsteller wie Friedrich Gerstäcker und Karl May. Der ästhetisch anspruchsvolle, von den Avantgarde-Bewegungen des Symbolismus und Expressionismus angeregte Umgang mit Exotismus in den weiter oben besprochenen Texten tritt jedoch in ein Spannungsverhältnis zu der imaginären Kippfigur von der ‚heilen Welt' bzw. Brutalität der nordamerikanischen Indianer, Schwarzafrikaner oder Chinesen.

Primitivismus und Dada

Entwicklungsstufen der Menschheit

Wie der Exotismus formiert sich der Primitivismus an einer Schnittstelle zwischen Wissenschaft, Populärdiskurs und Kunst. Beiden kommt eine zentrale Rolle für die Verhandlung von Kultur und interkulturellen Konstellationen zu. Auch greift der Exotismus wie der literarische Primitivismus auf Denkfiguren zurück, die sich bereits früher, in diesem Falle hauptsächlich im 19. Jahrhundert herausbildeten und auf Jean-Jacques Rousseau zurückgehen. Anders als dem Exotismus, der nicht an eine konkrete Geschichtsphilosophie gebunden ist, wohnt dem Primitivismus hingegen die Vorstellung von der Existenz und ggf. chronologischen Abfolge unterschiedlicher Entwicklungsstufen der Menschheit inne – ein wirkmächtiges Konzept, das Johann Gottfried Herder in seinen *Ideen zur Philosophie der Geschichte der Menschheit* (1784–91) entworfen hatte. Diese Vorstellung, sei sie evolutionistisch oder nicht-evolutionistisch (statisch) gedacht, birgt die Überzeugung in sich, dass das Denken und vor allem das Repräsentationsregime der ‚Primitiven' ein anderes sei als jenes der ‚Zivilisierten': Die ‚Primitiven' reflektierten demzufolge den eigenen Zeichengebrauch nicht, verfügten sie doch über keine eigene Schrift, wie es auch sonst keine Zeugnisse kultureller Selbstreflexion der sogenannten ‚Primitiven' gäbe. Die ‚Primitiven' besäßen folglich auch keine Vorstellung von Zeitlichkeit oder von der eigenen Phylogenese als Volk; wenn sie künstlerische Ausdrucksformen herausbildeten, kämen diese einer spontanen Gefühlsäußerung gleich, ohne zuvor einer Reflexion durch den Verstand unterzogen worden zu sein (Gess 2013). Eine solche Form der Kunst unterstellt der Komponist Franz Liszt in seiner umfangreichen und zeitgenössisch vielrezipierten, aus heutiger Sicht problematischen, teilweise rassistischen Abhandlung *Die Zigeuner und ihre Musik in Ungarn* den als ‚Zigeunern' Bezeichneten. Deren Musik sei laut Liszt als ‚reines Gefühl' zu betrachten, weshalb sie sich in unterschiedlichen Regionen Europas von Ungarn bis Spanien unterschiedlichen Nationalcharakteren anverwandeln könne. Hier wird bereits deutlich, dass die Primitiven in ein Inferioritätsverhältnis gegenüber den ‚zivilisierten' Nationen mit ihren künstlerischen Institutionen und ihrer Geschichte gesetzt werden. Die Präsenz eines ‚primitiven' Substrats gilt schon den Musiktheorien des

Franz Liszt und die Kunst der ‚Primitiven'

19. Jahrhunderts als unerlässliche Komponente ,genialer' Kunst (so etwa in der antisemitischen Argumentation Richard Wagners, der deutsch-jüdischen Komponisten wie Felix Mendelssohn Bartholdy eben diese unreflektierte Gefühls-Komponente absprach, während er sie durchweg ,germanischen' Komponisten wie Ludwig van Beethoven zuerkannte). Wenngleich der semantische Gehalt des Begriffs schon in den Kunst-Debatten ab 1850 verhandelt wird, gewinnt der Begriff des ,Primitiven' erst gegen Ende des 19. Jahrhunderts an Stringenz, und zwar durch seine Verwendung in der Ethnologie (Werkmeister 2010). In der empirischen Ethnologie hatte sich bereits im ausgehenden 19. Jahrhundert eine Teildisziplin entwickelt, die sich mit der teilnehmenden Beobachtung sogenannter primitiver Völker von Australien, Indonesien und Afrika bis nach Grönland und der Entschlüsselung ihres Denkens befasste. Ob Logik und Erleben dieser Völker grundsätzlich ganz anders geartet waren als jene der Europäer, blieb dabei stets umstritten. Der Ethnologe, Sprachwissenschaftler und Geograph Franz Boas, der im Rahmen ethnologischer Feldforschung eine Expedition unter anderem zu den Inuit in die Arktis unternahm und im Anschluss die Abhandlung *Baffin-Land. Geographische Ergebnisse einer in den Jahren 1883 und 1884 ausgeführten Forschungsreise* (1885) verfasste, vertrat eine eher kulturrelativistische Position, die keine undurchlässige Schranke zwischen den sogenannten ,Primitiven' und den ,Zivilisierten' vorsah. Einflussreich und auch im deutschen Kaiserreich intensiv rezipiert wurde seine Abhandlung *The Mind of Primitive Man* (1911), in der er die Herausbildung rationalen Denkens als Ergebnis einer über Generationen zusammengetragenen Ansammlung an Wissen und Erfahrungen darstellte, zwischen den Sprachen oder menschlichen ,Rassen' jedoch keinen prinzipiellen Unterschied konstatierte. Der französische Philosoph und Ethnologe Lucien Lévy-Bruhl sah dagegen in seinen in Europa vielgelesenen Abhandlungen *Les fonctions mentales dans les sociétés inférieures* (1910) und *La mentalité primitive* (1922) durchaus einschneidende Unterschiede zwischen den schriftlosen Kulturen und den westlichen Zivilisationen; auch Soziologen wie Emile Durkheim und Marcel Mauss befassten sich mit Familienstrukturen, mit Totem-Kulten und Tabu-Regeln bei entfernten Völkern. Mit der Institutionalisierung deutscher Kolonien in Afrika entstand ein wissenschaftliches Begleit-Schrifttum des Kolonialismus, das in Deutschland ebenfalls mit großem Interesse rezipiert wurde und nicht selten Stereotype sowie rassistische Ideologeme enthielt. Exemplarisch seien hier Leo Frobenius' (1873–1938) Schriften genannt, darunter *Im Schatten des Kongo-Staats. Bericht über den Verlauf der ersten Reisen der DIAFE von 1904–1906*, wo von einer deutschen innerafrikanischen Forschungsexpedition nach Afrika (Tunesien, Kongo, Sambia, Togo) berichtet wird.

Kolonialen Berichten über ,Primitive' gegenüber nimmt die primitivistische Literatur per definitionem eine kritische Position ein (was nicht bedeutet, dass sie unproblematisch wäre): Primitivistische Literatur vollzieht eine Anverwandlung an den ,Primitiven', sie unterstellt also, es gäbe ein den zivilisierten Europäer und den ,primitiven' Australier oder Afrikaner verbindendes, universelles Substrat eines phänomenologischen, vorikonographischen Erlebens, Empfindens und künstlerischen Ausdrucks. Die primitivistische Literatur ist unter ästhetischen Gesichtspunkten häufig hoch interessant, da sie eigenzeitliche und eigenlogische Welten entwirft, in denen ein Zusammenkommen von ‚Zivilisierten' und ‚Primitiven' dargestellt wird. Besonders ausgeprägt ist dies in den radikalen Avantgarden, insbesondere dem Dada. Diese europäische Bewegung verstand sich als Ansturm gegen die europäischen Institutionen des Kunstbetriebs, gegen die Nationen, die als Fessel der Kunst und des individuellen Selbstentwurfs verstanden wurden, aber auch gegen die Nationalliteraturen und die Grenzen zwischen den Sprachen. Das transkulturelle Moment, das dieser in Paris, Zürich, Berlin, Köln und Hannover (hier als ‚Merzkunst') beheimateten Strömung innewohnte, korrelierte mit dem Wunsch, aus Nationalsprachen und Nationalliteraturen, ja aus den Institutionen der Gesellschaft auszutreten, ohne auf die bereits verwendeten, verbrauchten und als einengend empfundenen Unterscheidungen zu rekurrieren, die in die Sprachen und ihre tradierten kulturellen Sinnzusammenhänge eingeschrieben waren. So bot es sich geradezu an, eine fiktive Sprache der ‚Primitiven' zu entwerfen, die – so die Imagination – sowohl dem Erleben der ‚Primitiven' als auch jenen Künstlern, die sich auf ihr vorzivilisatorisches Substrat zurückbesinnen würden, Ausdruck verleihen könnte. Die primitivistische Literatur versteht sich als Versuch, der eigenen Kultur und Zivilisation zu entsagen, nicht auf semantische, binär codierte Sinnstrukturen Bezug zu nehmen, sondern Empfindungen und ggf. Non-Sense zu artikulieren. Nirgendwo geschieht dies in so ausgeprägter Form wie in der radikalsten Avantgarde-Bewegung, dem Dada (Hess 2006, S. 61–88). Ein gutes Beispiel dafür sind Klanggedichte wie die 1916 entstandenen *Gadjiberibimba* und *Karawane* von Hugo Ball (1886–1927). Sie erfinden eine Lautsprache, in der vermeintlich universell verständliche Gefühle, Atmosphären (wie etwa jene einer Karawane) und Befindlichkeiten zum Ausdruck kommen sollten, noch ehe sie durch den Verstand kategorisiert wurden. Der rumänisch-jüdische, mehrsprachige Dichter Tristan Tzara (1896–1963) verfasste Gedichte, die er *Negerlieder. Aufgefunden und übersetzt von Tristan Tzara* überschrieb. Ihr Ton verwandelt sich ganz imaginären Stimmen von Schwarzen an, so als handele es sich um abgehackte Sprache, die sich aus Interjektionen und onomatopoetischen Klängen, aus Neologismen, erfundenen Sprachbruchstücken und aufeinanderfolgenden Eindrücken, die unvermitteltes Erleben im Augenblick suggerieren sollen, zusammensetzt.

> Sotho-Neger
> Gesang beim Bauen
> a eeeaeeeaeeeeeaeeeaee, a ee
> eaeeee, eaeeee,
> ea, eeee, eaeeee.
> Stangen des Hofes wir bauen für den Häuptling
> wir bauen für den Häuptling (Riha/Wende-Hohenberger 1992, S. 104).

Arbeiten, soziale Struktur, Befindlichkeit und Weltgefühl der ‚Neger' sind in diesem und weiteren *Negerliedern* Tzaras so konzipiert, dass sie mit dem eigenen, westeuropäischen Selbst- und Weltbezug übereinstimmen. Das Sprechen über die ‚Neger' soll das eigene, westeuropäische ‚Selbst' zum Ausdruck bringen, das in der Regel ebenfalls Arbeitsroutinen in hierarchischen Strukturen und Ausbeutung hinnimmt und für gut befindet. In der (vermeintlichen) Sprache der Schwarzen werden in weiteren Gedichten Liebe, Angst, Neid und andere menschliche Gefühle im Kolorit der sozialen Strukturen und kulturellen Kontexte Afrikas zum Ausdruck gebracht, wobei sich der Unterton fortsetzt, es handle sich um Universalien, die auch den westlichen Individuen allzu vertraut und auch in ihren Gesellschaften gegenwärtig sind oder wieder freigelegt werden müssten.

In der Forschung wurde über den Rassismus dieser *Negerlieder* diskutiert. Diese Frage lässt sich entscheiden, indem näher bestimmt wird, ob sich das implizite (nicht in Erscheinung tretende) lyrische Ich voll und ganz mit den Schwarzen (als den eigentlichen Statthaltern der Menschheit, wie sie nun einmal ist) identifiziert – dann handelt es sich um einen exotistischen und primitivistischen Text – oder ob hier das ganz Andere der Kultur und Zivilisation dargestellt wird. Letzteres ist aber recht schwer zu belegen, da westliche Kulturen nirgendwo als gültiger Maßstab, als Richtinstanz oder positiver Wert auftauchen; dies würde dem Selbstverständnis von Dada widersprechen.

Carl Einstein (1885–1940) schrieb 1915 den Essay *Negerplastik*, in welchem er für die Gleichwertigkeit afrikanischer Kunst plädiert und sich dagegen ausspricht, sie als minderwertig zu betrachten. Auch Richard Huelsenbeck (1892–1974) verfasste Gedichte, in denen von ‚Negern' die Rede ist. In *Flüsse* aus dem Band *Phantastische Gebete* heißt es:

Carl Einstein und Richard Huelsenbeck

> Umba Umba die Neger purzeln aus den Hühnerställen
> und der Gischt eures Atems streift ihre Zehn
> eine große Schlacht ging über euch hin und über den
> Schlaf eurer Lippen
> ein großes Morden füllete euch aus. (Huelsenbeck 1920, S. 16).

In *Der sprechende Mensch* im selben Band ist von ‚Negerinnen' die Rede, die auf die Trommeln pauken und an einem steilen Abhang ‚rasen'. Diese Gedichte enthalten, wie auch die Lyrik Tristan Tzaras, ein Moment der Identifikation mit Schwarzen, das zwar dem in den 1910er und 1920er Jahren verbreiteten Rassismus zuwiderläuft, allerdings wohnt ihnen durch die Extrapolation von Unmittelbarkeit und utopischer Abwesenheit jeglicher Reflexion auch ein okkupatorisches Moment inne. Huelsenbecks Gedichte problematisieren die Hierarchien zwischen Schwarzen und Weißen und kehren sie spielerisch um, etwa indem die angesprochenen Weißen wie im obigen Gedicht *Flüsse* mit ihren Gesichtern den, zunächst in der Nähe von Tieren, im Stall untergebrachten Schwarzen offenbar zu Füßen liegen.

In *Erste Dadarede in Deutschland* (1918) von Huelsenbeck heißt es:

> Das Cabaret Voltaire war unsere Versuchsbühne, wo wir tastend unsere Gemeinsamkeiten zu verstehen suchten. Wir machten zusammen einen wunderschönen Negergesang, mit Klappern, Holzklöppeln und vielen primitiven Instrumenten. (Huelsenbeck 1920, S. 104–108)

Spiel mit dem Primitivismus Anfang des 20. Jahrhunderts

Primitivistische Elemente enthält auch die Lyrik und Prosa Else Lasker-Schülers (1869–1945), die nach 1920 expressionistische mit surrealistischen Zügen verbindet. In *Die Nächte Tino von Bagdads* (1907) vermischen sich Der-

Else Lasker-Schüler

wischgesänge und Tänze, muslimische Gebete, jüdische Symbole mit christlichen Motiven; dargestellt werden minimal reflektierte, trance-artige Zustände, in denen Körperlichkeit, Empfinden, Rausch und Traum eine zentrale Rolle spielen, und sich Elemente aus den monotheistischen Religionen zu einem Synkretismus vermengen, dessen sprudelnde, teilweise erfundene Sprache sich einem primitivistischen Gefühlsstrom anverwandelt.

Hugo von Hofmannsthal

Eine besondere Position innerhalb der literarischen Primitivismus-Konzepte nimmt Hugo von Hofmannsthal (1874–1929) ein. In seinem Einakter *Elektra* (1904) stellt er die Griechen der Ilias nicht als Ahnherren europäischer Hochkultur und Zivilisation dar, sondern zeichnet sie mit primitivistischen Zügen als triebgesteuerte Figuren, die dem Erleben des Augenblicks ausgeliefert sind, bildliche Eindrücke zwar speichern, aber nicht bewältigen und reflektieren und Präsenz im rauschhaft-dionysischen Tanz erleben (Schneider 2013, S. 191–210). Dem Körper und dem bildlich-mythischen Ur-Bewusstsein, nicht dem Zeichen gelte ihre Aufmerksamkeit, deshalb sei (unter anderem) die Aufarbeitung des Mordes an Agamemnon durch Klytämnestra für Elektra so schwer zu verwinden. Facettenreiche, anspruchsvolle Arbeit an und mit dem Primitivismus findet sich außerdem bei Robert Müller (1887–1924) in *Tropen* (1915). Auch Claire Golls *Der Neger Jupiter raubt Europa* (1919/26) und Gottfried Benns Prosatexte *Gehirne, Die Eroberung, Die Reise* von 1915/16 sowie die Gedichte *Ostafrika, Palau* (1922), *Osterinsel* (1927) und *Negerbraut* (1912) tragen primitivistische Züge (Uerlings 2001, S. 81–96).

6. Außereuropäische Kulturen in der literarischen Moderne

Moderne und Interkulturalität

Während die ‚herrschende' Literatur und Kultur ideologisch mit dem Kolonialismus verbunden war, stand – wie gezeigt – die Avantgarde in einem dialektischen Verhältnis zu den außereuropäischen Kulturen, indem sie einerseits aus deren Reichtum schöpfte, andererseits die fremden Kulturen oft unmittelbar für die Interessen und Bestrebungen der europäischen und deutschen Kultur- und Gesellschaftskritik instrumentalisierte. Die sogenannten ‚Klassiker der Moderne' gehen aus den Bestrebungen der Avantgarde hervor, überführen deren kulturrevolutionären Charakter aber in literarische Formen, die mit den Vorbildern von Klassik und Romantik sowie des Realismus zumindest Verbindungen aufweisen. Dabei spielen die Bezüge zu interkulturellen Konstellationen speziell zu den außereuropäischen Kulturen eine bedeutende Rolle.

Alfred Döblin

So zeigt sich der Zusammenhang von Interkulturalität und Moderne exemplarisch bei Alfred Döblin. Ausgehend von der expressionistischen Revolte gegen den Konformismus des wilhelminischen Zeitalters übt der junge Autor eine radikale Kritik an den Grundlagen der europäischen Zivilisation, indem er die Vorherrschaft von Gewalt und die Herrschaft über die Natur anprangert, so etwa in dem chinesischen Roman *Die drei Sprünge des Wan-lun* (siehe oben). Ein weiterer grandioser Text mit spektakulären interkulturellen Bezügen ist der Roman *Berge Meere und Giganten* aus dem Jah-

Berge Meere und Giganten

re 1924. Hier hat man es mit einem dystopischen Zukunftsroman zu tun, der in gigantesken Schilderungen der Bewegungen von Menschenmassen und in Beschreibungen grandios scheiternder technischer Großexperimente eine katastrophische Entwicklung der Menschheit im 24. Jahrhundert nach Christus beschwört. Dabei deutet sich an, dass eine ‚Heilung' des europäischen Menschen und eine Rettung vor den desaströsen Folgen seiner Einwirkungen in die Weltgesellschaften und in die Natur durch die afrikanische Zivilisation erwartet werden könnte. Der Roman beschreibt die afrikanische Ethnie der Fulbe als Troubadoure, die den Europäern Lieder singen und diesen dadurch verdrängte Wünsche und Bedürfnisse deutlich machen. Wenn Döblins Roman in diesem Zusammenhang von Afrika als dem ‚traumverlorenen Kontinent' spricht, so malt er einerseits Bilder des afrikanischen Fremden als Projektion europäischer Wünsche, andererseits neigt er zu einer essentialistischen Gegenüberstellung des Europäischen und Afrikanischen, mit denen das Fremde letztlich in ein Koordinatensystem eingetragen wird, das trotz aller Zivilisationskritik europäisch bestimmt ist.

Nach dem Beginn der NS-Herrschaft wird in Döblins *Amazonas*-Trilogie diese Zivilisationskritik noch radikaler: Indem sich Döblin der gewaltsamen Kolonialisierung Mittel- und Südamerikas durch die Spanier und andere Europäer zuwendet, versucht er ein Modell zu entwickeln, in dem die Unterwerfung der indigenen Völker des genannten Erdteils zu einem neuen Paradigma wird für die gewaltsame Unterwerfung von Menschen und Natur, die Döblin im Nationalsozialismus am Werk sieht. Man erkennt somit im Exil eine weitere Zuspitzung der Skepsis gegenüber der Entwicklung Europas. Das Thema des Romans ist der Kulturkontakt zwischen Europäern und indigenen Völkern in Südamerika. Die Kolonialismuskritik wird zum Muster einer politischen Kritik an der nationalsozialistischen Diktatur, die anthropologisch orientiert ist und von einem mentalitätsgeschichtlich konstruierten Bild des ‚europäischen Menschen' ausgeht. Dabei wird eine kontrafaktische Utopie erkennbar, die in privilegierten Konstellationen aufscheint, wenn einzelne Europäer in einen harmonischen Austausch mit den indigenen Völkern und mit der grandiosen Natur des amerikanischen Kontinents kommen. Das Aporetische der Romankonstruktion lässt sich dabei dahingehend beschreiben, dass die indianische Zivilisation durch ein ‚naives' Verhältnis zu Welt und Natur bestimmt erscheint, das die Europäer kaum imitieren können, weil ihr Rückgang auf das unmittelbare Welt- und Naturverhältnis als Regression wirken muss. Dennoch erscheint die auf historische Ereignisse bezogene Narration über den Dominikaner las Casas, der dem spanischen König ein Memorandum gegen die Versklavung der ‚Indios' vorgelegt hat, und über die Jesuitenrepublik in Paraguay als ein interessantes Konstrukt, das Chancen eines friedlichen und gewaltfreien interkulturellen Austausches andeutet. In sprachlich kühnen Schilderungen beschreibt Döblin den Kontakt der ‚Weißen' mit den Naturgottheiten der ‚Indios', der aber nur punktuell ist und der in der angesprochenen Regression im Tode der Europäer kulminiert. Döblin vermag aber zu verdeutlichen, dass die Aufgabe europäischer Gewalt gegenüber außereuropäischen Kulturen eine Befriedung der deutschen und innereuropäischen Konflikte hätte bewirken können. Und wenn auch Döblins Romantrilogie nicht darlegen kann, wie eine Zurücknahme der europäischen durch Gewalt und

Verdrängung der Natur geprägten Haltung funktionieren könnte, so hat er doch einen Text vorgelegt, der aus heutiger Sicht postkoloniale Perspektiven eröffnet und der implizit die These vertritt, dass die nationalsozialistische Verblendung unter anderem aus der Unfähigkeit resultierte, in interkultureller Perspektive adäquat mit dem Anderen in seinen verschiedenen Facetten umzugehen.

Hermann Hesse

Eine ähnliche Wendung gegen die Gewalt- und Machtmentalität der europäischen Kultur findet sich in Texten Hermann Hesses, die sich mit indischer Kultur und mit dem Buddhismus befassen und in diesen in der Aufnahme romantischer Ideen ein Gegenmodell zur europäischen Zivilisation darstellen sollen. In der ‚indischen Dichtung' *Siddhartha* (1922) bietet Hesse eine biographische Narration, die sich an den Legenden um den historischen Buddha orientiert, diese aber in wichtigen Punkten modifiziert. Hesses Text wurde im Zuge der ‚Kulturrevolution' um 1968 zu einem attraktiven Gegenstand der Populärkultur, weil er Momente der europäisch-christlichen und der indischen Kultur geschickt verband, indem er nämlich einerseits die Aufgabe selbstsüchtiger und ichbezogener Impulse postulierte, andererseits aber immer noch am individualistischen Konzept der Selbstfindung orientiert blieb. Der Roman erzählt die Geschichte Siddharthas, der zunächst den Lehren des Buddhas folgt, sich dann aber den Freuden der Welt ergibt und schließlich mit einem Fährmann das einfache Leben am Fluss als dem Symbol der ewigen Verwandlung aller Dinge erfährt. Während die Leserinnen und Leser Hesse über Jahrzehnte die Treue hielten, hat die Literaturwissenschaft lange Zeit an einem gewissen Schematismus der Darstellung Anstoß genommen, der auch den Diskurs über die indische Kultur betrifft. Dennoch hat Hesses Auseinandersetzung mit Indien dazu beigetragen, den Geist einer europäischen Selbstkritik zu entwickeln, deren neoromantischer Impuls wirkmächtig war.

Hans Henny Jahnn

Während im Orientalismus-Diskurs das östliche Andere als Hort einer ursprünglichen und altehrwürdigen Weisheit begriffen wurde, erscheint Afrika bei Hans Henny Jahnn als das südliche Andere wie bei Döblin in enger Verbindung mit der ‚Natur'. In der Romantrilogie *Fluss ohne Ufer* (veröffentlicht 1949–1961) verbindet der Autor das Afrika zugeschriebene mimetische Naturverhältnis mit der als subversiv verstandenen männlichen Homosexualität der europäischen Figuren und entwickelt ein Konzept der ‚Armut', das eine Absage an materielles Denken und eine Haltung beschreiben soll, die sich auf die elementare Wucht der Dinge und des Lebens einlässt. Auch Jahnn schwankt in einer charakteristischen Weise zwischen interkultureller Öffnung und Projektion europäischer Bedürfnisse auf das exotische Andere. Seine radikale Skepsis gegenüber den Grundlagen der europäischen Kultur kann zwar Befremden auslösen; sie bildet aber die Basis für eine unkonventionelle Haltung gegenüber dem afrikanischen Anderen, indem eine Analogie zwischen dem Unbewussten als dem Anderen im Selbst und Afrika als dem äußeren Anderen im interkulturellen Sinne postuliert wird. Dass aber dieses Denkmodell nicht wie etwa in Joseph Conrads epochalem Roman *Herz der Finsternis* (1900) zur Basis einer rassistischen Unterdrückung und Diffamierung des Afrikanischen wird, liegt eben an Jahnns demonstrativer Fremdheit gegenüber der europäischen Normalität.

Der Konflikt zwischen einem normierend europäischen Denken und einem Anderen, das sowohl kulturell als auch psychologisch die Basis einer Alteritätserfahrung bildet, findet sich auch bei Thomas Mann. Dessen Orientalismus-Diskurs vor allem in dem Roman *Der Zauberberg* wurde bereits eindringlich untersucht (vgl. Kontje 2004, S. 146–161). In der dem *Zauberberg* kontrastiv zugeordneten Novelle *Der Tod in Venedig* (1913) zeigt sich die Differenziertheit von Manns interkulturellem Diskurs auf besonders überzeugende Weise. Gustav Aschenbach, der Protagonist des Textes, ist ein deutscher Schriftsteller, der sich mit dem preußischen Geist der Disziplin und der Selbstüberwindung und auch mit der Neutralisierung einer als haltlos diffamierten Sinnlichkeit identifiziert. Seine Selbstdisziplin hat ihm die Fähigkeit verliehen, Werke zu verfassen, für die er in der literarischen Welt hohe Anerkennung findet. Als Aschenbach, ein bereits älterer Herr, eine Reise nach Venedig unternimmt, wird seine Persönlichkeit und sein Lebensplan in fundamentaler Weise erschüttert. Er wird von der morbiden Atmosphäre der Lagunenstadt geradezu überwältigt, verliebt sich im Hotel in den schönen polnischen Knaben Tadzio und stirbt schließlich an der Cholera, die nach Venedig eingezogen ist und vor der zu fliehen er sich gegen alle guten Ratschläge geweigert hat. Der interkulturelle Gehalt dieses Textes ist ebenso hintergründig wie komplex. Die Cholera ist nämlich wie die Morbidität Venedigs und letztlich auch die Verlockung der Homosexualität mit dem Bild des Orients verknüpft. Der disziplinierte und von der preußischen Ethik als einer speziellen Ausprägung des europäischen Denkens geprägte Aschenbach verfällt der Sinnlichkeit des orientalisch beeinflussten mediterranen Geistes. Wenn der Gegensatz zwischen Europa und dem Orient nur in dieser Abstraktheit gezeichnet würde, läge eine sehr schematische Darstellung des interkulturellen Gegensatzes vor. Aber Manns Konzeption ist viel differenzierter. Er macht nämlich deutlich, dass Aschenbachs Rigorismus eine spezifische Form der *Fehlentwicklung* des europäischen Denkens darstellt. Denn im Gegensatz etwa zu Modellen der Weimarer Klassik, die eine Synthese von Natur und Geist, von Sinnlichkeit und Vernunft anstreben, hat Aschenbach trotz seiner Berufung auf Goethe einseitig auf Geist und Vernunft gesetzt und damit die Momente des Unbewussten und der Natur innerhalb und außerhalb seiner selbst verdrängt. Und *aufgrund dieser Konstellation* erscheint ihm das Orientalische als Fremdes und es wirkt in der literarischen Symbolik der Cholera als tödliche Bedrohung, der sich Aschenbach gerade deshalb freiwillig unterwirft, weil sich in der Flucht in Krankheit und Tod *seine eigene Opposition* gegen seinen moralischen Rigorismus realisiert. Der Text stellt also nicht affirmativ ein essentialistisches Bild des Orients dar, sondern er verdeutlicht einen Mechanismus, der die Bildung essentialistischer Stereotype begünstigt: Wer das Eigene zu eng und begrenzt definiert, dem erscheint das Andere als das Bedrohliche und das Tödliche. Eine offene Haltung gegenüber dem Fremden im eigenen Selbst würde, so kann Manns Novelle zeigen, eine Haltung ermöglichen, in der die Fremdheit des Anderen als Teil des Eigenen verstanden werden könnte. So kann die Reflexion über das Scheitern Aschenbachs die Utopie einer interkulturellen Konstellation aufscheinen lassen, in der das Eigene und das Fremde keinen Gegensatz bilden, sondern das Fremde im Eigenen mit dem Eigenen im Fremden in eine

Thomas Mann

Venedig und der ,Orient'

fruchtbare Wechselwirkung treten kann. Dann wäre der ‚Orient' nicht mehr das Gegenteil Europas und dies würde nicht nur dem orientalischen Anderen nützen, sondern auch dem europäischen Eigenen, das mit dem (vermeintlich) Fremden im Eigenen ebenso offen und frei umgehen könnte wie mit dem (vermeintlich) Fremden und doch Vertrauten im ‚Orientalischen'.

V. Interkulturelle deutschsprachige Gegenwartsliteratur

Die interkulturelle deutschsprachige Gegenwartsliteratur gewinnt ihr besonderes Profil dadurch, dass im Zuge von Migrationsbewegungen und anderen Einflüssen der Globalisierung zahlreiche Menschen nach Deutschland gekommen sind, deren Muttersprache nicht Deutsch war, die aber in deutscher Sprache schreiben und zu Akteuren im literarischen Feld der deutschen Literatur werden. Arbeitsmigration, Flucht, aber auch Zuwanderung aus Mittel- und Osteuropa von teilweise auch deutschstämmigen Personen prägen das Bild, das Deutschland zur Einwanderungsgesellschaft gemacht und das Verständnis von deutscher Kultur grundlegend verändert hat. Die folgenden Abschnitte zeigen die Vielfalt der neuen deutschsprachigen Kultur, indem sie jeweils Autorinnen und Autoren im Kontext ihrer diskursräumlichen Herkunft vorstellen und den jeweils spezifischen Beitrag zur deutschsprachigen Gegenwartsliteratur charakterisieren.

Neue Akteure im literarischen Feld

1. Deutsch-türkische Literatur

Die deutsch-türkische Literatur wurde zunächst als ‚Gastarbeiter'- und ‚Migrations'-Literatur verstanden. Sie war erst einmal der Ausdruck sozialer, meist unerfreulicher Erfahrungen mit der Einwanderung in Deutschland. Nachdem sich zeigte, dass aus der Migration eine Ansiedlung in Deutschland wurde, beanspruchten die deutsch-türkischen AutorInnen einen gleichberechtigten Platz in der deutschsprachigen Gegenwartsliteratur. Ihren erfolgreichsten Vertretern wie Emine Sevgi Özdamar und Feridun Zaimoglu ist es gelungen, einen solchen Platz einzunehmen. Die folgenden Ausführungen zeichnen die Entwicklung der deutsch-türkischen Literatur nach und verdeutlichen die aktuellen Perspektiven einer Literatur, der es gelungen ist, ein rein nationales und monolinguales Selbstverständnis deutscher Sprache und Kultur im 21. Jahrhundert nachhaltig in Frage zu stellen.

Als 1961 das Anwerbeabkommen zwischen der Bundesrepublik Deutschland und der Türkei abgeschlossen wurde und die ersten sogenannten Gastarbeiter nach Deutschland kamen, dachte niemand daran, dass sich eine breite Migrationsbewegung und mit ihr eine Neuorientierung der deutschen Gesellschaft entwickeln würde, die tiefgreifende Veränderungen auch im Blick auf das Selbstverständnis deutscher Identität und deutscher Kultur bewirkte. Speziell die Einwanderung aus der Türkei nahm in den 1970er und 1980er Jahren stark zu – nicht zuletzt aufgrund der politischen Repression in der Türkei, die nach den Militärputschen 1971 und 1980 auch viele (vor allem linke) Künstler, Akademiker und Intellektuelle dazu bewog, nach Deutschland zu emigrieren. Auch wenn die deutsche

‚Gastarbeiter' und Einwanderung

Regierung und die deutsche Gesellschaft lange Zeit die Augen davor verschlossen, dass Deutschland zu einer Einwanderungsgesellschaft geworden war, so wurde doch seit den 1970er Jahren deutlich, dass die Migrantinnen und Migranten aus der Türkei sich kulturell artikulierten und dass in ihrer Literatur die häufig verstörenden Erfahrungen mit der deutschen Gesellschaft beschrieben wurden (vgl. zum Thema diese Beitrags allgemein Hofmann 2006, S. 195–236 und Hofmann 2013 sowie Hofmann/Pohlmeier 2013).

Aporien der ‚Gastarbeiterliteratur'

Zunächst wurde die sich ausbildende Literatur unter dem Stichwort ‚Gastarbeiterliteratur' angesprochen, weil man davon ausging, dass die ‚Ausländer' eben alle ‚Gastarbeiter' waren und ihre Erfahrungen aus der Arbeitswelt niederschrieben (vgl. insgesamt zur Entwicklung der Migrations- und interkulturellen Literatur in Deutschland Chiellino 2000). Der Diskurs der ‚Gastarbeiterliteratur' war und ist aber aus mehreren Gründen problematisch. Er hatte zunächst viel mit dem schlechten Gewissen der deutschen Öffentlichkeit zu tun, die sich latent der Tatsache bewusst war, dass die Migranten und ihre Familien sehr oft nicht menschenwürdig behandelt wurden, und die somit erwarteten, dass die so unterdrückten ‚Gastarbeiter' ihrer Opferrolle literarisch Zeugnis verliehen. Damit wurde der so entstehenden Literatur aber ihr eigentlicher literarischer Status bestritten. Zum anderen wurde eben erwartet, dass die ausländischen Schreibenden ‚Arbeiter' waren, was in dem meisten Fällen aber gar nicht zutraf. In den 1970er Jahren traten so etwa Aras Ören, Yüksel Pazarkaya und Güney Dal hervor, die allesamt eine akademische Ausbildung hatten und zum Teil schon in der Türkei literarisch oder als Theaterschaffende tätig gewesen waren. Wenn diese Autoren dann über die Erfahrungen türkischer Arbeiter in Deutschland schrieben, so taten sie dies gewissermaßen stellvertretend und damit in einer problematischen Rolle, die sie selber sehr schnell überwinden wollten. Dennoch lässt sich nicht leugnen, dass die 1970er Jahre zunächst bestimmt waren von literarischen Darstellungen des Alltags von Migranten, der im Wesentlichen durch harte körperliche Arbeit geprägt war.

‚Literatur der Betroffenheit'

In den folgenden Jahren und Jahrzehnten war dann mit der zunehmenden Integration der Einwanderer in die deutsche Gesellschaft und mit dem Hervortreten einer zweiten und dritten Generation von ‚Deutsch-Türken' eine Entwicklung zu beobachten, die allgemein die Kulturgeschichte der Migration bestimmt: Die Literatur wollte wie andere kulturelle Artikulationsformen heraus aus dem Ghetto und sie wollte im deutschen literarischen und kulturellen Betrieb anerkannt werden. Dabei wurde zunächst immer noch auf Authentizität und dokumentarischen Anspruch gesetzt, wenn eine ‚Literatur der Betroffenheit' proklamiert wurde. Gerade *Autorinnen* wie Saliha Scheinhardt und Alev Tekinay verfassten – auch unter dem Einfluss der neuen Frauenbewegung in der Bundesrepublik – Texte, die dem Ausdruck subjektiver Erfahrung und der Selbstverständigung dienten und die in der deutschen Öffentlichkeit immer noch im Rahmen eines Opferdiskurses wahrgenommen wurden. Eine echte literarische Unabhängigkeit und künstlerische Autonomie eroberte sich die deutsch-türkische Literatur dann in den 1990er Jahren. In scharfer Abgrenzung von der ‚Gastarbeiterliteratur' und den Opfer-Diskursen der 1970er und 1980er Jahre erhoben Autorinnen und Autoren wie Emine Sevgi Özdamar, Zafer Şenocak und Feridun Zaimoglu nachdrücklich den Anspruch, ihre von zwei (und mehr) Kulturen geprägten Erfahrungen in literarische Konzepte umzuformen, die einen unangefochtenen Platz in der deutschen Literatur einnahmen. So zeigt die Geschichte der deutsch-türkischen Literatur in ihren besten Vertretern ähnlich wie die Geschichte der Migration insgesamt den dornigen Weg von der unterdrückten Minderheit zu einem selbstbewussten Partner der deutschen Kultur, der nicht lediglich den Anspruch erhebt, die deutsche Literatur von außen zu bereichern, sondern der sich selbstverständlich als Teil dieser deutschen Kultur begreift und diese dazu bringt, ihr Selbstverständnis in einem postnationalen Sinne neu zu definieren (vgl. zur wichtigen Gattung der Lyrik in dieser Literatur Yeşilada 2012).

Die folgenden Ausführungen geben zunächst einen Überblick über wichtige Autorinnen und Autoren und über bedeutsame Entwicklungstendenzen und Texte der deutsch-türkischen Literatur sowie über deren Stellung in der deutschsprachigen Gegenwartsliteratur.

Tableau der deutsch-türkischen Literatur
Die deutsch-türkische Literatur entwickelte sich als Folge der türkischen Migration in Deutschland. Die folgende Übersicht nennt wichtige Autorinnen und Autoren und deren bedeutendste Werke und sie versucht, verschiedene Phasen der Entwicklung dieser Literatur zu bestimmen:

– Erste Phase:
  Veröffentlichungen in den 1970er und frühen 1980er Jahren
  (Geburtsjahre um 1940)

Aras Ören
* 1939 Istanbul, seit 1969 in Berlin
bereits in der Türkei Theaterregisseur und Schriftsteller
Was will Niyazi in der Naunynstraße (1973)
Berlin Savignyplatz (1995)
Adelbert von Chamisso-Preis 1985

Güney Dal
*1944 Çunnakale, seit 1972 in Berlin
Europastraße 5 (1981)
Der enthaarte Affe (1988)
Adelbert von Chamisso-Preis 1997

Yüksel Pazarkaya
*1940 Izmir, seit 1958 Chemiestudium in Deutschland
Vermittler der türkischen Kultur in Deutschland
Rosen im Frost. Einblicke in die türkische Kultur (1982)
Adelbert von Chamisso-Preis 1989

- Zweite Phase:
  Veröffentlichungen Mitte der 1980er bis Anfang der 1990er Jahre
  (Geburtsjahre um 1950)

  > Alev Tekinay
  > *1951 Izmir, Studium der Germanistik in München
  > *Die Deutschprüfung* (1989)
  > *Der weinende Granatapfel* (1990)
  > Förderpreis zum Chamisso-Preis 1990

  > Saliha Scheinhardt
  > *1950 Konya, seit dem 17. Lebensjahr in Deutschland
  > *Frauen, die sterben, ohne daß sie gelebt haben* (1983)
  > *Und die Frauen weinten Blut* (1985)

  > Renan Demirkan
  > *1955 Ankara, seit 1962 in Hannover, Schauspielerin
  > *Schwarzer Tee mit viel Zucker* (1991)

- Dritte Phase:
  Wichtige Publikationen seit Mitte der 1990er Jahre
  (Geburtsjahre 1960 und jünger)

  > Emine Sevgi Özdamar
  > <früher geboren; breite Wirkung erst seit den 1990er Jahren>
  > *1946 Malatya, seit 1965 mit Unterbrechungen in Deutschland
  > *Das Leben ist eine Karawanserei* (1992)
  > *Die Brücke vom Goldenen Horn* (1998)
  > Bachmann-Preis 1991, Chamisso-Preis 1999

  > Zehra Çırak
  > *1960 Istanbul, seit 1963 in Deutschland
  > *Fremde Flügel auf eigener Schulter* (Lyrik) (1993)
  > Adelbert von Chamisso-Preis 2001

  > Zafer Şenocak
  > *1961 Ankara, seit 1970 in Deutschland (zunächst München, dann Berlin)
  > *Das senkrechte Meer* (Lyrik) (1991)
  > *Atlas des tropischen Deutschland* (Essays) (1992)
  > *Gefährliche Verwandtschaft* (Roman) (1998)
  > *Das Land hinter den Buchstaben* (Essays) (2006)
  > Förderpreis Chamisso-Preis 1988

Feridun Zaimoglu
*1964 Bolu, aufgewachsen in Berlin und München; seit 1985 in Kiel
Kanak Sprak (1995)
Liebesmale, scharlachrot (2000)
Leyla (2006)
Liebesbrand (2008)
Hinterland (2009)
Adelbert von Chamisso-Preis 2005

Yadé Kara
*1965 in Çayırlı, Studium der Anglistik und Germanistik in Berlin
Selam Berlin (2003)
Café Cyprus (2008)
Förderpreis Chamisso-Preis 2004

Selim Özdoğan
*1971 Köln
Nirgendwo und Hormone (1996)
Im Juli (2000)
Die Tochter des Schmieds (2005)
Förderpreis Chamisso-Preis 1999

Fatih Akın
*1973 Hamburg, Filmemacher
Im Juli (2000)
Gegen die Wand (2004)
Auf der anderen Seite (2007)
Soul Kitchen (2009)
The Cut (2014)
Sieger der Biennale 2004, Europäischer Filmpreis 2007

1.1 Entwicklungstendenzen der deutsch-türkischen Literatur

Zu betonen ist die Pionierleistung von Aras Ören. Mit seinem Poem *Was will Niyazi in der Naunynstraße?* aus dem Jahre 1973 hat er sehr früh den Anspruch erhoben, dass die Literatur die Erfahrungen der türkischen ‚Gastarbeiter' artikulieren konnte, und vor allem: er hat mit diesem Text und weiteren seiner Berlin-Trilogie verdeutlicht, dass die Literatur der (ehemaligen und zukünftigen) deutschen Hauptstadt von den Migranten geprägt werden sollte, die seit den 1960er Jahren in großer Zahl aus der Türkei gekommen waren. Ören hatte seit den späten 1950er Jahren literarische Texte vorgelegt und als Schauspieler und Dramaturg vornehmlich in Istanbul gearbeitet. Nachdem er 1969 nach Berlin umgesiedelt war, lebte er zunächst von Gele-

Aras Ören

genheitsarbeiten, blieb aber literarisch tätig und verstand sich als Vermittler zwischen der deutschen und der türkischen Kultur. Während er von der deutschen Öffentlichkeit zunächst eher als schreibender türkischer Arbeiter wahrgenommen wurde, fungierte er tatsächlich in gewissem Sinne als Sprachrohr für Erfahrungen, die er selbst so gar nicht gemacht hatte, und er stand gegenüber den ‚normalen' Migranten und ‚echten' Arbeitern in einer ungeklärten Repräsentantenrolle.

Yüksel Pazarkaya

In ähnlicher Weise wirkte Yüksel Pazarkaya als Vermittler zwischen der deutschen und der türkischen Kultur. Repräsentativ für seine Arbeit in den 1980er Jahren ist die anspruchsvolle Publikation *Rosen im Frost* aus dem Jahre 1982, die dem deutschen Lesepublikum einen umfassenden Einblick in die Geschichte und Gegenwart der türkischen Kultur gab und dabei den säkularen Charakter der modernen Türkei betonte sowie einen sehr anspruchsvollen Begriff von umfassender Landeskunde vermittelte. Problematisch war die Rezeption der Vermittlertätigkeit Örens und Pazarkayas deshalb, weil die deutsche Gesellschaft noch in den 1980er Jahren an dem Konzept der ‚Gastarbeiter' festhielt und insofern die Existenz von Migranten aus der Türkei für ein Übergangsphänomen hielt, was dazu führte, dass ein spezifisches Interesse an türkischer Kultur kaum ausgeprägt war. Dass die Beschäftigung mit der Lebenswelt türkischer ‚Gastarbeiter' weniger unter interkulturellen als unter sozialpolitischen Perspektiven wahrgenommen wurde, zeigt die Rezeption von Günter Wallraffs Reportage *Ganz unten*, in welcher im Jahre 1985 ‚der Türke' als Opfer kapitalistischer Ausbeutung präsentiert wurde und nur als Objekt sozialen Engagements erschien, ohne mit eigener Stimme zu sprechen.

Adelbert von Chamisso-Preis

Von der Seite der Mehrheitsgesellschaft sind die Aktivitäten des Münchener Instituts für Deutsch als Fremdsprache, vor allem von Harald Weinrich und Irmgard Ackermann, hervorzuheben, die sich in besonderer Weise um die Förderung von Autorinnen und Autoren mit nicht-deutscher Muttersprache verdient gemacht haben. Dabei lassen sich aus heutiger Sicht ambivalente Aspekte dieser Initiativen erkennen. Einerseits ging es Ackermann und Weinrich zweifelsfrei um die *Anerkennung* der Literatur von AutorInnen mit nicht-deutscher Muttersprache, andererseits wurde diesen AutorInnen ein spezieller Raum innerhalb des Kulturbetriebs zugewiesen, der sie von der ‚normalen' Literatur gebürtiger Deutscher ausgrenzte. In diesem Zusammenhang sind in den 1980er Jahren zahlreiche Anthologien mit Texten von Migrantinnen und Migranten erschienen, in denen sich auch deutsch-türkische Texte finden, und deutsch-türkische Autorinnen und Autoren wurden zu Preisträgern des Adelbert von Chamisso-Preises (in den 1980er Jahren Aras Ören, Yüksel Pazarkaya. Zehra Sırak und Zafer Şenocak, in den

Positionierungen im literarischen Feld

1990er Jahren Güney Dal, Emine Sevgi Özdamar und Selim Özdoğan). Letztlich ist die skizzierte Entwicklung aber mit der Öffnung des literarischen Feldes für eine zweite Generation deutsch-türkischer Autorinnen und Autoren verbunden. Es ist deutlich, dass die Rezeption von Emine Sevgi Özdamars *Karawanserei*-Roman (mit der Verleihung des Bachmann-Preises 1991) und von Feridun Zaimoglus *Kanak Sprak* (1995) einen klaren Einschnitt darstellt, mit dem die deutsch-türkische Literatur jetzt zumindest ansatzweise unter genuin literarischen Kriterien rezipiert wird. Von entscheidender Bedeutung war, dass Zaimoglu im Vorwort zu *Kanak Sprak* mit großem strategischem Geschick eine Selbstpositionierung im literarischen Feld vornahm, die sich dezidiert von der ‚Gastarbeiterliteratur' absetzte. Trotzdem ist auch *Kanak Sprak* selbst noch als ein Übergangsphänomen zu bewerten, weil Zaimoglu mit den (angeblichen) Interviews von gesellschaftlichen Außenseitern türkischer (und arabischer) Herkunft an der Programmatik des Dokumentarischen festhielt, welche die ursprüngliche Gastarbeiterliteratur kennzeichnete. Zu unterstreichen ist aber, dass die Sprachgewalt der *Kanak*-Texte weniger ein romantisches Unterschicht-Phänomen darstellt als vielmehr mit der Autorschaft des Deutsch-Türken Zaimoglu zu verbinden ist.

1.2 Die Stellung der deutsch-türkischen Literatur in der Gegenwartsliteratur

Als fruchtbar erwies sich für die Entwicklung der deutsch-türkischen Literatur der Gedanke, den Begriff ‚Gastarbeiterliteratur' aufgeben und von ‚Migrationsliteratur' als einem Phänomen der postkolonialen globalisierten Welt zu sprechen. Damit wurde die Literatur der Autorinnen und Autoren nicht-deutscher Herkunft in einen internationalen Kontext einbezogen, in dem etwa in der anglo- und der frankophonen Welt Autorinnen und Autoren aus den ehemaligen Kolonien zu den erfolgreichsten der früheren ‚Mutterländer' wurden. Aber auch in dem Begriff ‚Migrationsliteratur' steckt die problematische Festlegung entweder auf die Biographie der Autoren oder den Inhalt ihrer Werke (der mit Migration im weitesten Sinne zu tun haben müsste).

Migrationsliteratur

Die Problematik und die Weiterentwicklung der Rezeption deutsch-türkischer Literatur zeigt sich exemplarisch in der Werk- und Rezeptionsgeschichte von Emine Sevgi Özdamar und Feridun Zaimoglu, den beiden erfolgreichsten Autoren dieses Feldes der Literatur (vgl. zu Özdamar insbesondere Zierau 2009 und zu Zaimoglu Cheesman/Yeşilada 2012). Beide wurden zunächst klischeehaft und stereotyp aufgenommen und charakterisiert, bevor sich eine differenzierte Rezeption einstellte: „Im Namen Allahs: hochpoetisch" – so titelte eine Rezension zu den Texten Özdamars, und es war klar, dass damit eine stereotyper Orientalismus – gut gemeint, aber die individuelle Person und Leistung verkennend – die Begriffsbildung beeinträchtigte. Und trotz der differenzierteren Formulierungen der anspruchsvollen Kritik war die Rezeption Özdamars auf die Person bezogen, die als Schauspielerin mit ihren langen dunklen Haaren eine als exotisch empfundene charismatische Ausstrahlung bewies, die aber der nüchternen Einschätzung ihrer Texte eher schadete.

Emine Sevgi Özdamar

Emine Sevgi Özdamar legte 1991 ihren ersten Roman mit dem ‚orientalisch' klingenden vollständigen Titel *Das Leben ist eine Karawanserei, hat zwei Türen, durch eine ging ich hinein durch die andere ging ich hinaus* vor. Ihr zweiter Roman *Die Brücke vom Goldenen Horn* aus dem Jahre 1998 setzt die autobiographisch inspirierte Erzählung von Erfahrungen einer jungen Türkin fort, die hier in eine Migrationserzählung einmündet.

Özdamars eigenwilliges Spiel mit dem Image des ‚Gastarbeiterdeutschs', mit dem unter anderem grammatische Inkorrektheiten als Ausdruck von mündlichem Sprechen und vermeintlicher Authentizität inszeniert wurden, trug zu der Ambivalenz der frühen Rezeption bei. Als ‚Exotismus' konnte ein weiteres wichtiges Stilmittel interpretiert werden, das in der wörtlichen Übersetzung türkischer Ausdrücke und Redewendungen bestand. Hierin kann man aber gerade im Blick auf die Rezipienten einen typischen Ausdruck von Migrationsliteratur erkennen, mit dem Elemente einer fremden Sprache in die Sprache des Einwanderungslands eingeführt werden. Das Lob von Özdamars Erzählkunst mit deren Bezug zur Oralität konnte freilich den Eindruck vermitteln, hier spräche eine naive Erzählerin, die als Repräsentantin der Türkei und des ‚Orients' eine Vertreterin der Vormoderne wäre.

Kanak Sprak   Fulminant betrat Feridun Zaimoglu im Jahre 1995 mit *Kanak Sprak* die deutsche literarische Szene. Mit den *Mißtönen vom Rande der Gesellschaft* bewegte sich der Autor in dem Bereich der (vermeintlichen) Dokumentarliteratur, indem er seine Texte als Wiedergabe von Interviews mit jungen Migranten meist türkischer Provenienz deklarierte. Indem das Wort ‚Kanake' vom Schimpfwort zu einer positiv besetzten Selbstdefinition umgewandelt wurde, vollzog der Autor eine Umwertung der Stigmatisierung, die vom Feuilleton und von der ‚Szene' aber dankbar aufgenommen wurde. Mit der Provokation des ‚Multi-Kulti-Gutmenschentums' gerierte sich Zaimoglu als ein Rebell, der aber paradoxerweise von der Mehrheitsgesellschaft wohlwollend beachtet wurde. Problematisch an dieser Erstrezeption ist zweifellos ein gewisser Exotismus der Randgruppen, der sich darin zeigt, dass das offenbar werdende poetische Potential der Marginalisierten das Gewissen der etablierten Gesellschaft zu beruhigen vermag. Indem die Autorschaft Zaimoglus, der nach seinem eigenen Bekunden alle Texte der ‚Kanaken' bearbeitet hatte (und der als Abiturient und freilich ‚abgebrochener' Student alles andere als ein marginalisierter ‚Kanake' ist) gewissermaßen verborgen wurde, stellte sich erneut in aller Deutlichkeit die Problematik der Repräsentation und Authentizität. Zaimoglu jedenfalls gewann ‚symbolisches Kapital' (Bourdieu) durch die Aura des Provokateurs, die (vermeintliche?) Authentizität der Sprecher und auch durch die ‚orientalische' Fülle („gefüllt wie ein Börek" fand ein Rezensent seine Sprache).

Es ging Zaimoglu also in *Kanak Sprak* darum, die harmonisierenden, mit sozialem Pathos versehenen Produkte der ‚Gastarbeiterliteratur' in die Schranken zu weisen. Nicht mehr sollte die Rede sein vom ‚armen, aber herzensguten Türken Ali', nicht mehr sollte dem deutschen Leser die Betroffenheit über das elende Leben der türkischen Migranten eingeimpft werden. Zaimoglu präsentiert demgegenüber vierundzwanzig Texte, in denen

‚Kanaken'   junge Männer ‚vom Rande der Gesellschaft', Migranten der ‚zweiten Generation', die aus der Türkei oder aus arabischen Ländern stammen, in einer provozierenden Sprache auf die Frage antworten: „Wie lebt es sich als Kanake in Deutschland?" Das Wort ‚Kanake' verweist auf ein konfliktreiches Verhältnis dieser Minderheit zur Mehrheitsgesellschaft, weil ein Schimpfwort (hier: das neukaledonische Wort für ‚Mensch', das die französischen Kolonialherren in diffamierender Ansicht gebrauchten) als Selbstbezeichnung für eine ausgegrenzte Gruppe verwendet wurde. Indem die ‚Kanaken' die Ausgrenzung durch die Gesellschaft gleichzeitig thematisieren und zurückweisen, stellen sie die Kriterien der Mehrheitsgesellschaft in Frage und verweigern sich einer Integration, die eine Anpassung an die Werte einer konventionellen Gesellschaft bedeutet (und der sich die Eltern, die erste

Generation der Migration, ihrer Meinung nach nur zu bereitwillig angepasst hatten).

Spektakulär ist die Sprache der Texte, bei denen Schimpfwörter, Umgangssprache und eine sehr anschauliche Bildlichkeit nicht Ausdruck von Sprachlosigkeit und Begrenzung sind, sondern eine poetische Kraft gewinnen, mit denen die ‚Kanaken' eine eigene Welt vertreten. Dabei erscheint freilich die Frage nach der ‚Authentizität' der Texte problematisch. Zaimoglu erklärt in seinem Vorwort, die „Kanak Sprak" sei eigentlich eine Mischung aus Deutsch und Türkisch, die er im Sinne einer „Nachdichtung" bearbeitet habe. Die den Texten zugrunde liegenden Tonbänder seien sämtlich auf Wunsch der Betroffenen gelöscht worden. Der einheitliche Ton der Texte und ihre pralle Bildlichkeit legen freilich den Schluss nahe, dass der vermeintliche ‚Nachdichter' Zaimoglu viel mehr Autor der Texte ist, als er zugeben will. Seine weitere Entwicklung auch über die „Kanak Sprak" hinaus zu einem anspruchsvollen deutschsprachigen Autor, der insbesondere die Tradition der deutschen Romantik in seinen Texten verarbeitet, verweist darauf, dass hier ein sprachschöpferischer Autor am Werke war, der sich von dem Jargon des ‚Ghettos' zu einer Literatur inspirieren ließ, die eine spezielle gesellschaftliche Bedeutung gewann, weil sie den Feuilletonisten einer bürgerlichen Mittelschicht zu beweisen vermochte, dass die ‚Unterschicht' kreative Potentiale aufweist, welche die von Konformismus gezeichnete Bourgeoisie nur zu häufig entbehrt. Die Entwicklung einer neuen deutschen Literatur aus dem Geist der Kanaken-Rebellion war ein Ereignis in der neueren deutschen Literaturgeschichte und hat die Koordinaten des Literaturbetriebs in spektakulärer Weise verändert.

Die Sprache der Kanak Sprak

In den letzten Jahren wurden Özdamar und Zaimoglu als gleichberechtigte Mitspieler auf dem Feld der deutschen Literatur (vgl. Bourdieu, 1999) akzeptiert und insgesamt ist eine weitgehende Anerkennung der deutsch-türkischen Literatur zu beobachten. Diese Entwicklung geht einher mit einer gewissen Korrektur der problematischen Erstrezeption und mit einer Überwindung der stereotypen Bilder, die mit einer Hypostasierung von ‚türkischer' und ‚orientalischer' Identität verknüpft war. Die Idee einer interkulturellen Literatur fand, ausgehend von den angloamerikanischen Kulturwissenschaften, auch in der deutschsprachigen Literaturwissenschaft großen Anklang, und es wurden differenzierte Konzepte des Spiels mit Stereotypen und der Bildung eines ‚Dritten Raums' (Homi Bhabha) entwickelt. Die deutsch-türkische Literatur, so ließ sich feststellen, ist nicht einfach deutsch und nicht einfach türkisch, aber auch nicht der kleinste gemeinsame Nenner zwischen beiden, sondern sie ist eine deutsche Literatur, bei der fremdkulturelle Perspektiven dazu verwendet werden, Konstruktionen stereotyper kultureller Identität zu überwinden. Und mit dieser Rezeption ist einerseits eine adäquate *literarische* Rezeption der deutsch-türkischen Literatur möglich geworden, und andererseits ist die didaktische Herausforderung deutlich, die in dieser Literatur liegt. Denn es geht nicht nur darum, in der deutsch-türkischen Literatur Momente des Fremden (des Türkischen) zu erkennen oder die Koexistenz des Eigenen und des Fremden zu simulieren, sondern es ergibt sich die Chance, im Spiel des Literarischen festgefahrene Vorstellungen von eigener und fremder Identität zu überwinden und einen ästhetischen und kulturellen Freiraum zu gewinnen, in dem hybride Identitäten Freiheit erfahren können.

Literatur des ‚Dritten Raumes'

Diese Differenzierung der Rezeption führte im Falle Özdamars zu der Einsicht, dass hier nicht einfach von orientalischem Fabulieren die Rede sein konnte, sondern dass eine reizvolle und anspruchsvolle Konfrontation von Tradition und Moderne in der erzählten Geschichte zu erkennen ist. An die Stelle des Klischeebildes der naiven orientalischen Erzählerin wurde das Konzept einer ‚gespielten Naivität' (Şölçün 2002) gesetzt, mit dem Özdamar die Kontrastierung zwischen einer naiven Erzählhaltung und einer je verschiedenen modernen Realität (in der Türkei und in Deutschland) gelang. Der Leser kann verfremdete Bilder des Eigenen und des Fremden kritisch und sogar belustigt reflektieren und damit Klischees überwinden und die eigene Identität in einem postmodern-pluralen Sinn inszenieren.

Zaimoglus Autorposition

Eine ähnliche Differenzierung der Rezeption und hier auch des Selbstverständnisses ist bei Feridun Zaimoglu zu beobachten. Ihm ist es gelungen, die Pose des ‚Kanaken' zu überwinden und das Sprachschöpferische der „Kanak Sprak" in eine neue Literatursprache zu überführen. Nach einer Reihe von Texten im Stile von *Kanak Sprak* ging er zu Erzählungen und Romanen über, die eine anspruchsvolle literarische Sprache erreichten und dabei die Expressivität eines rebellischen Subjektivismus bewahrten. Als Person setzte Zaimoglu sein Engagement für islamische Migranten fort, und als Mitglied der Islam-Konferenz räumte er seinen Platz für eine kopftuchtragende Muslima. So ist er gewissermaßen der Lieblingsrebell der deutschen Gesellschaft, der aber trotz aller Selbstinszenierung mit sprachlich gelungenen Texten aufwartet, die insbesondere das Schicksal der Liebe in der globalisierten Wohlstandsgesellschaft thematisieren. Es geht Zaimoglu um die Vermeidung von Klischees durch deren Bearbeitung, um die Besetzung einer ‚seriösen' Autorposition und in gewissem Sinne sogar um eine Erneuerung des Romantischen (hierin ist eine Parallele zu dem erfolgreichen Filmemacher Fatih Akın zu erkennen). Man könnte einwenden, dass der ehemalige literarische ‚Kanake' sich dadurch ein ‚symbolisches Kapital' erworben hat, dass er als Türke den Anspruch erhebt, eine Art Spezialist für Gefühle zu sein; es ließe sich aber wohlwollender sagen, dass es ihm um eine reflektierende Erkundung von Mentalitäten und Haltungen sowie um die Verbindung von psychologischer Analyse und Gesellschaftskritik geht.

Ein besonderer Aspekt der deutsch-türkischen Literatur liegt in der Besetzung des bereits erwähnten ‚Dritten Raumes' und in ihrer Hybridität. Ihr besonderer Beitrag zur deutschen Literatur liegt in der Übernahme eines ethnologischen Blicks auf die Deutschen, der sich aber immer mehr in eine umfassende Analyse des zeitgenössischen Menschen umbildet. Man kann feststellen, dass ‚deutsch-türkisch' vom Stigma zum Markenzeichen geworden ist, dass die deutsch-türkischen Autoren das angesprochene symbolische Kapital erworben haben, das ihre Literatur attraktiv erscheinen lässt. Wichtig ist dabei, dass die Autorinnen und Autoren als Individuen betrachtet werden. Dennoch ist die Frage nach der möglichen Fruchtbarkeit deutsch-türkischer Konstellationen berechtigt, und sie lässt sich positiv beantworten. Die deutsch-türkische Literatur leistet eine kritische Reflexion von gesellschaftlicher Modernisierung, deren Schauplätze vor allem Istanbul, Berlin und Hamburg sind, und sie leistet eine Analyse von Mentalitäten im deutsch-türkischen Vergleich.

2. Deutsch-arabische und deutsch-iranische Literatur

Die Literatur von Autoren aus dem Nahen Osten, in deren Kultur der Islam eine wichtige Rolle spielt, bildet einen bedeutenden Zweig der interkulturellen deutschsprachigen Gegenwartsliteratur. Im Folgenden geht es um Schriftsteller aus arabischen Ländern (vor allem aus Syrien, dem Libanon und dem Irak) und um Autoren, die aus dem Iran stammen, und um solche, deren Herkunft kurdisch ist. Der Unterschied zur deutsch-türkischen Literatur liegt darin, dass es keine massenweise Arbeitsmigration in den 1960er Jahre aus den Ländern des Nahen Ostens gab; dagegen findet sich Migration in der DDR in den 1960er Jahren wegen der politischen Kooperation vor allem mit dem Irak und Syrien und später das Exil junger arabischer Intellektueller vor allem wegen diktatorischer Verhältnisse in den Heimatländern. Die Herrschaft des Schahs in Persien, insbesondere aber auch die Errichtung der Islamischen Republik führte zu einer Ausreise von Akademikern aus dem Iran; neuere und neueste Entwicklungen bringen die Flucht vor Diktaturen und Bürgerkriegen.

Migration aus dem Nahen Osten

Die Herausforderung dieser Literatur liegt darin, dass jetzt nicht mehr nur aus einer fremden Perspektive auf Deutsch über den ‚Orient' geschrieben wird, sondern dass sich eben Stimmen aus den Ländern des viel beschworenen ‚Orients' auf Deutsch zu Wort melden und damit sowohl die Faszination als auch die gleichzeitige vermeintlich überlegene Distanz der Europäer zum ‚Orient' herausfordern. Die Ambivalenz und der Reichtum des deutschen ‚Orientalismus' wurden in dieser Einführung bereits verdeutlicht. Populäre Kenntnisse über den ‚Orient' wurden den Deutschen vor allem durch Karl Mays Romane vermittelt, in denen der herablassend-überlegene Deutsche Kara Ben Nemsi dem sympathischen, aber törichten Hadschi Halef Omar die Welt und nicht zuletzt auch den Islam erklärt. Die Faszination des nahöstlichen Orients in der klassischen deutschen Literatur und die Herausbildung eines empathischen Orient-Diskurses bei Goethe wurden hier bereits herausgestellt; eine Kontinuität zwischen dieser Literatur und der deutsch-arabischen Gegenwartsliteratur ist zu entdecken.

Der ‚Orient' schreibt Deutsch

Zu betonen ist hier noch einmal die Bedeutung der arabischen Kultur für Goethe, seine emphatische Bezugnahme auf die vorislamische Dichtung (Moallakat) und seine Faszination durch das nomadische Leben der Beduinen. Goethe sieht die kulturhistorische Bedeutung Mohammeds trotz einer klaren Distanz gegenüber dem religiösen Dogmatismus des Propheten; Goethe konzentriert sich in seiner Rezeption ‚orientalischer' Dichtung auf die neupersische, arabisierte Dichtung (vgl. Katharina Mommsen in Goethe-Handbuch 4/2 <2004>, S. 841). Sein besonderes Interesse an der persischen Kultur beruhte auf seiner Sympathie für den „mit seiner eigenen Naturfrömmigkeit nah verwandten Parsismus" (ebd., S. 842); Goethe identifiziert sich bei Hafis „mit einem auf die Allgegenwart Gottes in der Natur gegründeten, beseligenden Daseinsgefühl, das sie als Dichter inspirierte" (ebd.).

Goethe und der ‚Orient'

Während dieser Traditionsstrang erst von der neueren Forschung genauer verdeutlicht wurde, gehen populäre Vorstellungen über den ‚Orient' immer noch auf Phantasien über den Harem und auf den ‚orientalisierten Orient' der Märchen von Tausendundeiner Nacht zurück.

Islamismus

Gleichzeitig beherrschen problematische Diskurse über den Islam die öffentliche Diskussion im deutschsprachigen Bereich: Der Islamismus führt zu einer Problematisierung der islamischen Religion insgesamt nach dem 11. September 2001 und neuerdings durch das Auftreten der Terrormilizen ‚Islamischer Staat' in Syrien und im Irak. Auf diese problematische Konstellation reagieren die Autoren aus den Ländern des Nahen Ostens, indem sie sich einerseits weigern, über die Religion definiert zu werden, andererseits aber auch durch Aufklärung über säkulare Aspekte der arabischen Gesellschaften und vor allem auch durch die Darstellung humanistischer Gehalte des Islam.

Die erste und die zweite Generation

Wie im Falle der deutsch-türkischen Literatur ist die Unterscheidung der Generationen von großer Bedeutung: Die erste Generation (Schami, Naoum) engagiert sich zunächst sozialpolitisch in der Arbeit von und für Migranten und integriert die literarische Tätigkeit in dieses Anliegen (so Schami in der Edition der Reihe *Südwind Gastarbeiterdeutsch* 1980–1983) und thematisiert die Probleme der Migranten in sozialkritischen Reflexionen über die deutsche Einwanderungsgesellschaft bei gleichzeitiger kritischer Begleitung der Ereignisse in der arabischen Welt und im Iran; die zweite Generation zeigt eine stärkere Zugehörigkeit zur deutschen Kultur und bemüht sich darum, die Grundlagen der Kultur der Vätergeneration zu erarbeiten (so exemplarisch Navid Kermani). Jüngere Autoren entwickeln darüber hinaus ein spielerisch-distanziertes Verhältnis zu diesen Traditionsbeständen.

In der Rezeption zeigt sich wie bei Özdamar die Gefahr der (Selbst-)Orientalisierung. Klischeehafte Erwartungen der literarischen Öffentlichkeit und die Selbstinszenierung der Autoren können eine problematische Übereinstimmung aufweisen, so wenn Schami und Naoum sich als ‚orientalische Märchenerzähler' präsentieren. Weitergehend und anspruchsvoller besteht die Möglichkeit, traditionelle Gehalte der nahöstlichen Kultur mit (post-)modernen Formen des Romans und der Lyrik zu verbinden: so finden sich in der deutsch-arabischen Literatur Formen des Gesellschafts- und Generationenromans und der postmodernen Lyrik.

Die Sonderstellung der Kurden

Das Spektrum der Autoren ist – wie angedeutet – breit gefächert: es finden sich arabische, iranische Autoren, aber auch Schriftsteller kurdischer Herkunft. Adel Karasholi und Sherko Fatah sind Kurden, die bzw. deren Familien aus Syrien und dem Irak stammen, die somit keine Araber sind, in der deutschen Rezeption aber im Kontext der aus Arabien und dem Iran stammenden Autoren wahrgenommen werden.

Tableau der deutsch-arabischen und deutsch-iranischen (und deutsch-kurdischen) Literatur

> Adel Karasholi
> - *1936 in Damaskus
> - 1951 erste Gedichtveröffentlichungen
> - 1959 Mitglied des bald verbotenen Schriftstellerverbandes spießbürgerlichen
> - 1961 Emigration nach Leipzig
> - Studium am Literaturinstitut Johannes R. Becher
> - Promotion über das Theater Brechts

- Seit 1964/65 Texte in deutscher Sprache
- 1968–1993 Lektor an der Universität Leipzig
- 1968 *Wie Seide aus Damaskus*
- 1984 *Daheim in der Fremde*
- 1992/93 *Wenn Damaskus nicht wäre*
- 1995 *Also sprach Abdulla*

Jusuf Naoum
- *1941 in El Mina bei Tripolis/Libanon
- 1964 Migration in die Bundesrepublik Deutschland
- Seit 1983 freier Schriftsteller in Niedernhausen bei Frankfurt am Main
- 1974 *Der rote Hahn. Erzählungen des Fischers Sidaoui*
- 1986 *Karakus und andere orientalische Märchen*
- 1988 *Der Scharfschütze. Erzählungen aus dem libanesischen Bürgerkrieg*
- 1995 *Das Ultimatum des Bey. Roman aus dem Libanon*

Rafik Schami (eigentlich Suheil Fadél)
- *1946 in Damaskus
- 1971 Emigration nach Deutschland
- 1971–1979 Studium der Chemie, Promotion
- 1984 *Das letzte Wort der Wanderratte*
- 1987 *Eine Hand voller Sterne*
- 1991 *Malula. Märchen*
- 1992 *Der ehrliche Lügner*
- 2004 *Die dunkle Seite der Liebe*
- 2006 *Das Geheimnis des Kalligraphen*

SAID
- *1947 in Teheran
- 1965 als Student nach München
- 1979 kurzzeitige Rückkehr in den Iran, nach der Gründung der Iranischen Republik dauerhaftes Exil in Deutschland
- 1987 *ich und der Schah. die beichte des ayatollah. hörspiele*
- 1989 *liebesgedichte*
- Vorsitzender des PEN Deutschland
- 1995 *der lange arm der mullahs. notizen aus meinem exil*
- 2005 *ich und der islam*
- 2007 *Psalmen*

Suleman Taufiq
- *1953 in Damaskus
- 1971 Beginn eines Studiums der Philosophie und Komparatistik in Aachen

- Freier Schriftsteller in Aachen
- Übersetzer und Herausgeber arabischer Literatur
- 1988 *Das Schweigen der Sprache (Gedichte)*
- 1992 *Im Schatten der Gasse. Erzählung*
- 1993 *Spiegel des Anblicks (Gedichte)*

Sherko Fatah
- *1964 in (Ost-)Berlin als Sohn eines irakischen Kurden
- 1975 Übersiedlung nach West-Berlin (über Wien)
- 2001 *Im Grenzland (Roman)*, aspekte-Literaturpreis
- 2008 *Das dunkle Schiff (Roman)*
- 2014 neuer Roman

Navid Kermani
- *1967 in Siegen als vierter Sohn iranischer Eltern
- Studium der Orientalistik, Philosophie und Theaterwissenschaft in Köln
- 1998 Promotion *Gott ist schön. Das ästhetische Erleben des Koran* (erschienen 1999)
- 2002 *Das Buch der von Neil Young Getöteten*
- 2004 *Vierzig Leben*
- 2005/06 Habilitation *Der Schrecken Gottes. Attar, Hiob und die metaphysische Revolte*
- 2007 *Kurzmitteilung (Roman)*
- 2009 *Wer ist Wir? Deutschland und seine Muslime*
- 2011 *Dein Name (Roman)*
- 2014 *Große Liebe (Roman)*

Abbas Khider
- *1974 in Bagdad
- 1993 Verhaftung, zweijähriger Gefängnisaufenthalt
- 1996 Flucht aus dem Irak, illegaler Flüchtling u. a. in Jordanien und Libyen
- 2000 Asyl in Deutschland
- 2008 *Der falsche Inder (Roman)*
- 2011 *Die Orangen des Präsidenten (Roman)*
- 2013 *Brief in die Auberginenrepublik (Roman)*

Adel Karasholi

Er beginnt mit Gedichtveröffentlichungen in Syrien, kommt in die DDR und nimmt ein Studium am Literaturinstitut Johannes R. Becher auf, veröffentlicht zunächst durch deutsche Kollegen übersetzte Texte und beginnt danach eine lyrische Produktion in deutscher Sprache. Zunächst ist ein besonders starker Einfluss durch die Lyrik Brechts zu konstatieren, es finden sich

Vorbild Brecht

aber auch Motive und Themen der syrisch-arabischen Kultur. Im Geiste Brechts schreibt Karasholi der Umgangssprache angenäherte Lyrik; er thematisiert zunächst eindringlich die Migrationserfahrung; wobei anfangs noch deutlich die Gegenüberstellung der beiden Kulturen und eine melancholische Stimmung überwiegen:

Ölbaum und Eiche (1984)

Ölbaum und Eiche
Ungleiches Paar in mir
Tastendes Hinwachsen
Zum andern

Ach Sehnsucht
Würg die Knospen nicht
In den verzweigten Rippen

Knochiger Ölbaum
Olivenspender
Sonnenspeicher
Grüner Landeplatz für Noahs Taube
Kralle in kakteengespickter Erde
Ungetränkt beharrlich

Ach Sehnsucht
Würg nicht die Knospen
In den verzweigten Rippen

Hin zur Eiche
Triefend im endlosen Regen
Stammloses Blattwerk
Dach unsrer Liebe
unentwirrbar
Am Schlüsselloch ab und zu
Die Sonne
(zitiert nach Karasholi: Wenn Damaskus nicht wäre, 3. Aufl. 1999, 56)

In diesem Textbeispiel ist noch keine Verbindung zwischen arabischer und deutscher Kultur erkennbar; vielmehr werden die Symbole des Nordens und des Südens, Eiche und Olive, unverbunden gegeneinandergestellt. Trotz aller Hinwendung zum Süden und Osten kann aber immerhin die Eiche als ‚Dach unsrer Liebe' verstanden werden; dennoch überwiegen die Sehnsuchtsbilder des Mediterranen, die ein Bedürfnis auch der deutschen Leser ansprechen.

Ein Jahrzehnt später – nach dem unrühmlichen Ende seines Gastlandes, der DDR – nimmt Karasholi Anregungen Nietzsches und des Sufismus auf. Die Eingangsformel, die er in einer ganzen Reihe neuerer Gedichte verwendet, spielt auf Nietzsches Zarathustra-Texte an und auch der Seiltänzer ist eine Figur aus dem literarischen und programmatischen Text des Philosophen der Umwertung aller Werte. Die prekäre Stellung des Seiltänzers – das Bild findet auch Verwendung in den Texten des Sufismus, der islami-

Hybridität

schen Mystik – erinnert einerseits immer noch an die autobiographisch gefärbte Lyrik, die im engeren Sinne auf Migrations- und Exilerfahrung verweist. Sie zeigt aber den Abschied von einem starren Interkulturalitätsverständnis: wenn ‚Westen' und ‚Osten' ihre klare Identität verloren haben, ist man mit einem komplexen Austauschprozess konfrontiert, der ‚hybride' Formen erzeugt. Gegen eine unkritische Hypostasierung dieser hybriden Existenzform wird deren Bedrohlichkeit hervorgehoben, aber auch die Virtuosität des (Sprach-)Künstlers, der dem Seiltänzer gleich eine neue Lyrik zwischen den Kulturen und mit ihnen schafft:

Migrations- und Exilerfahrung

Das Seil (1993)

Also sprach Abdulla zu mir
Fremde ist zu deiner Rechten
und zu deiner Linken ist die Fremde
Denn du tanzt auf einem Seil
Und er sprach
Die Frage steht der Frage im Wege
Die Antwort der Antwort desgleichen
Denn du tanzt auf einem Seil
Und er sprach
Weder der Osten ist Osten
Noch der Westen Westen in dir
Denn du tanzt auf einem Seil
Und er sprach
Schließe die Augen
und laufe so schnell du kannst
Denn du tanzt auf einem Seil (Karasholi 1999, 78)

Rafik Schami

Er ist einer der erfolgreichsten deutschsprachigen Autoren der Gegenwartsliteratur, dessen Bücher in mehr als zwanzig fremde Sprachen übersetzt wurden. Nachdem er sich in den 1980er Jahren mit seinem Engagement für die Literatur der Migration und mit kritischen Texten über die deutsche Einwanderungsgesellschaft als ein politisch denkender Autor profiliert hatte, gelang ihm der Durchbruch mit Erzählungen, die Bezüge zu der Sammlung der Tausendundeinen Nacht aufwiesen und vom Publikum geliebt, von der Germanistik aber eher mit Misstrauen betrachtet wurden. Schami wurde von Kritikern als ein Autor betrachtet, der mit pittoresken Erzählungen ein romantisches, aber letztlich doch klischeehaftes Bild vom ‚Orient' zeichnete. Auch die Tatsache, dass er lange Jahre mit Lesungen durch Deutschland zog, in denen er eigentlich gar nicht vorlas, sondern in der oralen Tradition seiner arabischen Heimat eben als Erzähler wirkte, hatte die ambivalente Wirkung einer von den professionellen Kritikern skeptisch beäugten Popularität. Dabei wurde bisweilen übersehen, dass Schami bereits in seinen Märchentexten kritische realistische Darstellungen der zeitgenössischen Wirklichkeit des Nahen Ostens gestaltete und dass er somit versuchte, die poetische Kraft der Poesie und der Märchen mit einer Sensibilisierung für die Widersprüche der Gegenwart des Nahen Ostens zu verbinden.

Schami und der ‚Orient'

Diese Tendenz verstärkte sich seit dem 11. September 2001. Schami trat mit journalistischen und ausführlichen essayistischen Stellungnahmen hervor, um sich gegen eine stereotype Wahrnehmung der islamischen Welt zu stemmen und sich für ein tieferes Verständnis der komplexen Verhältnisse im Nahen Osten einzusetzen.

Als großer Erzähler im Sinne der realistischen Tradition, aber auch mit Anklängen an den magischen Realismus des kolumbianischen Nobelpreisträgers Gabriel García Márquez trat Schami dann 2004 mit dem monumentalen Roman *Die dunkle Seite der Liebe* hervor. Eine Liebesgeschichte im Stile von *Romeo und Julia* entfaltet sich vor dem Hintergrund einer Generationensaga, mit der zwei rivalisierende christliche Clans beschrieben werden, die um die Vorherrschaft in einem syrischen Dorf im gesamten Verlauf des zwanzigsten Jahrhunderts konkurrieren. Der ‚pittoreske' Charakter des romantischen Orient-Konstrukts ist hier noch in vielen Episoden präsent; er hat aber eine sinnliche Konkretion gewonnen, die sich vor allem in der anschaulichen Darstellung zahlreicher erotischer Szenen zeigt. Und das Malerische bekommt eine düstere Grundierung durch die realistische Zeichnung der arabischen Gesellschaften, die durch die Herrschaft der Clans und die Unterdrückung des Individuums gekennzeichnet sind. Der orthodoxe Schahin-Clan steht in dem Dorf Mala den katholischen Rivalen der Muschtaks gegenüber und diese Konfrontation führt zu einer Spur der Gewalt, die neben den Großereignissen des 20. Jahrhunderts in entscheidender Weise das Leben der Menschen beeinflusst und beeinträchtigt. Als Rana Schahin sich zu Beginn der 1960er Jahre in Farid Muschtak verliebt hat, nimmt ein (Un-)Glück seinen Lauf, das neun Jahre später mit der Flucht der Liebenden nach Europa endet. In vielen Rückblenden und Abschweifungen wird dieser Kern der Narration ergänzt und erweitert durch die Familiengeschichten der Schahins und Muschtaks seit dem Beginn des zwanzigsten Jahrhunderts. Darüber hinaus wird ganz im Sinne einer traurigen arabischen Tradition Farids Gefängnisaufenthalt eindringlich und bestürzend beschrieben, zu dem ihn, den jungen Revoltierenden, das syrische Regime verurteilt hat. Auch eine Kriminalhandlung, die mit der Fehde zwischen den verfeindeten Clans zu tun hat, findet sich in dem Ensemble dieses komplexen und facettenreichen Romans, der sich ästhetisch-poetisch dem Modell des Mosaiks verschrieben hat.

Dass Schami seine Geschichte innerhalb des christlichen Milieus in Syrien spielen lässt, hat sicher für ihn den Vorteil gehabt, dass er die Protagonisten und ihre Erlebnisse in vielen Fällen aus der Erinnerung und aus den Erzählungen seiner Familie und seiner Bekannten schildern konnte; diese Konstellation führt aber auch dazu, dass einer Identifizierung der arabischen Gesellschaft mit dem Islam widersprochen wird und anti-islamische Klischees nicht bestätigt werden.

Ein Dilemma Schamis liegt sicher darin, dass die realistische Kritik an den Verwerfungen der arabischen Gesellschaften und auch an den mentalen Strukturen, die in Syrien und in der arabischen Welt als charakteristisch verstanden werden, notwendigerweise aus dem Geiste der Aufklärung heraus formuliert wird. In dieser Konstellation kann aber die Komplizenschaft mit einer eurozentrischen Perspektive erkannt werden, die sich an der Sinnenfülle des Orients zwar zu erfreuen vermag, die aber eine Lösung der

Die dunkle Seite der Liebe

‚Orient' und Aufklärung

,orientalischen' Probleme letztlich nur dem europäischen Geist zutraut. Dies gilt, obwohl Schami in seinem Panorama des zwanzigsten Jahrhunderts den negativen Einfluss der kolonialistischen Bestrebungen vor allem der Franzosen im Libanon und in Syrien keinesfalls verschweigt. Dass sein Liebespaar nach Europa flüchten muss, um den drohenden Nachstellungen erregter Cousins zu entgehen, kann wohl auch als realistisch eingestuft werden, trägt aber zu dieser Ambivalenz eines europäisch-arabischen Romans bei.

Postkoloniale Weltliteratur

Trotz dieser kritischen Fragen ist Rafik Schami mit diesem Roman ein Text gelungen, der zu den Meilensteinen einer postkolonialen Weltliteratur gezählt werden kann, der es darum geht, im Austausch zwischen europäischen und nicht-europäischen Kulturen das komplexe Bild einer globalisierten Weltgesellschaft zu zeichnen, die durch gravierende Ungleichheiten und Machtasymmetrien und auch durch immer wieder verstörende Ausbrüche von Kriegen und Gewalt gekennzeichnet ist, die aber mehr denn je einer verbindenden und unerwartete Bezüge herstellenden Literatur bedarf. So erscheint Schamis Roman aus heutiger Sicht auch als Roman der Vorgeschichte des syrischen Bürgerkrieges, in dem sich die verschiedenen Akteure und ihre Kulturen, die in einem pulsierenden, wenn auch immer prekären Nebeneinander gelebt haben, gegenseitig mit Mord und Vernichtung überziehen, ohne dass eine Lösung in Sichtweite erscheint.

SAID

Aus dem Iran stammt der Lyriker SAID, der als Gegner des persischen Schahs nach Deutschland kam, nach der Islamischen Revolution kurz wieder in den Iran ging und danach definitiv nach Deutschland emigrierte. Er schreibt vor allem Gedichte, in denen er Motive und Formen der persisch-arabischen Poesie mit deutschen Perspektiven verbindet. Sein politisches Engagement als Exilant wendet sich gegen das Regime der Mullahs, das er aus der Sicht einer säkularen Aufklärung mit Vehemenz bekämpft. Aufsehen erregte er im Jahre 2007 mit einer Lyriksammlung mit dem Titel *Psalmen*, in der er sich auf die jüdische Tradition des Alten Testaments bezog und ein komplexes Zwiegespräch mit einer göttlichen Instanz in Gang brachte, das paradoxerweise aus einer agnostischen Perspektive gestaltet ist. In der Tradition der Theodizee und der Hiob-Klage hadert das lyrische Ich mit Gott angesichts der Übel der Welt, aber trotz der kritischen Grundhaltung zeigt sich ein religiöses Bedürfnis, das sich ähnlich wie in Goethes *Prometheus* auch und gerade in der Auflehnung gegen Gott zeigt. Dass hier ein aus der islamischen Welt stammender Autor seine existentiell inspirierte Poesie mit Motiven der jüdischen, aber auch der christlichen Tradition gestaltet, missfällt den Puristen der verschiedenen Lager; es ist aber ein Musterbeispiel für die Produktivität und das künstlerische Potential einer interreligiösen und interkulturellen Grenzüberschreitung:

SAID: Interkulturelle Grenzüberschreitung

> herr
> gib daß ich unbelehrbar bleibe
> mich vor der kompatiblen vernunft schütze
> und deren postmodernen furien
> so daß ich meine erregbarkeit nicht verliere

denn dann verlöre ich auch dich
höre auf mich
oh herr
nicht auf diejenigen
die auf dich hören
denn sie sprechen
von einer mischung aus gott und vernunft
nützlich und konvertierbar (SAID 2007, 60)

Sherko Fatah

Sherko Fatah ist wie Adel Karasholi syrisch-kurdischer Abstammung. Er wurde als Sohn eines Irakers und einer Deutschen in der DDR geboren, ging aber bald in den Westen. Durch zahlreiche Aufenthalte im Irak bewahrte oder besser erwarb er ein Gespür für die Mentalität junger arabischer und kurdischer Muslime. In dem Roman *Das dunkle Schiff* (2008) thematisierte er die inzwischen immer aktueller werdende Problematik der Flucht aus islamischen Ländern des Nahen Ostens nach Europa und er zeigte, wie aus den gesellschaftlichen Zuständen im Irak und in Deutschland sowie aus den Lebensumständen und der persönlichen Entwicklung heraus ein junger Mann durch die Lehren radikaler Islamisten fasziniert wird (vgl. die Textanalyse). Die Verbindung zwischen arabischer und europäischer Kultur thematisiert Fatah in seinem nächsten Roman *Das weite Land* (2011) auf eine spektakuläre Weise, indem er in historischer Perspektive die Verbindung zwischen einem antizionistischen Islam und dem Nationalsozialismus beschreibt und den Aufenthalt eines jungen Arabers im faschistischen Deutschland und an der Ostfront auf der Seite der Deutschen in beklemmenden Bildern schildert. Im neuesten Roman Sherko Fatahs *Der letzte Ort* (2014) geht es um die aktuelle Konfrontation zwischen Europäern und dem radikalen Islamismus, indem die Geiselnahme eines jungen Deutschen im Irak geschildert wird. Fatah zeigt sich als Meister der Gestaltung von Stimmungen einer existentiellen Bedrohung und einer lebensbedrohlichen Gefahr. Konstitutiv für diese Narration ist die radikale Fremdheit, die zwischen der Geisel und ihren Entführern herrscht, und schwierig und ambivalent erscheint die Position eines ebenfalls gekidnappten einheimischen Freundes des Deutschen, der unwillkürlich zwischen die Parteien zu geraten droht, weil die Entführer von ihm eine Solidarität und damit eine Wendung gegen den Ausländer erwarten, die er aber letztlich trotz eines gewissen Zögerns nicht vollzieht. In der aktuellen Ausprägung der Konfrontation zwischen Europa und dem Nahen Osten, die durch das Auftreten des sogenannten Islamischen Staates in Syrien und dem Irak entstanden ist, kann Fatahs literarischer Ansatz ein besonderes Interesse erwecken, weil es ihm gelingt, das ganz Andere und das radikal Fremde Europas als Fremdperspektive zumindest im Ansatz rekonstruierbar zu machen. In einer Zeit, in der eine große Anzahl junger Deutscher mit islamischen Wurzeln und ohne diese ihr Land verlassen und in den Dschihad ziehen, erscheint diese Form einer interkulturellen Aufklärung von größter Bedeutung und es ist deutlich, dass gerade die Literatur in diesem Kontext eine besondere Rolle spielen kann.

Abbas Khider

Literatur und Flucht

Ein weiteres großes literarisches Talent ist der aus dem Irak stammende Abbas Khider, der sich in seinen drei bisher erschienenen Romanen hauptsächlich mit der Unterdrückung der Freiheit in den Ländern des Nahen Ostens und mit der aus dieser resultierenden massiven Fluchtbewegung nach Deutschland und Westeuropa befasst. Dabei lässt sich die Fluchtbewegung des jungen Irakers in *Der falsche Inder* (2008) mit einer Odyssee vergleichen. Der Titel des Romans spielt darauf an, dass der Protagonist dieses Textes von den Deutschen wegen seiner Hautfarbe sehr oft für einen Inder gehalten wird. Gleichzeitig verweist dieser Titel auf den drohenden Identitätsverlust der Flüchtlinge, die in Europa keine Anerkennung finden und für deren Geschichte, Herkunft und aktuelle existentielle Probleme sich in den Aufnahmeländern niemand zu interessieren scheint. Die mögliche Vielfalt von Identitäten auf der Seite der Flüchtlinge wird im Übrigen von Khider durch eine komplexe literarische Struktur besonders verdeutlicht: Indem mehrere mögliche Versionen einer Flucht aus dem Irak nach Deutschland beschrieben werden, wird die Rolle des Zufalls in dem Verlauf dieser Fluchtbewegungen akzentuiert und auf die Pluralität möglicher Existenzformen verwiesen, die nach dem Verlust der normalen Lebenspläne der Flüchtlinge aus der Not heraus entsteht. Eine besondere Qualität Khiders liegt in seiner Sprache, die unprätentiös und lakonisch wirkt, immer wieder aber auch das Absurde und die Groteske streift und damit dem ernsten Inhalt eine skurril-komische Note zu verleihen vermag.

Navid Kermani

Deutscher Alltag und islamische Tradition

Navid Kermani, geboren 1967 in Siegen als Sohn iranischer Einwanderer, kann als Schriftsteller, Islamwissenschaftler und Publizist auf ein vielgestaltiges, komplexes und interessantes Œuvre zurückblicken. Kermani ist eine eigenwillige und prägnante Stimme der deutschen Gegenwartsliteratur. In seinen Texten befasst er sich mit alltäglichen wie existentiellen Fragen und Problemen unserer Gegenwart und es gelingt ihm dabei, die islamische Tradition in überraschender Weise ins Spiel zu bringen. Indem er einerseits den Islam mit zeitgemäßen wissenschaftlichen Methoden neu interpretiert und andererseits eine undogmatische Frömmigkeit in seinen deutschen Alltag einfließen lässt, bietet er dem deutschen Publikum überraschende und innovative Einsichten, die gleichzeitig voller Humor und voller Ernst literarische und publizistische Entwürfe präsentieren. Kermani trat zunächst 1999 als Islamwissenschaftler mit dem Werk *Gott ist schön* hervor, in dem es um die ästhetische Dimension der islamischen Überlieferung ging, und er befasste sich 2005 in *Der Schrecken Gottes* mit der Theodizee-Problematik und dem religiösen Hadern mit Gott, das er mit Bezug auf muslimische, aber auch jüdische und christliche Texte untersuchte. Bereits 2002 legte er mit dem *Buch der von Neil Young Getöteten* seinen literarischen Erstling vor, in dem er in origineller und eindringlicher Weise eine Verbindung zwischen westlicher Popmusik und islamischer Mystik herstellte. 2011 kam dann sein bisheriges *opus magnum* heraus, der mehr als 1000 Seiten umfassende Roman *Dein Name*, in dem er autobiographische Motive mit Reflexionen zu Religion und Zeitgeschichte, aber auch mit Phänomenen der Alltagskultur und mit einer eindringlichen Erinnerung an seine Vorfahren im

Westliche Popmusik und islamische Mystik

Iran verband. 2012 erläuterte er in der Frankfurter Poetikvorlesung die Grundlagen seines literarischen Schaffens mit Bezug auf Jean Paul und Hölderlin, die von Goethe und Schiller zurückgewiesenen Außenseiter der deutschen klassischen Literatur. Neben seinen islamwissenschaftlichen und literarischen Texten hat Navid Kermani Reisereportagen und publizistische Interventionen verfasst, in denen er insbesondere die Rolle des Islam in den Auseinandersetzungen nach dem 11. September 2001 und speziell in der deutschen Gesellschaft untersuchte. Im Jahre 2014 erschien der Roman *Große Liebe*, in dem die ersten Liebeserfahrungen eines Gymnasiasten in einer westdeutschen Kleinstadt in überraschender und origineller Weise mit Texten der islamischen Mystik konfrontiert und interpretiert werden (vgl. die Textanalyse). Soeben wurde der Band *Zwischen Koran und Kafka* vorgelegt, eine umfangreiche Sammlung literaturkritischer Aufsätze, die Kermani in der deutschen Gegenwartsliteratur, aber auch in einem verblüffenden Bezug zur Tradition der deutsch-jüdischen Literatur profilieren.

3. Deutsch-rumänische Literatur

Die deutsch-rumänische Literatur ist heute nicht allein wegen der Verleihung des Nobelpreises für Literatur an Herta Müller 2009 vermehrt zum Gegenstand der Literaturwissenschaft geworden. Sie ist unter mindestens drei übergreifenden Gesichtspunkten von besonderem Interesse und geriet daher in den letzten Jahren zunehmend ins Blickfeld kulturwissenschaftlicher Debatten (Craciun 2012). Erstens ist nach der deutsch-deutschen Wiedervereinigung und nach dem Fall des ‚Eisernen Vorhangs' die Geschichte des europäischen Ostens nicht mehr jene der ‚Anderen'. In Anbetracht der EU-Osterweiterung und der binneneuropäischen Transmigration wird vielmehr an einer gemeinsamen europäischen ‚Memoria' gearbeitet, zu der die rumänisch-deutsche Literatur Erhebliches beisteuern kann. Zweitens ist die Geschichte der deutschen Präsenz im europäischen Osten bis vor kurzem einem Vergessen anheimgefallen, das nicht zufällig Strukturanalogien mit der ‚kolonialen Amnesie' Deutschlands gegenüber der eigenen kolonialen Vergangenheit auf dem afrikanischen Kontinent aufweist (Patrut 2014b). In beiden Fällen war der Mythos von dem selbstlosen ‚kulturbringenden' Wirken der Deutschen außerhalb ihrer Staatsgrenzen nicht mehr aufrechtzuerhalten. Nicht zuletzt vor diesem Hintergrund sind Perspektiven aus den Postkolonialen Studien erhellend für die deutsch-rumänische Literatur. Drittens blickt die deutsch-rumänische Literatur auf eine jahrhundertealte Tradition der Auseinandersetzung mit Mehrsprachigkeit, europäischen Transfers und divergierenden Erinnerungen zurück. Dazu gehört, dass die rumänisch-deutschen Autoren bereits an den frühneuzeitlichen Universitäten Deutschlands und Österreichs studierten und ihre Texte auch auf dem Gebiet Deutschlands veröffentlichten, während umgekehrt Schriften aus dem deutschsprachigen Zentrum und Westen Europas auch in Siebenbürgen zirkulierten.

<small>Gemeinsame europäische Memoria</small>

Die Geschichte der deutsch-rumänischen Literatur reicht weiter zurück als jene des deutschen und auch des rumänischen Staates und des Selbstverständnisses beider als ‚Nation'. Dennoch ist die rumänisch-deutsche Litera-

<small>Geschichte der deutsch-rumänischen Literatur</small>

turgeschichte wie wenige deutschsprachige interkulturelle Literaturen der Gegenwart historisch in ebenso vielfältiger wie spannungsreicher Weise mit der Literatur auf dem Gebiet Deutschlands und Österreichs verflochten (Grunewald/Sienerth 1997; Eke 1990; Schwob 1992; Gutu 2004). Ihre Geschichte beginnt mit der Anwerbung von Siedlern aus dem heutigen Gebiet Deutschlands durch die ungarischen Könige Geisa II. und Andreas II. im 12. und 13. Jahrhundert und mit der Niederlassung dieser Siedler in Siebenbürgen, einem Gebiet, das seit 1918 zu Rumänien gehört. Diesen deutschsprachigen Bewohnern Siebenbürgens wurden während der gesamten Frühen Neuzeit eigene Gerichtsbarkeit, die Befreiung von Abgaben und nach der Reformation durch den aus ihren Reihen stammenden und in Wien ausgebildeten Humanisten Johannes Honterus (1498–1549) ein eigener Bischof zugestanden. Sie führten ein eigenes Stadtrecht ein, das die nicht-deutschsprachigen Bewohner Siebenbürgens, die fast ausnahmslos anderen Religionen bzw. Konfessionen angehörten, ausschloss. Unter diesen Bedingungen entstand sehr früh ein deutschsprachiges Schrifttum, dessen Anfänge in Form brieflicher Schilderungen Siebenbürgens im 13. und 14. Jahrhundert sowie religiöser Texte aus demselben Zeitraum überliefert sind. In den großen deutschsprachigen Städten wie Hermannstadt, Kronstadt, Klausenburg und Weißenburg entstanden noch im 16. Jahrhundert 387 Drucke in deutschen Druckereien, die von Gelehrten wie dem Reformator Johannes Honterus oder Kaspar Helth und Georg Hoffgreff eingerichtet wurden. Gedruckt wurden neben religiösen Bekehrungsschriften, Schulbüchern und Kosmographien auch literarische Texte, die nicht allein in Siebenbürgen, sondern auch in Gelehrtenkreisen auf den Gebieten Österreichs und Deutschlands zirkulierten. Deutschsprachige Schulen sind bereits 1334 attestiert; es wird davon ausgegangen, dass im 15. Jahrhundert jede Gemeinde und jede Stadt eine oder mehrere deutschsprachige Schulen besaß, die zumeist bis ins 20. Jahrhundert Bestand hatten. Die Eroberung Siebenbürgens durch die Habsburger Monarchie 1687 und die damit verbundene Einführung einer österreichischen Verwaltung sowie eines deutschsprachigen Postwesens erleichterte die ohnehin kontinuierlich bestehenden Transfers zwischen dem Schrifttum Siebenbürgens und jenem auf den Gebieten Deutschlands und Österreichs. Auch die zweite große Ansiedlung deutschsprachiger Bewohner im südwestlich von Siebenbürgen liegenden Banat im 18. Jahrhundert zog einen neuerlichen Zuwachs deutschsprachiger Strukturen nach sich. 1784 entstand mit der *Siebenbürger Zeitung* die erste Zeitung Siebenbürgens, ihr folgten Zeitschriften wie die *Siebenbürgische Quartalschrift* 1790, Gelehrten- sowie Unterhaltungsblätter und eine kurzlebige revolutionäre Presse um 1848, getragen von der Leitfigur des 1849 hingerichteten Reformpädagogen und Dichters Stephan Ludwig Roth. Im 19. Jahrhundert zirkulierten all diese Drucke neben der *Gartenlaube*, dem *Globus* und akademischen Zeitschriften aus dem Umfeld der 1872 gegründeten Klausenburger Universität. In diesem Umfeld entstand eine deutschsprachige Literatur, die meist ausgeprägte Bezüge zu den kulturräumlichen Gegebenheiten besaß und primär die deutschsprachigen Bewohner Siebenbürgens und des Banats adressierte, jedoch durchaus mit dem Literaturbetrieb Österreichs und Deutschlands vernetzt war; ohnehin wurden die dort entstandenen Texte in Siebenbürgen breit rezipiert (Patrut 2014c, S. 223–270).

<small>Deutschsprachiges Schrifttum in Siebenbürgen</small>

Die deutsch-rumänische Literatur und der Nationalsozialismus
Auf dem Gebiet Rumäniens lebten während des Aufstiegs des Nationalsozialismus in den 1930er Jahren über 300.000 deutschsprachige Menschen, die sich selbst als ‚Deutsche' auffassten und beschrieben, deren Familiengeschichten die Kirchenregister über Jahrhunderte dokumentieren und die mittels strenger Endogamie-Regeln ihre ökonomischen, politischen und kulturellen Privilegien gesichert hatten. Die über Jahrhunderte entstandenen und tief in die materiale Kultur dieser Räume (Architektur, Gestaltung öffentlicher Plätze, Friedhöfe, Grabinschriften) sowie im kollektiven Gedächtnis eingeschriebenen Asymmetrien weisen zum einen Strukturanalogien mit kolonialen Kulturräumen auf, zum anderen war das weit verbreitete völkische Denken um 1930 anschlussfähig an die nationalsozialistische Ideologie (Glajar 2004). Nicht zufällig traten vor diesem Hintergrund zahlreiche Siebenbürger und Banater freiwillig der Waffen-SS bei, während die aus diesem Kulturraum stammenden Schriftsteller als ‚Volksdeutsche' im nationalsozialistischen Literaturbetrieb gefeiert wurden (Motzan/Sienerth 1997).

Die frühneuzeitliche und frühmoderne deutschsprachige Literaturgeschichte Siebenbürgens und des Banats muss vor diesem Hintergrund auch als Geschichte der Exklusion beschrieben werden. Die Entwicklung dieser deutschsprachigen Literatur beruht auf dem Ausschluss anderer Sprachen und Religionen bzw. Konfessionen aus den ökonomischen und rechtlichen Strukturen Siebenbürgens und des Banats. Vom landwirtschaftlichen Grundbesitz, dem Handwerk (das durch deutsche Zünfte weitgehend monopolisiert war) bis zum Stadtrecht, der Religion und dem Bildungswesen verbriefte die Institution der Nationsuniversität eine Vormachtstellung. Insbesondere nach der Einführung der allgemeinen Schulpflicht für ‚deutsche' evangelische Jungen und Mädchen 1772 bildete sich ein Selbstverständnis als ‚Kulturbringer' gegenüber den weiteren Bewohnern Siebenbürgens heraus, in dessen Kontext auch die deutschsprachige Literatur in diesem mehrsprachigen kulturellen Raum zunächst zu sehen ist. Sowohl im Banat als auch in Siebenbürgen fanden um 1900 völkische Gedanken großen Anklang; der Temeswarer Adam Müller-Guttenbrunn (1852–1923) wurde wegen seiner völkischen Schriften auch in Österreich und Deutschland bekannt, wo er sich auch aufhielt, als Autor wie als Theaterregisseur Erfolge feierte und mit dem Wiener Bürgermeister Karl Lueger in Kontakt stand. Ab 1897 war er Präsident der ‚Deutsch-Österreichischen Schriftstellergenossenschaft', die antisemitische Ziele verfolgte. Die meisten der von Müller-Guttenbrunn verfassten Heimatromane tragen ebensolche Züge und zeichnen das Bild eines deutschen ‚Blut-und-Boden-Adels', der eine mystische Einheit aller ‚Volksdeutschen' ermöglichen sollte. Heinrich Zillich (1898–1988) gab in Temeswar die Kulturzeitschrift *Klingsor* (1924–1939) heraus, die erst ansatzweise avantgardistisch – sie druckte Texte Yvan Golls ab –, dann völkisch und schließlich nationalsozialistisch ausgerichtet war. Während der NS-Zeit veröffentlichte Zillich in Deutschland im Langen-Müller-Verlag sowie bei Eugen Diederichs Romane und Erzählungen (darunter die zuerst 1931 in Siebenbürgen, danach im Dritten Reich erfolgreiche Erzählung *Der Zigeuner*). Zillichs Texte verbinden realistische mit neoromantischen ästhetischen Verfahren zu einer an Carl Hauptmann erinnernden Bildwelt. Seine Texte wa-

Geschichte der Exklusionen

Völkisches Gedankengut

Adam Müller-Guttenbrunn, Heinrich Zillich, Adolf Meschendörfer

ren geeignet, Ängste vor ‚Degeneration', ‚Vermischung' und ‚Überfremdung' zu schüren und daher durchaus anschlussfähig an Eugenik und weitere Praktiken des Rassismus. Vergleichbar ist auch der Fall Adolf Meschendörfers (1877–1963), der in Kronstadt die Kulturzeitschrift *Die Karpathen* (1907–1914) herausgab und zunächst in Siebenbürgen, dann in Österreich und in der Weimarer Republik vom Literaturbetrieb gefeierte neoromantische Lyrik und vom Realismus geprägte, aber mystische Lesarten zulassende Romane und Erzählungen veröffentlichte. Im Nationalsozialismus besonders erfolgreich war der Roman *Stadt im Osten* (1931), aufgrund dessen völkische Kritiker wie Norbert Langer Meschendörfer als „Erzieher und Dichter" (Langer 1942, S. 151) würdigten. Meschendörfer wurde auf Vorschlag Joseph Goebbels (als ‚Reichsminister für Volksaufklärung und Propaganda') durch den ‚Reichskanzler' Adolf Hitler persönlich anlässlich eines Besuchs im siebenbürgisch-rumänischen Kronstadt die Goethe-Medaille für Kunst und Wissenschaft verliehen (Schlesische Tageszeitung 1937). Seine Bücher wurden von der Reichsschrifttumskammer in die Grundliste für Leihbüchereien aufgenommen (Sienerth 2008, S. 218f.). Ein dritter im Nationalsozialismus sehr erfolgreicher Schriftsteller war Erwin Wittstock (1899–1962), der 1933 den in Siebenbürgen wie im Dritten Reich erfolgreichen Roman *Bruder, nimm die Brüder* mit veröffentlicht hatte. Er erhielt 1936 den ‚Volksdeutschen Schrifttumspreis der Stadt Stuttgart' und im selben Jahr die Ehrendoktorwürde der Universität Heidelberg. 1937 gewährte die Stadt Stuttgart Heinrich Zillich, der im selben Jahr auch den „Literaturpreis der Stadt Berlin" entgegennahm, den ‚Volksdeutschen Schrifttumspreis'. Von den deutsch-jüdischen Dichtern und Schriftstellern aus der Bukowina, wie Yvan Goll, Immanuel Weißglas, Rose Ausländer oder Alfred Margul-Sperber, die teilweise ihre Texte in Siebenbürger und Banater Zeitschriften veröffentlicht hatten und nun Verfolgung und Ermordung ausgesetzt waren, distanzierten sich diese Schriftsteller vehement. Nach 1945 vollzogen sie keine Kehrtwende, reisten nicht in das nunmehr sozialistische Rumänien zurück, sondern verblieben in der Bundesrepublik und wurden zu Leitfiguren von Periodika wie den Münchnern *Südostdeutschen Vierteljahresblättern*. Zillich avancierte sogar zum einflussreichen Funktionär der Münchner Vertriebenenverbände, lebte am Starnberger See und publizierte noch 1982 die Schrift *Siebenbürgen. Ein abendländisches Schicksal*, in der die ‚Kulturbringer-Leistung' der deutschen Minderheit in Rumänien in quasi-kolonialem Gestus überhöht wird.

Siebenbürger Autoren und der Kronstädter Prozess

Zwangsarbeit und Lagerexistenz

Die jüngeren deutsch-rumänischen Schriftsteller, die im sozialistischen Rumänien geboren wurden, sahen sich nach 1945 mit der Tradition einer jahrhundertealten deutschsprachigen Literatur im europäischen Osten konfrontiert, die während des Spätmittelalters, der Frühen Neuzeit und noch im 19. Jahrhundert vom Standpunkt einer ökonomischen und politischen Elitesituation aus entstanden war. Von 1945 bis 1949 wurden dagegen alle männlichen Mitglieder der deutschen Minderheit, die älter als 17 und jünger als 45 waren, und Frauen im Alter zwischen 18 und 30 Jahren zur Zwangsarbeit (zumeist in sowjetische Bergwerke und die Erz verarbeitende Industrie) deportiert. Davon betroffen war auch der deutsch-rumänische Schriftsteller und spätere Büchner-Preisträger Oskar Pastior (damals 17 Jahre alt), dessen Erfahrungen als Lagerarbeiter in der Sowjetunion Gegenstand von Herta Müllers Roman *Atemschaukel* (2009) sind.

Die neue Generation deutschsprachiger Schriftstellerinnen und Schriftsteller aus Siebenbürgen und dem Banat trat ein sehr schwieriges Erbe an, ohne dessen Einbezug sich die deutsch-rumänische Literatur der Gegenwart nur schwer erschließt. Zu diesem Erbe gehören nicht allein die elitäre Tradition der Abwertung und Ausgrenzung Anderssprachiger sowie literarische Produktions- und Rezeptionsbedingungen, die kolonialistische Züge tragen, sondern auch völkisches Denken und sehr häufig auch Täterschaft bzw. Kollaboration während des Nationalsozialismus (Weber 2010). Die Transfers aus dem und in den zentral- und westeuropäischen deutschen Literaturbetrieb standen seit den 1920er Jahren unter völkischen Vorzeichen. Jüngere Schriftsteller wie der Siebenbürger Oskar Pastior und die Banater William Totok, Richard Wagner und Herta Müller strebten einen Bruch mit dieser Tradition an, ohne das Spannungsverhältnis, in dem sie selbst standen, zu leugnen. Erschwert wurde diese neue Selbstverortung dadurch, dass die Anfänge der rumänisch-deutschen Nachkriegsautoren, im sozialistischen Rumänien stattfanden, unter den Bedingungen zunehmender Überwachung, Zensur und staatlicher Einmischung in Inhalt und Ausrichtung der literarischen Texte. Ähnlich wie in der DDR gerieten die Schriftsteller dabei nicht nur selbst ins Fadenkreuz der Überwachung, der Geheimdienst versuchte auch, sie als potentielle Informanten anzuwerben, so dass einige nicht bloß Opfer waren, sondern auch selbst zu Tätern wurden.

Bereits 1959 fand in Kronstadt ein Schriftstellerprozess statt, im Rahmen dessen die deutschsprachigen Schriftsteller aus Siebenbürgen Wolf von Aichelburg (1912–1994), Hans Bergel (geb. 1925), Andreas Birkner (1911–1998) und Georg Scherg (1917–2002) wegen vermeintlicher staatsfeindlicher Umtriebe in ihren literarischen Texten zu jahrzehntelanger Zwangsarbeit verurteilt wurden. Das Urteil fiel infolge der Aussagen des Kronzeugen Eginald Schlattner, auch er ein siebenbürgisch-deutscher Schriftsteller, der auf den Druck des Geheimdienstes gegen seine Schriftstellerkollegen aussagte. Die im Kronstädter Prozess Verurteilten wurden nach einigen Jahren der Zwangsarbeit entlassen und durften wieder veröffentlichen, wanderten aber im Laufe der 1970er und 1980er Jahre in die Bundesrepublik aus und publizierten ab diesem Zeitpunkt ihre Texte als deutsch-rumänische Schriftsteller in Deutschland. Dabei handelt es sich um einen vielschichtigen Übergang von einer immer schon von Transfers und Migrationen geprägten Minderheitenliteratur mit einem elitären Selbstverständnis zu einer deutschsprachigen Literatur der europäischen Transmigration (Motzan 1998).

Zu erwähnen sind einige realistische historische Romane, die die Geschichte des 20. Jahrhunderts in einer europäischen Perspektive thematisieren und häufig deren große Konfliktlinien im europäischen Osten kulminieren lassen, wie insbesondere Hans Bergels *Der Tanz in Ketten* (1977), der die Zeit im rumänischen Gefängnis thematisiert oder Eginald Schlattners *Der geköpfte Hahn* (1998), ein groß angelegter historischer Roman, der in den Feuilletons gut aufgenommen wurde. Interessant sind diese Texte vor allem als Schlaglichter auf die europäische Geschichte, die eine andere Perspektive einnehmen und somit eine gerade in Anbetracht der Institutionalisierung Europas wichtige Arbeit an einer gemeinsamen Memoria leisten, die divergierende Erinnerungen miteinander vermittelt. Formalästhetische Innovationen sind dagegen bei den hier genannten Autoren selten; während sich Eginald Schlattner an die Tradition des Thomas Mann'schen groß angelegten Familienromans anschließt, fügen sich Bergels Romane in die Darstellungskonventionen eines politisch engagierten Realismus, der auf einem wiederkehrenden Grundschema moralisch-humanistischer Werte beruht.

Oskar Pastior: Neuer Surrealismus

Anders verhält es sich bei Oskar Pastior (1927–2006), dessen ästhetische Innovationen in der Lyrik ebenso singulär wie für die gesamte deutschsprachige Literatur nach 1989 bedeutsam und prägend waren. Pastior hat durch seinen experimentellen Umgang mit Sprache insbesondere in seiner Lyrik ein eigenes ästhetisches Idiom geschaffen, das Züge eines ‚Neuen Surrealismus' trägt und in seiner Komplexität mit Yoko Tawadas oder Herta Müllers Texten vergleichbar ist.

Oskar Pastior (1927–2006)
Geb. 1927 in Hermannstadt/Sibiu

1945–1949:   Zwangsarbeit in der Sowjetunion (als Siebenbürger ‚Deutscher')
1950–1955:   Germanistikstudium in Bukarest
1960–1968:   Redakteur des damaligen deutschsprachigen Staatsrundfunks; zu dieser Zeit erhielt Pastior erstmals Drohungen wegen seiner Homosexualität.
1961:   Pastior unterschreibt eine erst 2010 bekannt gewordene Erklärung als geheimdienstlicher Informant; gefunden wurden bislang sechs von ihm verfasste Berichte.
1968:   Flucht über Wien und München nach Westberlin, wo er als freier Schriftsteller arbeitet.
2001:   Peter-Huchel-Preis
2002:   Erich-Fried-Preis
2006:   Georg-Büchner-Preis und Tod während der Frankfurter Buchmesse
             Mitglied im ‚Ouvroir de Littérature Potentielle' OULIPO (gegründet 1960 von François Le Lionnais und Raymond Queneau)

Wichtige Werke (Lyrikbände):
Offne Worte (Bukarest 1964)
Vom Sichersten ins Tausendste (Frankfurt am Main 1969)
Der Krimgotische Fächer (Erlangen 1978)
Kopfnuß Januskopf (München 1990)
Das Unding an sich (Frankfurt am Main 1994)
Gimpelschneise durch die Winterreisetexte von Wilhelm Müller (Weil am Rhein 1997)
Ein Molekül Tinnitus (Berlin 2002)

Pastiors Lyrik dekonstruiert nicht allein Stile und Genres, die zitiert und ironisch gebrochen werden, sondern auch die Regeln der Syntax, Phraseologismen und letztlich die Wörter selbst (Lajarrige 2000). Seine Gedichte enthalten Metareflexionen über Sprache, deren performative Effekte spürbar werden, wenn am Ende einer Sprachspielkette unverhofft Wörter wie ‚Angst' oder ‚Versinken' stehen. Bereits in frühen Gedichten wie dem 1955 in Rumänien entstandenen *Das periodische System* geht das Sprachspiel einher mit dem Versuch, das politische System in seinem Geltungsanspruch zu relativieren und kritisch zu hinterfragen. Satirische und ironische Züge erhält auch das Selbstverständnis der Siebenbürger (wie bundesrepublikanischen) Deutschen als überlegene Elite. Mit der *Gimpelschneise* gelingt Pastior ein origineller Gedichtband, der deutsch-deutsche ‚Übersetzungen' von Texten des spätromantischen Dichters Wilhelm Müller (1794–1827) aus Dessau enthält. So wird etwa aus Wilhelm Müllers *Wetterfahne*, in dem ein Heimatloser ein reiches Mädchen begehrt, vor deren Haus ihn aber nur das Zischen der Wetterfahne erwartet, Oskar Pastiors *ritschratsch*, in dem der Flüchtling weiß, dass der Mythos der heilen bürgerlichen Familie hohl ist; „Windsbraut" und „Kindsbraut" teilen sich bei Pastior das Haus und das schmerzerfahrene Kind flüchtet sich aufs Dach. Pastior hat in seiner Frankfurter Poetikvorlesung 1993/94 *Das Unding an sich* und in essayistischen Texten auch poetologische und sprachtheoretische Überlegungen zu Fragen der Hybridität, des Transfers und der Übersetzung geäußert. So warnt Pastior vor der ‚Realismusfalle' (Pastior 1995), also vor der Illusion, Gesellschaftskritik könnte durch schlichte Referentialisierung gelingen. Seiner Auffassung zufolge ermöglichen Demontage und Dekonstruktion der Beobachtungsperspektiven, die die Sinnhaftigkeit zerstörerischer Zusammenhänge suggeriert haben, eine radikalere Kritik, die sich nicht auf Standpunkte reduzieren lässt. Auch von der Unterscheidung zwischen ‚O und Ü', zwischen Original und Übersetzung, wendet er sich ab und spricht sich für eine sorgfältige Betrachtung der Produktions- und Rezeptionsbedingungen sowie der selbstreflexiven Aspekte in der Sprache eines jeden Textes aus. In seinem Buch mit ‚deutsch-deutschen' Übersetzungen zwischen Spätromantik und einem neuen Surrealismus führt Pastior das Primat des ‚Originals' ad absurdum, indem er ihm ein neues Original zur Seite stellt, das zugleich viele Merkmale einer ‚Übersetzung' trägt. In anderen Gedichten legt Pastior die Gewalt totalitärer Ideologien offen, indem er ihre Phrasen satirisch demontiert und vorführt, was sie im Individuum anrichten können. Die Übersetzertätigkeit Pastiors ist aufschlussreich für seine ästhetischen Anknüpfungspunkte: Er übersetzte den rumänischen surrealistisch-absurden Dichter Urmuz (1883–1923), rumänische Lyrik von Tudor Arghezi, Lucian Blaga und Gellu Naum sowie die monumental angelegte Prosa von Panait Istrati und Marin Sorescu.

Dekonstruktion und Gesellschaftskritik

Frankfurter Poetikvorlesung

Demontage totalitärer Ideologie

Aktionsgruppe Banat und Literaturkreis Müller-Guttenbrunn
Anders als die Angeklagten im Schriftstellerprozess 1959, die entweder selbst in der deutschen oder rumänischen Armee Militärdienst leisteten, oder doch den Krieg aus nächster Nähe erlebt hatten, waren die jungen Banater Schriftsteller, deren Werke in der Nachkriegszeit erschienen, nicht im

Subversives Potential der Minderheitenliteratur

Zweiten Weltkrieg involviert gewesen. Der Literaturkreis Adam Müller-Guttenbrunn bot Roland Kirsch (1960–1989), Herta Müller (geb. 1953), Helmuth Frauendorfer (geb. 1959), Horst Samson (geb. 1954) und Werner Söllner (geb. 1951) die Möglichkeit, im Literaturbetrieb des sozialistischen Rumäniens unter dem Deckmantel der Minderheitenliteratur ihre Texte in deutscher Sprache zu veröffentlichen. Freilich ging damit eine zweifache Verstrickungsgefahr einher – einerseits die Distanzierung von dem elitären, völkischen Denken doch nicht ganz vollziehen zu können, und andererseits selbst in den Überwachungsapparat hineingezogen zu werden, gegen den die jungen Schriftsteller anzuschreiben versuchten. Der Fall Werner Söllners, dessen Mittäterschaft im geheimdienstlichen Apparat der Securitate vor wenigen Jahren öffentlich wurde, machte dies ebenso deutlich wie der überraschende Fund der geheimdienstlichen Mitarbeiterakte Oskar Pastiors im Archiv dieses rumänischen Geheimdienstes (Wichner 2012). Der ‚Aktionsgruppe Banat' (Wichner 1992), die als studentischer Literaturkreis 1972 eingerichtet und 1975 vom sozialistischen Staat aufgelöst wurde, gehörten Albert Bohn (geb. 1955), Rolf Bossert (1952–1986), Werner Kremm (geb. 1951), Johann Lippet (geb. 1951), Gerhard Ortinau (geb. 1953), Anton Sterbling (geb. 1953), William Totok (geb. 1951), Richard Wagner (geb. 1952) und Ernest Wichner (geb. 1952) an (Wichner 1992). Nach Auflösung der ‚Aktionsgruppe' traten die meisten Autoren dem zunächst staatlich geduldeten Literaturkreis Adam Müller-Guttenbrunn bei. Diese Schriftsteller, deren Texte häufig darauf zielen, das Absurde und die Binnenwidersprüche des real existierenden Sozialismus offenzulegen, ohne dabei den eigenen kritischen Standpunkt aufzugeben, verorteten sich selbst in der Tradition Bertolt Brechts, aber zunehmend auch westdeutscher Autoren wie Günter Grass (Sterbling 2010). Letzterer trug dazu bei, dass ihre Schriften nicht von Anfang an als ‚staatsfeindlich' eingestuft wurden, sondern vielmehr im sozialistischen Literaturbetrieb Anerkennung genossen und mit Preisen ausgezeichnet wurden. Während der 1980er Jahre radikalisierte sich die kritische Haltung der Gruppe gegenüber dem immer repressiveren Staat, in dem Überwachung, Verhöre und Zensur ebenso wie die Beschlagnahmung von Manuskripten zunahmen. Negativer Kulminationspunkt war der unter ungeklärten Umständen eingetretene Tod des Schriftstellers Rolf Bossert. Die Banater Schriftsteller wanderten daher – wie die Siebenbürger Opfer des Kronstädter Prozesses – Ende der 80er Jahre aus und sind seither Teil des bundesrepublikanischen Literaturbetriebs (Brantsch 2007).

Aktionsgruppe Banat

Richard Wagner

Besondere Bedeutung kommt dabei dem Schriftsteller Richard Wagner zu. Dieser hatte nicht allein die ‚Aktionsgruppe' mitbegründet und später im Rahmen des Literaturkreises mitgewirkt, sondern auch den deutschsprachigen Literaturbetrieb in Rumänien sowie die deutsch-rumänische Literaturszene in der Bundesrepublik als eine ihrer zentralen Figuren geprägt. Anders als Oskar Pastior – den er der ‚Sprachakrobatik' bezichtigte – bekannte sich Richard Wagner zu einer am Realismus orientierten gesellschaftskritischen Literatur.

Richard Wagner (geb. 1952)

1971–1975:	Studium der Germanistik und Rumänistik in Temeswar
1972:	Beitritt zur Rumänischen Kommunistischen Partei
1973–1975:	Mitglied der Aktionsgruppe Banat
1975–1978:	Deutschlehrer und Journalist in Hunedoara
1978–1983:	Banater Korrespondent der Wochenzeitung *Karpatenrundschau* in Kronstadt/Brasov
1981–1982:	Leiter des Adam Müller-Guttenbrunn Literaturkreises
1987:	Übersiedlung in die Bundesrepublik, seitdem freier Schriftsteller in Berlin

Auszeichnungen

1990/91	Rom-Preis der Deutschen Akademie Rom Villa Massimo
2000	ndl-Literaturpreis
2008	Georg-Dehio-Buchpreis
2011	Donauschwäbischer Kulturpreis des Landes Baden-Württemberg

Werke

Ausreiseantrag. Erzählung (1988)
Begrüßungsgeld. Eine Erzählung (1989)
Miss Bukarest. Roman (2001)
Der leere Himmel, Reise in das Innere des Balkan. Essay (2003)
Habseligkeiten. Roman (2004)
Der deutsche Horizont. Vom Schicksal eines guten Landes. Essay (2006)
Das reiche Mädchen. Roman (2007)

Insbesondere sein Roman *Habseligkeiten* wirft Schlaglichter auf den Fall des ‚Eisernen Vorhangs', der vor dem Hintergrund eines über das gesamte 20. Jahrhundert verfolgten Generationenwechsels in ein ambivalentes (aber keineswegs nostalgisches oder rückwärtsgewandtes) Licht gerückt wird. Menschen aus dem europäischen Osten passieren als Prostituierte, Pornoproduzenten oder als prekär beschäftigte Helfer die Staatsgrenzen nach Westen hin, wo jedoch neue, unsichtbare Grenzen wirksam werden, die neue Ungleichheiten generieren, wobei die Protagonisten nicht als moralisch integre, sondern als korrumpierte und im System verstrickte Gestalten erscheinen. Damit gelingt Wagner eine durchaus zeitgemäße Prosa, die Phänomene wie Transmigration vor dem Hintergrund europäischer Geschichte des 20. Jahrhunderts in differenzierter Weise verhandelt und Kritik am neoliberalen Wirtschaftssystem übt. An Grenzen stößt sein Schreiben dagegen, wenn es um die Frage nach dem Stellenwert ‚deutscher' Kultur in Europa geht. Essayistische Texte wie *Der leere Himmel. Reise in das Innere des Balkan* oder *Der deutsche Horizont. Vom Schicksal eines guten Landes* laufen Gefahr, Vorstellungen von der ‚kulturbringenden' Tätigkeit der Deutschen im Osten nicht nur historisch, sondern auch gegenwartsbezogen zu affirmieren. Darüber hinaus spricht aus diesen Essays und aus dem Roman

Neue Ungleichheiten, unsichtbare Grenzen

Transmigration und Neoliberalismus

Ethnisierender Kulturkonservativismus

Das reiche Mädchen ein ethnisierender Kulturkonservatismus, der dem von Transmigration geprägten Europa paradoxerweise eher skeptisch gegenübersteht (Uerlings 2010, S. 14–46). Ansatzweise erinnert er an die Gesellschaftsmodelle der Vorgänger-Generation Banatdeutscher Schriftsteller, von denen sich die ‚Aktionsgruppe Banat' gerade distanzieren wollte (Solms 1990, S. 270). Dies gilt insbesondere für die Vorstellung von der Notwendigkeit ethnischer Segregation – einer Segregation, die in Siebenbürgen und im Banat über Jahrhunderte praktiziert wurde und mit einer strengen sozialen Hierarchisierung einherging. Obwohl Wagner sich vom völkischen Denken eines Müller-Guttenbrunn vehement distanziert, scheinen doch Segregationsphantasien gegenüber Sinti und Roma sowie gegenüber Serben, Kroaten und weiteren Bewohnern Ex-Jugoslawiens auf. So erzählt der Roman *Das Reiche Mädchen*, der auf reale Begebenheiten rekurriert, die Geschichte eines Rom aus Ex-Jugoslawien, der eine Antiziganismus-Forscherin heiratet (Patrut 2012). Die reiche Erbin wünscht sich, so der recht einfache Subtext im Roman, durch die mit der Hochzeit einhergehende Aufwertung des Rom die eigene ‚Erbschuld' abzutragen, die durch den Einsatz von Roma und Juden als Zwangsarbeiter in der familieneigenen Fabrik während des Nationalsozialismus entstanden war. Sie wird dadurch zum eigentlich rücksichtslosen ‚Gutmenschen', der nicht bemerkt, dass die moralisch entlastende Beziehung nicht tragfähig ist. Schließlich wird sie zum Opfer des Roms Dejan, der sie, Katrin Reemtsma alias Sibylle Sundermann, im Affekt ersticht, und daraufhin verurteilt und schließlich abgeschoben wird. Problematisch ist an dem Roman, dass er den spannungsreichen Stoff eindimensional arrangiert und letztlich die Unausweichlichkeit des Handlungsverlaufs zu beweisen versucht. Dabei läuft er Gefahr, schlimmstenfalls einer Täter-Opfer-Umkehr das Wort zu reden, mindestens aber die Stigmatisierung von Roma sowie traditionelle Geschlechterrollen zu affirmieren (Uerlings 2010) und sich – ganz den rumäniendeutschen Endogamie-Regeln entsprechend – gegen sogenannte ‚Mischehen' auszusprechen. Demgegenüber entwerfen frühe Erzählungen und die Romane *Habseligkeiten* sowie *Miss Bukarest* jedoch interessante Perspektiven auf Europa nach dem Umbruch 1989, auf die Europäisierung des Arbeitsmarktes und neue Formen der Transmigration.

Herta Müller

Radikale und kompromisslose Distanzierung von der Banater Literaturtradition sowie konsequente Abgrenzung von dem realsozialistischen Literaturbetrieb, der Selbstzensur sowie den Anwerbungsversuchen der Geheimdienste gelangen dagegen der Literaturnobelpreisträgerin von 2009 hervorragend. Herta Müllers erster Erzählband *Niederungen* (1982) erschien noch im sozialistischen Rumänien in einer zensierten Fassung (und 1984 vollständig in der Bundesrepublik). Die Erzählungen wurden in Interpretationsversuchen der sozialistischen Literaturbehörde als ‚dekadent' und potentiell gefährlich eingestuft. Die komprimierten Miniaturen des Banater Dorflebens fokussieren auf jene Gewalt, die zum Erhalt der Gruppe und ihrer internen Homogenität nach innen gegen die einzelnen Mitglieder der deutschen Gemeinschaft gerichtet wird, aber auch nach außen in die Grenzziehung gegenüber Angehörigen anderer sprachlicher und religiöser Gruppen einfließt. Greifbar werden diese Formen extremer Normierung, die kaum Individualität zulassen, in sprachlich sehr sorgfältig gestalteten Szenen wie der Einkleidung eines Kindes in die Banater Tracht oder auch in den dargestellten Ritualen des Badens und der häuslichen Hygiene, die zum zentralen – und in der Textlogik in Wahrheit natürlich nichtigen – Anhaltspunkt für das Überlegenheitsgefühl gegenüber den anderen Bewohnern des Banats werden. Die untragbaren gesellschaftlichen Verhältnisse geraten an den Rändern dieser Miniaturen in den Blick, etwa in Gestalt hohler Rollen in der Arbeitswelt, in der Produktivität nur vorgegeben wird, oder als zunehmende Armut in den ländlichen Regionen.

Miniaturen des Banater Dorflebens

Ähnliche Themen verhandeln die Erzählung *Der Mensch ist ein großer Fasan auf der Welt* (1986 in Berlin erschienen) sowie die Erzählungen des ein Jahr später ebenfalls in Berlin erschienenen Bandes *Barfüßiger Februar*, unter denen *Die große Schwarze Achse* durch ihre komplexe, aber stringente Komposition und die eindringliche Bildlichkeit besonders hervorsticht. Vor dem Hintergrund der Auseinandersetzung mit Zeitlichkeit und Tod geht es dort um die Sozialisation eines Kindes in der beschränkten dörflichen Welt der Banatdeutschen unter den Bedingungen des Sozialismus und der maroden Landwirtschaft. Dabei zeichnet die Erzählung in wenigen, feinen Pinselstrichen ein subtiles Bild zahlreicher Projektionen und Verdrängungsleistungen, die die Selbstbeschreibung der Banatdeutschen als ‚Elite' ermöglichen. Die Erzähllinien laufen schließlich in der theatralischen Inszenierung des *Genoveva*-Stoffs durch eine fahrende ‚Zigeuner'-Truppe zusammen. Diese Bühnenaufführung lässt sich als Mise-en-abyme der im Text verhandelten Fragen auffassen. Nicht allein die leitmotivisch wiederkehrenden Fragen der Zeitlichkeit und Endlichkeit werden an dieser Stelle wiederholt, sondern auch Vorurteil, Projektion und Verrat werden auf mehreren Ebenen verhandelt.

Normierung und verhinderte Individualität

In *Der Fuchs war damals schon der Jäger* (1992) sowie im Roman *Herztier* (1994) verlagert sich der Hauptakzent der Texte auf die Kritik an den gesellschaftlichen Verhältnissen im sozialistischen Staat, während *Reisende auf einem Bein* (1989) und *Angekommen wie nicht da* (1994) Erfahrungen der Transmigration sowie kultureller Hybridität im Hinblick auf Fragen der Anerkennung und der Deutungshoheit kritisch beleuchten. Der Roman *Atemschaukel* (2009) nimmt sich mit der massenhaften Deportation Rumäniendeutscher zur Zwangsarbeit in die Sowjetunion eines marginalisierten Kapitels der Geschichte des Zweiten Weltkriegs an, ohne dass dabei auch nur ansatzweise eine Täter-Opfer-Umkehr stattfände. All diese in den Prosawerken verhandelten Themen kehren in den formal hoch innovativen Text-Bild-Collagen Herta Müllers wieder, die in vier Bänden erschienen sind (*Der Wächter nimmt seinen Kamm. Vom Weggehen und Ausscheren*, 1993; *Im Haarknoten wohnt eine Dame*, 2000; *Die blassen Herren mit den Mokkatassen*, 2005 und *Vater telefoniert mit den Fliegen*, 2012). Vergleichbar mit der Lyrik Oskar Pastiors gehen hier Sprachspiel und auf den ersten Blick aleatorische Text-Bild-Korrespondenzen einher mit einer stringenten Kritik an den gesellschaftlichen Verhältnissen im Sozialismus, an Überwachung und Verfolgung. Die essayistischen poetologischen Texte *Der Teufel sitzt im Spiegel. Wie Wahrnehmung sich erfindet* (1991) und *Der König verneigt sich und tötet* (2003) führen an die Poetik Herta Müllers heran, indem sie ein Bekenntnis zur Verdichtungs- und Übersetzungsleistung individuellen

Prosa und Collagen seit den 1990er Jahren

Poetik Herta Müllers

Erlebens ablegen. Die auf den ersten Blick willkürlich und zufallsgesteuert anmutende Übersetzungsleistung in eine individuelle Bildwelt ermöglicht erst jene ästhetische Eigenlogik, welche historische Daten und Ereignisse in ein bestimmtes Licht rückt, deutet und beschreibt.

Deutsch-rumänische Literatur in der Schweiz

Catalin Dorian Florescu und Aglaja Veteranyi

In den letzten Jahrzehnten entstanden auch deutschsprachige Texte von Autoren, die nicht den deutschsprachigen Gruppen in Siebenbürgen und im Banat entstammen, sondern als rumänische Flüchtlinge oder Migranten in die westeuropäischen deutschsprachigen Länder kamen und sich als Schriftsteller etablierten. Zu nennen sind aufgrund ihres Facettenreichtums und innovativen Charakters insbesondere die Texte von Catalin Dorian Florescu (geb. 1967 in Timisoara, Rumänien) und Aglaja Veteranyi, die 1962 in Bukarest geboren wurde und 2002 durch Selbstmord in Zürich starb.

Florescu, der 1982 nach Zürich auswanderte und heute Schweizer ist, veröffentlicht seit 2001 Romane in deutscher Sprache. Sie handeln von Generationen, die durch die Großereignisse der europäischen Geschichte des 20. Jahrhunderts auseinandergerissen werden, von zufälligen Begegnungen und von der Allgegenwart des Fremden – auch und gerade in der vermeintlich vertrauten, verlorenen ‚Heimat'. Die Romane tragen Züge eines ‚Neuen Surrealismus' und setzen sich mit den Erfahrungen der beiden Weltkriege, aber auch des Umbruchs 1989 aus osteuropäischer Perspektive auseinander, wobei sie die Allgegenwärtigkeit europäischer Transfers und Interdependenzen herausstellen. Sehr gut aufgenommen wurden die Romane *Der kurze Weg nach Hause* (2002), *Der blinde Masseur* (2006), *Zaira* (2008) und *Jacob beschließt zu lieben* (2011), für den Florescu 2011 den Schweizer Buchpreis erhielt.

Aglaja Veteranyi zählt zweifelsohne zu den Ausnahmeerscheinungen der deutschsprachigen Gegenwartsliteratur, wobei ihre Texte noch vergleichsweise wenig erforscht sind. Aus einer rumänischsprachigen Zirkusfamilie mit vielen Analphabeten stammend, entwickelte sie sich zu einer sprachgewaltigen und mit sehr großer Präzision formulierenden deutschsprachigen Schriftstellerin, die eindringliche Bilder von staatlicher und familiärer Gewalt, von Schmerz, Schuld, aber auch von beeindruckendem Lebenswillen und großer Lebenslust entwarf.

Aglaja Veteranyi (1962–2002)

1967: Flucht der Familie aus Rumänien, danach Arbeit als Artistin und Tänzerin, Reisen mit dem Zirkus in Europa, Afrika und Südamerika, Auftritte in Varietés.
1977: Niederlassung in der Schweiz
1982–2002: Freie Schriftstellerin und Schauspielerin in Zürich
1982–1985: Schauspielausbildung an der Schauspiel Gemeinschaft Zürich (SGZ)
1985–1988: Schauspiellehrerin an der SGZ
1988–2001: Leiterin der Schauspiel Gemeinschaft Zürich, zusammen mit Christian Seiler

1996:	Gründung der Theatergruppe „Die Engelmaschine" mit Jens Nielsen
1992–98:	Mitleitung der Schreibwerkstatt „Ohrenhöhe"
1993:	Gründung der literarischen Experimentiergruppe „Die Wortpumpe" mit René Oberholzer
1998:	Aufenthaltsstipendium des Literarischen Kolloquiums Berlin
2002:	Selbstmord im Zürichsee

Werke
Geschenke. Ein Totentanz. Gedichte. Mit Holzschnitten von Jean-Jacques Volz (1999)
Warum das Kind in der Polenta kocht. Roman (1999)
Das Regal der letzten Atemzüge. Roman (2002)
Vom geräumten Meer, den gemieteten Socken und Frau Butter. Geschichten (2004)

Auszeichnungen
1999	Werkjahr der Stadt Zürich und Ehrengabe des Kantons Zürich
2000	Förderpreis „Kunstpreis Berlin 2000": Förderpreis Literatur
2000	Adelbert-von-Chamisso Förderpreis

Veteranyis Texte tragen autobiographische Züge und erzählen in verdichteter und verfremdeter Weise von der Kindheit im Wohnwagen, wobei die Repression des sozialistischen Staates, der in den Fahrenden eine schwer zu kontrollierende potentielle Bedrohung sah, in anspruchsvoller Weise mit der vergleichsweise wenig bekannten Verfolgung der Fahrenden in der Schweiz parallelisiert wird. In der Schweiz hatte die seit 1912 bestehende halbstaatliche Stiftung ‚Pro Juventute' 1926 das nach den Grundsätzen der Eugenik vorgehende und jegliche fahrende Lebensweise bekämpfende ‚Hilfswerk für die Kinder der Landstraße' gegründet. Insbesondere der einheimischen Minderheit der Jenischen wurden noch bis 1976 Kinder zwangsweise entzogen, um sie – wie neuere Forschungsarbeiten zeigen – einer europaweit vernetzten und schwer zu kontrollierenden Struktur von Heimen und privaten Betreuern zuzuführen, welche in hohem Maße von Fremdbestimmung, Diskontinuität sowie emotional, ökonomisch und in Einzelfällen auch sexuell missbräuchlichen Verhältnissen geprägt war. In *Warum das Kind in der Polenta kocht* (1999) geht es um den Versuch, Deutungsmuster für den auf der Reise alltäglich erlebten Schmerz zu entwerfen und verinnerlichte familiäre Gewalt von repressiven Strukturen in Staat und Gesellschaft zu unterscheiden. Nebenbei finden auch Versuche der ‚Übersetzung' und Vermittlung zwischen den erlebten Realitäten ost- und westeuropäischer Staaten statt. Der Selbstfindungs- und Selbstermächtigungsprozess der Protagonistin im Zuge der Suche nach Deutungsmustern scheitert jedoch an der Persistenz von Gewalt. Das Bild des in der Polenta kochenden Kindes, das für die lebensfeindlichen und Vertrauen zerstörenden Verhältnisse steht, erhält emblematischen Charakter und fungiert als wiederkehrender Fluchtpunkt aller verhandelten Konflikte.

Schmerz, Regression und familiäre Gewalt

4. Deutsch-baltische, deutsch-russische und deutsch-ukrainische Literatur

Deutsch-baltische Literatur

Deutsch-baltische Literatur

Unter den deutschsprachigen Literaturen auf dem Gebiet des ehemaligen russischen Reichs und der ehemaligen Sowjetunion besitzt die deutschbaltische Literatur die am weitesten zurückreichende Geschichte. Ihre Anfänge liegen im 13. Jahrhundert und hängen mit der kulturellen, ökonomischen und militärischen Präsenz des Deutschen Ordens im Baltikum (heute Estland, Lettland und Teile Litauens) zusammen. Der Deutsche Orden wurde 1198, während des sogenannten „Deutschen Kreuzzugs", aus einem Feldhospital heraus unter Kaiser Heinrich VI. im Zuge der Belagerung der Stadt Akkon in Israel gegründet. Der Orden gewann bald an Macht, widmete sich der christlichen Mission und Bekämpfung der Andersgläubigen insbesondere in der östlichen Hälfte Europas, agierte großflächig in Europa und in Kleinasien und bemühte sich um eigene Territorien für einen geschlossenen Ordensstaat, die er insbesondere im europäischen Osten (zunächst in Siebenbürgen, dann erfolgreich an der Weichsel) zu erwerben versuchte. Aus Sicht der heutigen Beschäftigung mit interkultureller Literatur ist dies wichtig, da der Deutsche Orden vielerorts die Vorhut deutscher Siedler bildete und beides nicht nur zu einer dauerhaften deutschen Präsenz im europäischen Osten und im Baltikum und damit zu interkulturellen Konstellationen führte, sondern auch zur Präsenz des europäischen Ostens in der deutschen Vorstellungswelt. Von 1230 bis 1525 bestand ein Deutschordensstaat, zu dem große Teile des Baltikums gehörten, und bereits in dieser Zeit kamen zahlreiche deutsche Siedler in das Gebiet, aus dem sich eine deutschsprachige Elite herausbildete, die ihren Status über Jahrhunderte erhielt (vergleichbar mit der Situation in Siebenbürgen, siehe deutsch-rumänische Literatur). Aufgrund der räumlichen Nähe zu den deutschen Staaten erhielt sich ein reger Austausch zwischen Theologen und Gelehrten, der selbst während der ab dem 18. Jahrhundert vorherrschenden russischen Herrschaft nicht ganz abbrach. Im livländischen Baltikum lebten und arbeiteten zeitweise Johann Georg Hamann (in den 1750er Jahren), Johann Gottfried Herder (in den 1760er Jahren) und August von Kotzebue (um 1800), während Friedrich Maximilian Klinger von 1803 bis 1817 als Kurator der Universität Dorpat/Tartu tätig war und noch bis 1831 in Estland lebte. Zu den wichtigsten deutsch-baltischen Autoren (Wilpert 2005) zählt der in Livland geborene Jacob Michael Reinhold Lenz (1751–1792), der in Dorpat und Königsberg Theologie studierte, bevor er 1771 nach Straßburg ging, wo er neben Johann Wolfgang Goethe auch Johann Gottfried Herder kennen lernte; Letzterer hatte bereits seinen Aufenthalt in Riga hinter sich. Lenz entwickelte sich mit den Theaterstücken *Der Hofmeister* (1774), *Der neue Menoza* (1774) und *Die Soldaten* (1776) zu einem der bedeutendsten Schriftsteller des Sturm und Drang. Nach persönlichen Konflikten mit Goethe in Weimar kehrte er zunächst nach Riga und Dorpat zurück und starb verarmt und zerrüttet in Moskau. Bereits hier wird deutlich, dass der Raum des Baltikums mit dem deutschen literarischen und philosophischen Leben eng verwoben war.

Deutscher Orden

Deutsch-baltische Autoren

Jacob Michael Reinhold Lenz

Peter Alexander Freiherr von Ungern-Sternberg (1806–1868), der deutsche, ungarische, schwedische und russische Vorfahren hatte und in Estland lebte, wurde als Erzähler, Dichter und Maler bekannt. Er war unter anderem mit Ludwig Tieck bekannt. Der impressionistisch ausgerichtete Schriftsteller und Dramatiker Eduard Graf von Keyserling (1855–1918) lebte und schrieb in Lettland, der in Riga geborene und aufgewachsene Werner Bergengruen (1892–1964) ging nach Deutschland, um sich der Russifizierung zu entziehen, und verfasste neben zahlreichen Novellen den Roman *Der Großtyrann und sein Reich* (1935), der nach Kriegsende eine wichtige Rolle in den Diskussionen über die ‚innere Emigration' spielte. Ebenfalls im Jahre 1935 erschien Siegfried von Vegesacks Romantrilogie *Baltische Tragödie*. Zu gewisser Popularität brachte es der in Estland geborene Schriftsteller und Satiriker Robert Gernhardt (1937–2006), vor allem als Redakteur der literarischen Satire-Zeitschrift *pardon*. Nach 1989 ging die Bedeutung der deutsch-baltischen Literatur jedoch zurück.

Deutsch-russische Literatur nach 1989

Durchaus sehr erfolgreich sind dagegen nach 1989 die neue deutsch-russische und deutsch-ukrainische, deutsch-georgische und deutsch-aserbaidschanische Literatur, die mit der neuerlichen Auswanderung zahlreicher Menschen aus diesen Gebieten und ihrer Einwanderung in Deutschland zusammenhängen – sei es als (Spät-)Aussiedler, als Kontingentflüchtlinge oder als Arbeitsmigranten. Die russisch-deutsche Literatur ist zwar als solche neu, weil es bis vor wenigen Jahrzehnten keine nennenswerte deutschsprachige Literatur gab, die durch überlappende Zugehörigkeit zum deutschen und dem russischsprachigen Diskursraum ein eigenständiges Feld hervorgebracht hätte. Dabei lebten auf dem heutigen Gebiet Russlands und der Ukraine deutschsprachige Gruppen seit dem 18. Jahrhundert, zu denen auch zahlreiche deutsch-jüdische Schriftsteller gehören. Die deutsch-russische Literatur hat sich als solche erst in den zweieinhalb Jahrzehnten nach 1989 formiert und ist damit jünger als die deutsch-türkische Literatur. Entstanden ist sie vor dem Hintergrund deutsch-russischer bzw. deutsch-ukrainischer Transmigration, deren Verfasser häufig Russisch bzw. Ukrainisch als Erst- oder als Zweitsprache sprechen, die sich aber an die gesamte deutschsprachige Gesellschaft richtet. Das Feld deutschrussischer Schriftsteller ist vor allem aus deutscher Sicht konstruiert worden; ausschlaggebend dafür waren Bezüge zum Diskursraum „Russland" und seiner Geschichte und zu den Nachbarstaaten. Es handelt sich allerdings um eine in sich hochgradig heterogene Gruppe; gerade in dieser Heterogenität und den Spannungen zwischen unterschiedlichen Standpunkten und Zugehörigkeiten liegt freilich das innovative Potential dieser Literatur, die vor allem von jungen Schriftstellern verfasst wird. Zu ihr werden so unterschiedliche Autoren wie Katja Petrowskaja (geb. 1970 in Kiew), die für ihren Roman *Vielleicht Esther* 2013 mit dem Ingeborg-Bachmann-Preis ausgezeichnet wurde, und Wladimir Kaminer (geb. 1967 in Moskau) gezählt.

Heterogenität und Standpunkt-Vielfalt

Einen wesentlichen Beitrag dazu, dass die deutsch-russische Literatur als solche wahrgenommen wird, leistete der deutschsprachige russisch-jüdische Schriftsteller Wladimir Kaminer. Kaminer wurde durch seine autofiktional ausgerichteten Bücher *Russendisko* (2000), das mittlerweile eine Auf-

Wladimir Kaminer: *Russendisko*

lage von über 1,2 Millionen erreicht hat, *Schönhauser Allee* (2001) und *Mein deutsches Dschungelbuch* (2003) schnell einem recht breiten deutschen Lesepublikum bekannt und machte es vertraut mit Standpunkten, Fragen, Problemen und ästhetischen Mustern deutsch-russischer urbaner Transmigranten (vor allem in der Hauptstadt Berlin) (Condray 2008). Nicht allein seine Bücher, sondern auch die Diskographie und insbesondere die Verfilmung von *Russendisko* 2012 (die Regie führte Oliver Ziegenbalg) trugen mit zum Erfolg Kaminers bei. Dies gilt auch für den gemeinsam mit Yuriy Gurzhy ins Leben gerufenen Musikstil ‚Russendisko', der Elemente russischer Folklore mit Pop, Underground und Militärmusik verbindet, und die jeden zweiten Samstag im Monat moderierte Sendung ‚Russendisko Club' bei Radio Multikulti Berlin. Nicht nur russischsprachige Menschen partizipierten an dieser ‚Szene' und besuchten das Kaffee Burger in Berlin Mitte, wo Kaminer und Gurzhy als DJs tätig waren, sie wurden vielmehr durch ihre Heterogenität und den synkretistischen Charakter zu einer Attraktion in der Hauptstadt (Bottá 2006). Dieser Publikumserfolg mag zur Bekanntheit der Literatur Wladimir Kaminers beigetragen haben. Die noch junge Forschung zu diesem Teilbereich der deutsch-russischen Literatur hebt einerseits das Erneuerungspotential hervor, das sich aus dem Spannungsverhältnis unterschiedlicher Stile, aber auch historischer Hintergründe deutschsprachiger russischer Kultur im Berlin des neuen Jahrtausends ergibt. Andererseits beerbt die Literatur Kaminers Traditionen der Selbstexotisierung und wirft ethnographische ‚kulturkritische' Blicke auf deutsche Institutionen sowie das Beamtenwesen und fügt sich damit in bereits bekannte Repräsentationsmuster. Interessant ist die Literatur Kaminers überall dort, wo sie auf die interne Heterogenität der als ‚Deutsch-Russen' wahrgenommenen Gruppe hinweist (Lützeler 2005). Diese setzt sich zusammen aus sogenannten Kontingentflüchtlingen, welche aus jüdischen Familien stammen, die während des Nationalsozialismus verfolgt wurden (wie Kaminer selbst), aus Russlanddeutschen, unter denen einige – nicht alle – auf Seiten der Deutschen gekämpft hatten, und schließlich aus Russen, die aus beruflichen Gründen nach Deutschland gekommen sind oder als Transmigranten leben. Die traumatischen Erlebnisse und Ereignisse des Zweiten Weltkriegs, während dessen infolge des nationalsozialistischen Angriffskriegs in der damaligen Sowjetunion siebenundzwanzig Millionen Menschen starben (darunter sieben Millionen Zivilisten), und im Zuge dessen die jüdische Bevölkerung Russlands und der Ukraine Massenerschießungen, Ermordung und Deportationen ausgesetzt war, haben die Erinnerungskulturen der als ‚Deutsch-Russen' Wahrgenommenen zutiefst gespalten. Dabei identifizieren sich viele Personen nicht mit ihrem familiären Hintergrund oder sie werden beispielsweise nicht oder nur teilweise von jüdischen Gemeinschaften als Juden anerkannt. So weist beispielsweise der Literatur- und Kulturwissenschaftler und renommierte Antisemitismusforscher Sander Gilman darauf hin, dass nach den Regeln jüdischer Orthodoxie nur ein Bruchteil der so genannten Kontingentflüchtlinge als Juden gelten würde – was freilich nichts daran ändert, dass sie oder ihre Familien während des Nationalsozialismus als Juden galten und entsprechend verfolgt wurden (Gilman 2011). Möglicherweise tut sich durch den neuerlichen Konflikt zwischen Russland und der Ukraine eine neue Front auf, zumal nun an der ukrainisch-russischen Grenze nichts weniger als die neuen Grenzen ‚Europas' verlaufen sollen.

Der deutsch-russischen Literatur kommt durchaus eine wichtige Rolle für die Verhandlung und Konzeption neuer Selbstbeschreibungen ‚Europas' nach 1989 zu. Im 19. und 20. Jahrhundert war die Auseinandersetzung mit Russland und dem europäischen Osten für das deutsche kollektive Imaginäre wichtig, es gab aber wenig oder kaum hörbare deutsch-russische bzw. deutsch-ukrainische Stimmen, was sich nach dem Fall des Eisernen Vorhangs infolge der Einwanderung von über zwei Millionen Menschen aus Russland und den Anrainer-Staaten grundlegend verändert hat (Heero 2008). Auf Perioden der Russland-Begeisterung und der intensiven Rezeption russischer Klassiker wie Lev Tolstoi und Fjodor Dostojewski folgten in der Vergangenheit immer wieder Zeiten der Abgrenzung und der Kriegspropaganda gegen den ‚russischen Bären', so während des Ersten und Zweiten Weltkriegs. Während in der Weimarer Republik proletarische und linke Bewegungen mit der russischen Revolution 1917 sympathisierten, stellte sich nach 1945 in der Bundesrepublik allmählich eine klare Ablehnung des real existierenden Sozialismus ein, insbesondere nachdem Josef Stalins Massenermordungen und Zwangsarbeitslager bekannt wurden. Während viereinhalb Jahrzehnten war ein Teil Deutschlands, die DDR, russisch besetzt und selbst eine sozialistische Republik. In vielfacher Weise verliefen Grenzen zwischen Ost und West, zwischen Gesellschaftssystemen, Zuschreibungen des ‚Richtigen' und ‚Falschen', des ‚Eigenen' und ‚Fremden' mitten durch Deutschland und standen dabei in enger Verbindung mit ‚Russischem' bzw. ‚Sowjetischem'. Sander Gilman hat unlängst dargelegt, dass das Interesse an der deutsch-russischen Literatur auch mit der Verhandlung von ‚Jüdischkeit' zusammenhängt: Da ‚authentische' jüdische Kultur nicht mehr verfügbar sei, suche der deutsche Blick sie bei den jüdischen Migranten aus der ehemaligen Sowjetunion, die mitunter aus Galizien und der Bukowina kommen. Diese verstünden sich laut Gilman häufig eher im nationalen als im religiösen Sinne als Juden und gingen eher von der Verfolgungsgeschichte als von gelebter jüdischer Kultur aus. Gilman konstatiert eine in Anbetracht der Geschichte des 20. Jahrhunderts absurde, aber in Anbetracht der aktuellen Dynamik und Transformation kollektiver Selbstentwürfe nicht ganz überraschende Konstellation, in der russische Migranten ‚jüdisch' werden, indem sie zu ‚Deutschen' werden (Gilman 2006, S. 210–223). Bedenkt man, dass ein Großteil Russlands in Asien liegt, ist es nur folgerichtig, dass auch die Grenze zwischen Europa und Asien im deutsch-russischen Verhältnis ausgehandelt wird und diese Unterscheidung gerade aufgrund der Präsenz von Deutsch-Russen durchaus auch in Deutschland selbst ausgetragen und verhandelt wird. Die interkulturelle deutsch-russische Literatur nach 1989 beerbt dieses komplexe, historisch gewachsene Spannungsverhältnis, und arbeitet an ihm, wobei die meisten Stimmen einen transmigrantischen Standpunkt einnehmen, der sich einer Parteinahme innerhalb der obigen Unterscheidungen entzieht. Ein heterogenes, teilweise gespaltenes kulturelles, sprachliches, religiöses und politisches Erbe verlangt nach dem Umbruch 1989 und dem Ende des bipolaren Systems eine Neuinterpretation. Zu leisten ist diese hauptsächlich durch eine Arbeit an der gemeinsamen Memoria. Letzteres stellt gleichzeitig eine der wichtigsten Erwartun-

Neue Selbstbeschreibungen nach 1989

Innerdeutsche Grenzen

Deutsch-russisch-jüdische Selbstentwürfe

gen, die sich gegenwärtig an die deutsch-russische und deutsch-ukrainische Literatur richten, dar.

Die neue Generation deutsch-russischer Literatur: Bronsky, Grjasnowa, Gorelik, Rabinowich, Hummel

Alina Bronsky: Scherbenpark

Zu den jüngeren Vertreterinnen der deutsch-russischen Literatur zählt Alina Bronsky, die 1978 in Swerdlowsk in der früheren Sowjetunion geboren wurde und auf der asiatischen Seite des Ural-Gebirges aufwuchs, bevor sie mit ihren Eltern, die als ‚Kontingentflüchtlinge' anerkannt wurden, in den 1990er Jahren nach Deutschland kam. Ihr 2008 veröffentlichter und von der Literaturkritik positiv aufgenommener Debütroman *Scherbenpark* handelt von einem siebzehnjährigen Mädchen namens Sascha, das mit seiner russischsprachigen Familie nach Deutschland kommt und in schwierigen Verhältnissen in einer Hochhaussiedlung gemeinsam mit einem gewalttätigen Stiefvater, der schließlich die Mutter ermordet, aufwachsen muss. Dieser in der Kategorie ‚Jugendbuch' für den Aspekte-Literaturpreis nominierte Roman erzählt eine Inklusionsgeschichte, zu der neben dem Bildungserfolg Saschas im deutschen Schulsystem vor allem die Verarbeitung des Verlusts der Mutter und des Selbstmords des Stiefvaters im Gefängnis gehört. Wichtig ist aber auch die komplizierte, jedoch tragfähige Beziehung zu dem Redakteur Volker und seinem lungenkranken Sohn Felix, auf die Sascha sich einlässt und die dazu beiträgt, dass sie sich aus dem zur Inselbildung neigenden Milieu der ‚Russlanddeutschen' lösen kann. Wie im Titel angekündigt, wachsen die Gewaltmomente, die abgerissenen Lebenswege, Erinnerungssplitter und Bruchstücke von Geschichte langsam zu einer Landschaft zusammen, die sich nicht amoen gibt, aber durchaus bewohnbar ist.

Gewalt, Erinnerung und Inklusion

> Geh niemals in den Scherbenpark. Hier geht es laut, blutig und derb zu. Der Scherbenpark ist ein Ort der Kollisionen. Hier kracht es zwischen Ost und West, Männern und Frauen, Reich und Arm, Jung und Alt. Hier wird russischer Pop gespielt und alte Kriegslieder. Nicht wegzudenken sind Jugendgangs, Gepanschtes in Pappbechern, immer wieder ein Schachspiel und der Abreißkalender für die orthodoxe Hausfrau. Hier fliegen Steine und leere Flaschen. Und hier lebt Sascha. (Bronsky 2008, Klappentext)

Olga Grjasnowa: Der Russe ist einer der Birken liebt

Auch das Romandebüt Olga Grjasnowas, *Der Russe ist einer der Birken liebt* (2012), handelt von einer jungen Frau, die mit ihren Eltern aus Baku in Aserbaidschan nach Deutschland kommt und zum Teil jüdische Wurzeln hat, den Juden aber, wie sie berichtet, nicht jüdisch genug, den Russen nicht russisch und den Deutschen nicht deutsch genug ist. Protagonistin des in einem flüssigen realistischen Stil verfassten Romans ist eine junge Frau namens Mascha Kogan. Sie ist beruflich erfolgreich und lebt in einer glücklichen Beziehung in Deutschland; als Dolmetscherin in Tel Aviv gerät sie aber schließlich wieder in alte, während der Sowjetzeit bloß übertünchte Konflikte und vor allem auch in militärische Auseinandersetzungen zwischen Armenien und ihrem Geburtsland Aserbaidschan. Die Geschichte ihres gesellschaftlichen Einschlusses in Deutschland wird rückläufig und es wird deutlich, wie sehr gerade die Gewalt im 20. Jahrhundert europaweite Spuren und Konglomerate schmerzhafter Erinnerungen hinterlassen hat.

Verletzungen, Narben und Wunden werden zu Metaphern der Geschichte Europas. Dieser Roman verhandelt damit ähnliche Probleme wie das Debütwerk Alina Bronskys, verhält sich jedoch gegenläufig zu dessen Handlungsverlauf. Beide Texte nehmen eine transmigrantische Perspektive ein, von der aus die vollständige Identifizierung der Figuren mit einem einzigen ‚Lager' unmöglich scheint; sie geraten jedoch durchaus zwischen weiterhin bestehende Fronten und werden von der Geschichte eingeholt. Die Regisseurin Yael Ronen inszenierte Olga Grjasnowas Roman erfolgreich am Maxim Gorki Theater in Berlin.

2014 erschien Grjasnowas neuer Roman *Die juristische Unschärfe einer Ehe*, der von der Scheinehe zwischen der Balletttänzerin Leyla und dem schwulen Psychiater Altay in Berlin erzählt, einer Ehe, die zur Dreiecksbeziehung wird, sobald Leyla eine lesbische Beziehung mit Jounoun eingeht, und am Schluss doch zur Kleinfamilie. Auch dieser Roman ist in realistischem, einfachem Stil gehalten. Er verhandelt die neue Normalität transmigrantischer Lebensverhältnisse, die sich diesmal zwischen Russland, Berlin und Aserbaidschan einstellen. Die Problemlagen, mit denen die drei zu kämpfen haben, ergeben sich jedoch keineswegs daraus, dass sie nicht in einem einzigen Sprach- und Kulturraum beheimatet sind, sondern mit Gefühlsdynamiken, beruflichen Härten oder mit der jeweiligen Familiengeschichte.

In Georgien aufgewachsen ist die 1983 in Tiflis geborene und 2007 an die Theaterakademie in Hamburg gekommene Romanautorin, Dramatikerin und Theaterregisseurin Nino Haratischwili. 2010 erhielt sie den Adelbert-von-Chamisso-Förderpreis, 2013 erschien ihr Einakter *Die zweite Frau*. Haratischwili hat bislang drei Romane veröffentlicht, *Juja* (2010), *Mein sanfter Zwilling* (2011) und *Das achte Leben (Für Brilka)* (2014). Der zuletzt erschiene Roman *Das achte Leben* hat mit seinen 1280 Seiten nicht nur geradezu monumentale Ausmaße, er erzählt auch mit einer Prise Surrealismus über intergenerationell vererbte Verhaltensmuster, Anfälligkeiten und Fehler, Geschwisterkonstellationen und über die Unmöglichkeit, sich den epochalen Umbrüchen des 20. Jahrhunderts zu entziehen. Noch deutlicher und systematischer als manch anderer aktueller Roman, der sich dem 20. Jahrhundert in europäischer Perspektive annimmt, vermittelt *Das achte Leben* analytisch scharfe und pointierte Einblicke in die Vernetzung von Ideen, Akteuren, aber auch Gewaltmustern in Europa, ohne die Grenzen zwischen Herrschaftsformen, insbesondere zwischen Nationalsozialismus und dem aus Georgien stammenden Stalin und seinem System, zu verwischen. Es gelingt ihr, auch Fragen ost-west-europäischer Asymmetrien zu verhandeln, die mit der Ausstrahlung der österreichisch-ungarischen Monarchie nach Osten zusammenhingen, wie beispielsweise im Motiv des aus Wien mitgebrachten Schokoladenrezeptes, das für den Osten zugleich Fluch und Segen bedeutet. Das geheime Schokoladenrezept flicht Haratischwili in die erzählte Familiengenealogie ein. Nicht zuletzt verhandelt *Das achte Leben* auch die Frage, inwiefern Literatur in der Lage ist, Gewalt und falsche Verhaltensmuster als solche kenntlich zu machen und ihre Wiederholung zu verhindern. In diesem Sinne ist der Roman dem ‚achten Leben' Brilkas – und implizit den Lesern – als ein Reservoir latenten Wissens und als Ressource potentieller Selbsterkenntnis gewidmet. Die Fragen, ob

Nino Haratischwili

Das achte Leben (Für Brilka)

und wie die Tänzerin Brilka diese Geschichte tatsächlich choreographieren und tanzen können wird, inwiefern also die textliche Kunst in eine andere übersetzbar ist, inwiefern Erkenntnis mit dem eigenen Körper vollzogen und ausgedrückt werden kann, lässt der Roman offen.

Lena Gorelik: Deutsch-jüdisch-russische Lebenswelten

Lena Gorelik, 1981 in Leningrad geboren, kam 1992 mit ihrer russisch-jüdischen Familie nach Deutschland, und arbeitet u.a. für Deutschlandradio Kultur. Ihre Romane *Meine weißen Nächte* (2004), *Hochzeit in Jerusalem* (2007), *Lieber Mischa.. Du bist ein Jude* (2011) befassen sich, wie die oben erwähnten Autoren, mit deutsch-jüdisch-russischen Lebenswegen und der europäischen Geschichte. Sie erhielt im Jahr 2009 den Friedrich-Hölderlin-Preis der Stadt Bad Homburg. Sander Gilman hat für Gorelik konstatiert, dass die Verhandlung des ‚Jüdischen' in die Suche nach einer ‚westlichen' Selbstverortung einmünde und Letzterer nachgelagert sei – eine Entwicklung, die wiederum nicht ausschließlich die jüdischen Migranten aus Osteuropa in Deutschland beträfe, sondern auch viele Juden unterschiedlicher Herkunft in den USA (Gilman 2006, S. 210–223).

Olga Martynowa

Den Ingeborg-Bachmann-Preis erhielt 2012 Olga Martynowa (geb. 1962 in Dudinka/Krasnojarsk), die seit 1990 als Lyrikerin und Prosa-Schriftstellerin in Berlin in russischer und deutscher Sprache veröffentlicht, für den Roman *Sogar Papageien überleben uns* (2010). Mit Daniil Charms wird ein Dada-Künstler zur Bezugsfigur der Handlungs- und Erinnerungsstränge im Roman, und damit eine künstlerische Bewegung, die ausgesprochen europäischen Charakter hatte. Charms starb, unter Stalin inhaftiert, 1942 während der deutschen Belagerung in einem Leningrader Gefängnis an Unterernährung. Auf diesem Hintergrund entwirft Martynova eine anspruchsvolle Geschichte des europäischen 20. Jahrhunderts aus russischer Perspektive.

Transkulturelle Selbstentwürfe

Dadurch werden ältere, ethnisch codierte, aber auch durch den ‚Eisernen Vorhang' bedingte Grenzziehungen zwischen politischen Systemen neu perspektiviert. Im Einzelfall mag variieren, inwiefern die Innovationen auf dem Feld des Ästhetischen oder der Arbeit an transkulturellen europäischen Selbstentwürfen, an solchen der Migration und Transmigration bzw. am Transreligiösen liegen. Nichtsdestoweniger tragen sie insgesamt erheblich zur hoch aktuellen Verhandlung von Deutungsmustern für die Begriffe ‚Deutsch' sowie ‚Europa' bei.

Deutsch-russische Literatur in Österreich: Julya Rabinowich

Auch in Österreich entsteht gegenwärtig deutsch-russisch-jüdische Literatur. Der Roman *Spaltkopf* (2008), der von der russisch-jüdischen Schriftstellerin Julya Rabinowich verfasst wurde und den Rauriser Literaturpreis 2009 gewann, handelt von einem kleinen Mädchen, das mit ihren Eltern nach Wien kommt. Über vier Generationen werden Schicksale und europäische Geschichte verfolgt. Julya Rabinowich, die 1970 im russischen Leningrad als Tochter des russisch-jüdischen Malers Boris Rabinowich geboren wurde, floh 1977 mit ihren Eltern nach Wien, wo sie bis heute lebt. Häufig verglichen wird sie mit dem ebenfalls in Österreich lebenden Schriftsteller, Kritiker und Publizist Vladimir Vertlib, der bereits 1971 als Kind aus Russland nach Wien kam. Sein Roman *Das besondere Gedächtnis der Rosa Masur* (2001), schildert die Erinnerungen einer Neunzigjährigen, zu denen die Kindheit im Stedtl, die große Hungersnot während der Blockade Leningrads, die Verfolgung durch den Sowjetstaat und schließlich die Migration nach Deutschland gehören. Vertlib, der den Förderpreis zum Adelbert von

Chamisso-Preis erhielt, ist auch Herausgeber der Zeitschrift *Zwischenwelt* (vgl. Kap. VI. 3).

Schließlich sind auch in Deutschland und Österreich lebende ‚russlanddeutsche' Schriftstellerinnen und Schriftsteller Teil dieses neuen literarischen Feldes. Exemplarisch sei Eleonora Hummel (geb. 1970 in Zelinograd) genannt. Sie entstammt einer nach Kasachstan deportierten russlanddeutschen Familie, wo sie bis zu ihrer Emigration in die DDR 1982 lebte. 2005 verfasste sie ihren Debütroman *Die Fische von Berlin*, es folgten *Die Venus im Fenster* (2009) und *In guten Händen, in einem schönen Land* (2013). Der letztgenannte Roman handelt von einer ukrainischen Schauspielerin und weiblichen Familienmitgliedern verschiedener Generationen, die den Gulag überleben und im sowjetischen Russland anschließend Anfeindungen und Willkür ausgesetzt sind. Der Titel greift die euphemistische Selbstbeschreibung Sowjetrusslands auf und ironisiert sie. Auch Hummel, die 2002 den Russlanddeutschen Kulturpreis für Literatur des Landes Baden-Württemberg erhielt, befasst sich also in ihren Familienromanen mit europäischer Geschichte und verfremdet dabei Identität und Zugehörigkeit, sodass die sowjetische Verfolgung vollends absurd erscheint.

Eleonora Hummel

Ukrainisch-deutsche Literatur: Gaponenko und Petrowskaja

Die ukrainisch-deutsche Literatur fügt sich in die bereits umrissenen Konstellationen ein. Marjana Gaponenko, die 1981 in Odessa geboren wurde, debütierte im Jahr 2000 mit dem mittlerweile in mehrere europäische Sprachen übersetzten Gedichtband *Wie tränenlose Ritter* und veröffentlichte 2010 den Roman *Annuschka Blume*. Wie die ersten Publikationen Gaponenkos erfreute sich auch ihr jüngster Roman *Wer ist Martha?* (2012), der die absurde, aber zugleich einnehmend vitale Lebensfreude zweier Greise in Anbetracht des bevorstehenden Todes in einem Wiener Hotel darstellt, positiver Kritiken. Der Roman wurde mit dem Adelbert-von-Chamisso-Preis ausgezeichnet. Das Ende der alten Männer im geschichtsträchtigen Wien, der Hauptstadt der österreichisch-ungarischen Monarchie, die aus dem ukrainischen Galizien und der ebenfalls ukrainischen Nordbukowina aus betrachtet als Zentrum galt, versteht sich auch als Ende des alten, monolithischen Europa mit seinen eingefahrenen Konflikten. Die Themen der deutsch-ukrainischen Literatur sind enger verwoben mit dem deutschsprachigen Diskursraum der k.u.k.–Monarchie und der Welt galizischer Stedtl. Nicht umsonst verglich ein Rezensent die Figur des kindlichen Greises Luka Lewadski mit einer Gestalt aus den Erzählungen Isaak Babels.

Marjana Gaponenko

Ähnliches trifft auf die derzeit bekannteste ukrainisch-deutsche Schriftstellerin, Katja Petrowskaja, zu, die seit 2011 einer breiteren Öffentlichkeit als Kolumnistin in der Frankfurter Allgemeinen Sonntagszeitung („Die west-östliche Diva") bekannt wurde. Ihr 2014 erschienener Roman *Vielleicht Esther* wurde bereits 2013 mit dem Ingeborg-Bachmann-Preis ausgezeichnet. Der Roman befasst sich mit der Suche der weiblichen Protagonistin nach den Spuren ihrer Familie im europäischen Osten, insbesondere nach jenen ihrer jüdischen Urgroßmutter, die vielleicht Esther geheißen haben könnte und die während des Nationalsozialismus ermordet wurde. Nicht allein ethnische und religiöse Genealogien, sondern auch das Konzept der ‚Familie' zerfallen auf dieser Suche zunehmend, denn es stellt sich heraus, dass die Ge-

Katja Petrowskaja

schichten, die eine Familienidentität gestiftet hatten, nicht mit den hinterlassenen Spuren einzelner Angehöriger übereinstimmen, und dass das am wenigsten Gewisse und teilweise bewusst Erfundene – Name, Lebensgeschichte und Ermordung der jüdischen Urgroßmutter – vielleicht am ehesten ‚wahr' ist. Der Roman bietet daher auch eine anspruchsvolle Auseinandersetzung mit einem der zentralen Probleme der Gegenwartsliteratur, der Möglichkeit, im Namen Anderer zu sprechen und insbesondere den Opfern eine Stimme zu verleihen, die nicht einer Vereinnahmung oder schlimmstenfalls einer Entschuldung gleichkommt. Gerade indem ‚Familie' und ‚Genealogie' dekonstruiert werden, viele Spuren im Nichts verlaufen und Teilhabe an nationalsozialistischer Schuld zu Tage tritt, legt der Roman offen, dass die Unterscheidung zwischen Nationen, ethnischen Gruppen und Religionen bereits im Europa der letzten beiden Jahrhunderte von den Individuen ständig übergangen wurde, wenngleich sie zum Anlass massiver militärischer Konfrontationen und menschlicher Katastrophen wurde. Der Roman zeichnet ein Bild vom Ineinander-Verwoben-Sein Ost- und Westeuropas, einem Verwoben-Sein, das sich im deutschsprachigen Diskursraum der bis an den Don reichenden Grenzen der österreichisch-ungarischen Monarchie intensivierte und in den Zeiten des ‚Eisernen Vorhangs' verschüttet wurde. Gemeint sind dabei vielfältige, zufällige, individuelle und durch unterschiedliche Motive, Interessen und Eigenschaften bedingte Verbindungen und Kommunikationen, die, sobald sie erinnert und zu Tage gefördert werden, schier unendlich viele Schichten einander überlappender ost-westlicher Konstellationen, Wissens- und sonstigen Transfers sowie Migrationen offenlegen. Dazu gehört beispielsweise die intensive Rezeption deutscher und deutsch-jüdischer kommunistischer und sozialistischer Theorie und Analyse in der Nachfolge von Karl Marx, aber auch deutscher Literatur und Philosophie im Zarenreich und erst recht im nachrevolutionären Sowjetrussland, was einer dortigen Frontstellung gegen Deutschland zuwiderlief. Die Verortung auf einer der Seiten scheint nicht allein vom interkulturellen Standpunkt der Poetik dieses Romans unmöglich, sondern auch in der Vergangenheit absurd. „Ich dachte auf Russisch, suchte [in Polen] meine jüdischen Verwandten und schrieb auf Deutsch", so die Erzählerin in *Vielleicht Esther,* die dann die Frage aufwirft: „[W]er gehört zu den Meinen, wer zu den anderen, welches Ufer ist meins?" (Petrowskaja 2014, S. 115) Petrowskaja markiert dabei durchaus die großen Umbrüche des 20. Jahrhunderts, insbesondere das Ende der großösterreichischen Monarchie und das Ende des bipolaren Systems 1989 sowie die Zäsur des Holocaust, indem sie deutlich die jeweils eintretenden Veränderungen nach diesen Umbrüchen darstellt. An der Untrennbarkeit ost-westeuropäischer Memoria ändert sich aber nichts.

5. Weitere Konstellationen interkultureller Literatur nach 1945

Für interkulturelle Konstellationen in der Literatur nach 1945 ist charakteristisch, dass sich eine langsame, aber doch stete Tendenz zur Öffnung und Internationalisierung der europäischen Literaturbetriebe, einschließlich des Deutschen, durchsetzt. Zu den gesellschaftlichen Hintergründen zählen politisches Exil während des Nationalsozialismus, das Ende des Kolonialismus in Indien, Indonesien, Afrika, Lateinamerika und so gut wie allen weiteren kolonisierten Gebieten und die damit verbundenen Rück- und Auswanderungsbewegungen, die binneneuropäische Arbeitsmigration, seit den 1970er Jahren zunehmende Institutionalisierung europäischer ökonomischer und politischer Strukturen sowie ökonomische Globalisierung. All dies führte zu einer stark erhöhten Mobilität. Migration (also das einmalige Auswandern in ein anderes Land), Remigration (die Rückkehr in das Geburtsland) und Transmigration (die dauerhafte Beheimatung in zwei oder mehreren Ländern) wurden in den Selbstbeschreibungen vieler europäischer Gesellschaften, so auch den deutschen, allmählich nicht mehr als Ausnahme, sondern als möglicher Normalfall betrachtet. So besitzen laut der Bundeszentrale für politische Bildung über zwanzig Prozent der in Deutschland lebenden Menschen ‚Migrationserfahrungen', wobei erwartet wird, dass dieser Anteil weiterhin zunimmt. Vor diesem Hintergrund haben sich neue Formen interkultureller Literatur in Deutschland, wie die deutsch-türkische, deutsch-russische oder deutsch-rumänische Literatur, herausgebildet. Daneben sind aber auch Formen interkultureller Literatur entstanden, die nicht als geschlossenes, auf einen bestimmten Diskursraum bezogenes Feld in Erscheinung getreten sind, an dem sich viele Autorinnen und Autoren beteiligen. Dazu gehören im Wesentlichen vier Gruppen von Schriftstellern: Erstens solche, die im Zusammenhang eigener Migrationserfahrungen Texte verfassen, die sich – sei es als Autofiktion oder nicht – auf außerdeutsche Diskursräume beziehen, ohne dass sich (vorerst) größere zusammenhängende literarische Felder herausgebildet hätten; zweitens deutsch-jüdische Autoren aus mehrsprachigen Gebieten der österreichisch-ungarischen Monarchie, die infolge des Nationalsozialismus nach Deutschland kamen; drittens in Deutschland oder Österreich lebende Sinti und Roma, die sich in ihren Texten insbesondere mit der Verfolgung durch den Nationalsozialismus, daneben aber auch mit der sechshundert Jahre alten Geschichte der heute offiziell anerkannten Minderheit der Sinti in Deutschland befassen; viertens in Deutschland lebende Autoren, die sich intensiv mit außerdeutschen Diskursräumen auseinandergesetzt haben, da sie entweder lange Zeiträume dort verbrachten und/oder weiter zurückliegende familiäre Bindungen in diesen Räumen besitzen.

Migration, Remigration und Transmigration

Neue Formen interkultureller Literatur

Deutsch-bosnische, deutsch-ungarische und deutsch-slowenische Autoren und weitere Einzelautoren
Yoko Tawada zählt zweifelsohne zu den bekanntesten Einzelautoren, die vor dem Hintergrund ihrer individuellen Migration (hier von Japan nach Deutschland) schreiben, ohne in ein großes, geschichtsträchtiges Feld (etwa einer deutsch-japanischen Literatur) integriert zu sein. Ihr ist in dieser Einführung ein eigenes Kapitel gewidmet. Ähnliches gilt für den deutsch-bosnischen Schriftsteller Saša Stanišić (geb. 1978 in Višegrad), für die deutsch-ungarische Schriftstellerin Terésia Mora (geb. 1971 in Sopron) und für die österreichisch-slowenische Schriftstellerin Maja Haderlap (geb. 1961 in Železna Kapla/Bad Eisenkappel an der damaligen österreichisch-jugoslawischen Grenze).

Saša Stanišić verfasst seit 2001 Erzählungen, darunter *Wie Selim Hadzihalilovic zurückgekehrt ist* (2003), *Billard Kasatschok* (2005) oder *Hai

Saša Stanišić

Nuun in Veletovo (2005) sowie den Essay *Doppelpunktnomade* (2007); 2007 wurde sein Schauspiel *Go West* uraufgeführt, darüber hinaus veröffentlichte er zwei Romane, *Wie der Soldat das Grammofon repariert* (2006) und *Vor dem Fest* (2014), von denen letzterer im Jahr seiner Publikation mit dem Preis der Leipziger Buchmesse ausgezeichnet wurde. Stanišić entwirft einen Standpunkt der Transmigration und registriert zugleich interferierende, teilweise kontradiktorische Blicke und Gegenblicke, deren vielschichtige Überlappungen durchaus interessante Schlaglichter auf akute Problemfelder europäischer Selbstentwürfe werfen. Dazu zählt die Arbeit an einer gemeinsamen Memoria des jugoslawischen Bürgerkriegs, der nicht allein von den beteiligten Parteien, sondern auch von unterschiedlichen europäischen Diskursräumen aus in verschiedener Weise erinnert wird. In *Wie der Soldat das Grammofon repariert* wird aus der Perspektive des kleinen Jungen Aleksandar der Tod des vitalen und geliebten, kommunistischen Großvaters, das Ende des Machthabers Tito ebenso wie aller übrigen vergangenen, einheits- und identitätsstiftenden Größen Ex-Jugoslawiens erzählt. Dabei geht es um ein Ringen um einen neuen Standpunkt, der die naive, trotz aller Gewalt heiter bleibende Sicht des Kindes überwindet, und der schließlich von Deutschland, genauer von Essen aus, ein Jahrzehnt später neu justiert wird. Dabei wird jedoch erstens deutlich, dass die Kommunikation mit dem Raum der damaligen Erlebnisse nur scheitern kann (wie aus den Briefen an die verlorene Jugendliebe, das verwaiste blonde Mädchen Asija, deutlich wird), und zweitens, dass die Bruchstücke aus der zusammengebrochenen Kindheitswelt zwar präsent sind, aber nicht in die Realitäten und Bezugsrahmen der deutschen Gegenwartsgesellschaft hineinübersetzt werden können. Deshalb sind die im Roman eingestreuten Geschichten aus der Kindheit märchenhaft gestaltet, und der Roman als Ganzes beantwortet gerade nicht die Fragen nach der europäischen Memoria des jugoslawischen Bürgerkriegs und seiner Gewaltverbrechen, sondern zeigt sie lediglich auf und wirft den Leser auf das Ungeklärte zurück. Insgesamt nimmt der Text eine Position kritischer Transkulturalität ein.

Stanišićs Roman *Vor dem Fest* kann als ein in Deutschland verortetes Pendant zur Beschreibung des jugoslawischen Selbstverständnisses vor dem Bürgerkrieg aufgefasst werden, als letzte Momentaufnahme aus der von Europäisierung und Globalisierung noch nicht erfassten dörflichen Uckermark, die dennoch eine europäische Geschichte besitzt. In diesem Sinne hinterfragt das fiktive Dorf Fürstenfelde, das auf das ostdeutsche Fürstenwerder unweit der deutsch-polnischen Grenze anspielt, die auf den ersten Blick evozierte Vorstellung ethnischer Homogenität des ‚Deutschen'.

Terésia Mora veröffentlichte neben den Erzählungen *Seltsame Materie* (1999), unter denen *Der Fall Ophelia* im selben Jahr mit dem Ingeborg-Bachmann-Preis ausgezeichnet wurde, die ersten beiden Romane einer anspruchsvollen Trilogie um einen ostdeutschen IT-Fachmann in Zeiten neoliberaler Vermarktlichung. Bislang erschienen sind *Der einzige Mann auf dem Kontinent* (2009) und *Das Ungeheuer* (2013). Der zweite Roman, der den Deutschen Buchpreis 2013 erhielt, ist unter Gesichtspunkten der Interkulturalität von besonderem Interesse, da Flora, die aus Ungarn stammende Ehefrau des in der DDR aufgewachsenen, an das marktliberale Deutschland angepassten IT-Manns Kopp, wie sich gleich zu Beginn des Romans herausstellt, obwohl sie Selbstmord begangen hat, dennoch im Mittelpunkt der Handlung steht. So entdeckt der gescheiterte und gebrochene IT-Mann umfangreiche Aufzeichnungen in ungarischer Sprache auf Floras Laptop, woraufhin er sich auf eine Reise durch den Osten des Kontinents, nach Ungarn, Albanien, Aserbaidschan und Georgien begibt. Dabei begleitet ihn nicht nur die Asche seiner Frau, sondern er trägt auch deren Aufzeichnungen bei sich, die jeweils im unteren Bereich der einzelnen Seiten abgedruckt sind, während in der oberen Hälfte die Autoreise Darius Kopps geschildert wird. Diese Mehrstimmigkeit und der Hinweis, dass die Aufzeichnungen sich zunächst durch die fremde Sprache, das Ungarische, dem Zugang entziehen, machen das interkulturelle Potential deutlich. Wie in vielen der hier angesprochenen Texte aus der deutsch-russischen und deutsch-ukrainischen Literatur erweist sich auch hier, dass sich im Leben des deutsch-deutschen Protagonisten Transkulturalität und Mehrsprachigkeit eingestellt haben, ohne dass er dessen gewahr wurde.

Maja Haderlap ist nicht allein Verfasserin deutsch-slowenischer Literatur, sondern auch eines Hörspiels, *Der Papalagi* (1990), welchem *Der Papalagi. Die Reden des Südseehäuptlings Tuiavii aus Tiavea* von Erich Scheurmann (1920) zugrunde liegt. Scheurmann hatte seinerseits auf Hans Paasches *Die Forschungsreise des Afrikaners Lukanga Mukara ins innerste Deutschland* (1912/1913) als Vorlage zurückgegriffen. Haderlaps Werk stellt Bezüge zwischen der deutschen Kolonialgeschichte und der europäischen Minderheiten- und Migrationsgeschichte her. Dies gilt insbesondere für Machtgefälle und das Spiel mit Eigen- und (fingierten) Gegenblicken. Mit dem Ingeborg-Bachmann-Preis ausgezeichnet wurde der Roman *Engel des Vergessens* (2011), der von der Geschichte der Slowenen im Zentrum Europas, in den Bergdörfern an Kärntens Grenze zu Slowenien und damit auch im Zentrum der Kriege des 20. Jahrhunderts, erzählt. Wie auch Stanišić wehrt sich Haderlap gegen Zuschreibungen, die Migrationsliteratur auf die mit den geographischen, räumlichen Veränderungen einhergehenden Erfahrungen festlegen wollen.

Maja Haderlap

Interkulturelle Literatur deutsch-jüdischer Autoren: Elias Canetti

Ganz anders verhält es sich mit einer Vielzahl mehrsprachiger Schriftsteller, die nach dem Ende des Zweiten Weltkriegs als europäische kritische Intellektuelle in Erscheinung getreten sind und von Ost- nach Westeuropa ins Exil gingen bzw. sich dazu entschlossen, aufgrund der zunehmend restriktiven Bedingungen für das literarische Schreiben in Osteuropa, nach Deutschland, Österreich oder Frankreich zu emigrieren. Zu ihnen zählen Elias Canetti (1905–1994), Paul Celan (1920–1970), Rose Ausländer (1901–1988), Alfred Gong (1920–1981), Ilana Shmueli (1924–2011) oder Moses Rosenkranz (1904–2003) und weitere deutsch-jüdische Schriftsteller, die überwiegend aus den östlichen Gebieten der österreichisch-ungarischen Monarchie stammten. Der Hauptgesichtspunkt, unter dem die Literatur dieser Schriftstellerinnen und Schriftsteller diskutiert wird, ist das Spannungsverhältnis zwischen ihrem deutschsprachigen Schreiben im europäischen Osten und der über sie hereinbrechenden Verfolgung im Nationalsozialismus, auf die sie als Überlebende in ihren deutschsprachigen Texten zurückblicken. Die genannten Schriftsteller sind zudem aber auch alle mehrsprachig aufgewach-

Kritische mehrsprachige Intellektuelle aus Osteuropa

sen und traten durch Übersetzungen aus zahlreichen europäischen Literaturen in Erscheinung – allen voran Paul Celan, der u.a. aus der englischen, russischen, französischen, jiddischen und rumänischen Literatur übersetzte; seine Vielsprachigkeit floss in viele seiner Gedichte ein. Die Lyrikerin Rose Ausländer, deren Vater aus dem orthodox aschkenasischen Sadagora kam, lebte zunächst in Czernowitz, wanderte in die USA aus, kehrte aber 1939 in die Bukowina zurück, wo sie in einem Versteck im Czernowitzer Ghetto überlebte. Sie gelangte schließlich 1965 nach einem weiteren, in New York verbrachten Lebensabschnitt nach Düsseldorf, wo sie bis 1988 lebte und schrieb. Über das Leben im Transit, über Begegnungen mit und durch Mehrsprachigkeit in Europa und den USA aber auch über die antisemitische Verfolgung im Nationalsozialismus sprechen die Gedichtbände *Ohne Visum* (1974), *Aschensommer* (1978), *Mutterland* (1978) und *Im Atemhaus wohnen* (1981). Die Texte dieser deutsch-jüdischen Schriftsteller sind auch als interkulturelle Literatur interessant, zumal ihre Werke oftmals unterschiedliche kulturelle Rahmungen aufeinander beziehen, Mehrsprachigkeit einsetzen und mit ihrer Neuinterpretation der Verhältnisse in dem österreichisch-ungarischen ‚Vielvölkerstaat' Schlaglichter auf das heutige Europa der Migrationen und der interkulturellen Begegnungen werfen.

Elias Canetti

Exemplarisch für diese Autoren wird hier näher auf den hervorragenden Erzähler und Essayist Elias Canetti eingegangen, der 1981 mit dem Nobelpreis für Literatur ausgezeichnet wurde. Geboren wurde er 1905 in Ruse, einer Stadt am bulgarischen Ufer der Donau – in diesem Teil Europas Grenzfluss zwischen Bulgarien und Rumänien – in einer sephardischen jüdischen Familie, deren Vorfahren nach der spanischen Conquista und der Vertreibung der arabischen Herrscher aus Spanien 1492 wie viele dort ansässige Juden ins Osmanische Reich geflohen waren. In Ruse wuchs Canetti mehrsprachig (sephardisch, bulgarisch, rumänisch), später englisch und französisch, in Wien auch deutsch auf. Nach dem Tod seines Vaters ging Elias Canetti 1912 mit seiner Mutter nach Wien, 1916 in die Schweiz, 1923 nach Frankfurt am Main, dann wieder nach Wien, Berlin und schließlich vor Ausbruch des Zweiten Weltkriegs auf der Flucht vor dem Nationalsozialismus nach London. Von 1972 bis 1994 lebte und schrieb Canetti in Zürich. Unter Gesichtspunkten von Interkulturalität sind vor allem seine autobiographischen Schriften *Die gerettete Zunge* (1977), *Die Fackel im Ohr* (1980) und *Das Augenspiel* (1985) zu nennen, in denen die Erinnerungen an die österreichisch-ungarische Monarchie sowie die Impressionen zur Mehrsprachigkeit und zum Spracherwerb des Deutschen als Heranwachsender in Wien eine wichtige Rolle spielen. Es ist bemerkenswert, dass mit Elias Canetti ein deutschsprachiger Schriftsteller, der kein Muttersprachler war, im Jahr 1981 mit dem Nobelpreis für Literatur ausgezeichnet wurde.

Autobiographische Schriften

Masse und Macht

Zu den Hauptwerken Canettis zählt *Masse und Macht*, eine anthropologische und sozialhistorische Studie, die sich unter anderem mit Ritualen, Totemismus und Formen religiöser Trance befasst. Canetti bekennt sich zu seiner Faszination für das Primitive und verwendet in seinem Denken und Schreiben, insbesondere in *Masse und Macht* primitivistische Figurationen. ‚Hetzmeute', ‚Jagdmeute' oder ‚Trauermeute' seien demzufolge Formen der Kollektivierung, die sich unmittelbar in ihrem Zustandekommen des Individuums und seiner Affekte bemächtigten, und denen sich der Einzelne auch im vermeintlich zivilisierten Europa des 20. Jahrhunderts nicht entziehen könne. Auslösendes Erlebnis für das Denken der Masse war der Justizpalastbrand in Wien 1927, zu dem es kurz nach der Erstürmung des Justizgebäudes durch eine überwiegend aus Sozialdemokraten bestehende Menschenmenge (der auch Canetti selbst angehörte) kam. Das Gericht hatte zuvor nationalistische Täter freigesprochen, die für den Tod Unschuldiger verantwortlich waren. Canetti typologisiert in *Masse und Macht* alle Erscheinungsformen von Kultur, Religion und Zivilisation sowie das Gefühl des Aufgehoben-Seins in der Masse. Die Masse überschreibt Individualität und bildet unterschiedliche Formen der Kristallisation oder Agglutination heraus, sodass die Kulturgeschichte der Menschheit demzufolge zu einem großen Anteil aus Transformationen unterschiedlicher Ausprägungen der Masse der Lebendigen und ihrer Relation zur Masse der Toten besteht. Canetti rezipiert und bearbeitet in *Masse und Macht* zahlreiche ethnographische Arbeiten, die Massen-Rituale in Afrika beschreiben, es finden sich Bezüge zu Marcel Mauss, Lucien Lévy-Bruhl, Mircea Eliade sowie vor allem zu Claude Lévy-Strauss und weiteren Ethnologen, Soziologen und Religionshistorikern, die ‚rites de passage' (Inititationsrituale in einzelnen Lebensetappen), kollektive Trance-Erlebnisse durch Tanz oder auch Krieg und weitere Formen aggressiven kollektiven Handelns bei afrikanischen Völkern untersuchen und beschreiben. So befasst er sich beispielsweise mit dem durch eine Prophezeiung ausgelösten massenhaften Handeln der Xhosa, einem der großen und bedeutenden Völker Südafrikas, das durch koloniale Herrschaft und Siedlungskonflikte mit den Buren immer mehr Land abtreten musste. Dieser Prophezeiung, die besagt, dass die Toten zurückkehren und die englischen Kolonialherren vertreiben würden, wenn die Xhosa ihre Herden töteten und somit ihre Nahrungsgrundlage vollständig vernichten würden, leisteten die Xhosa 1856 und 1857 Folge, woraufhin eine schwere Hungersnot das Volk dezimierte. Canetti entwirft Bezüge zwischen solchen kollektiven Handlungen und den großen Vertreibungen und Verfolgungen in der europäischen Geschichte, der gerade Juden in besonderem Maße ausgesetzt waren, und schließlich auch zu bestimmten Facetten des Nationalsozialismus, insbesondere seinen Erscheinungsformen als ‚Massenbewegung'.

Canettis Schriften zeichnen sich durch ihre globale Perspektive aus, durch subtile Bezüge zwischen Diskursräumen und kollektiven Selbstentwürfen, durch originelle Arrangements von individuell Gefühltem, Gedachtem und Gelesenem sowie eigenen Theorien.

Dies gilt auch für *Die Stimmen von Marrakesch* (1967), den von Canetti fiktionalisierten Reiseaufzeichnungen aus Marokko, bei denen Canetti ein Filmteam begleitete (Durzak 2000). In den 14 Kapiteln geht es um eine interkulturelle Begegnung mit diesem Land, das der Reisende nicht ‚verstehen' will, demgegenüber er vielmehr eine anerkennende, respektvolle Annäherung sucht. Dabei stößt er auf die wichtigsten Etappen der Geschichte Marokkos, zu der auch die Einwanderung von aus Spanien vertriebenen Juden und ihre Ansiedlung in der Mellah, den jüdischen Vierteln marokkanischer Städte, gehört – für Canetti eine Begegnung mit Menschen, die auch seine Vorfahren hätten sein können. Die jüdische Bevölkerung sah sich jedoch nach Ende des Zweiten Weltkriegs zunehmend gezwungen, nach Palästina auszureisen. Daneben spricht er die Narben der beiden Weltkriege

Die Stimmen von Marrakesch

an, in die Marokko durch die koloniale Regierung hineingezogen wurde, darüber hinaus das Verhältnis zwischen Beduinen und städtischen Bewohnern sowie den Umgang mit Versehrten und geistig Kranken oder Traumatisierten. Dabei thematisiert er ständig einen noch unverstandenen Rest, der zum Leben in Marrakesch für alle und erst recht für den Hinzugekommenen dazu gehört und in den Begegnungen des Erzählers mit Menschen in den unterschiedlichen Stadtteilen, aber auch im Zusammentreffen der Stadtbewohner mit ihren verschiedenen sprachlichen, religiösen und kulturellen Hintergründen präsent ist. Einzelne Stellen können Anlass dazu geben, Eurozentrismus oder Orientalismus zu bemängeln, insgesamt entwirft der Text aber ein auf einen gemeinsamen Hintergrund bezogenes Feld von Differenzen, innerhalb dessen die Erzähler-Stimme keine höher gestellte Position besitzt, sodass kein ausgeprägt machtasymmetrisches Blickregime vorliegt.

Deutschsprachige Literatur von Sinti und Roma

Memoria des Porrajmos

Die Literatur von Sinti und Roma blickt auf dem Gebiet Deutschlands auf die sechshundert Jahre alte Geschichte der deutschen Sinti zurück, insofern seither die kontinuierliche Präsenz der Sinti auf diesem Gebiet attestiert ist. Erst in den letzten Jahren entstand ein wachsendes Bewusstsein für den Völkermord an den Sinti und Roma während des Nationalsozialismus, und damit kamen Fragen nach der ‚Memoria' des Porrajmos (so lautet ein Begriff für den Holocaust im Romanes) auf (Uerlings 2013, S.459–481). Die Sinti und die zunächst überwiegend in Osteuropa lebenden Roma, denen die mit dem Sanskrit verwandte Sprache Romanes gemeinsam ist, sind eine in Deutschland seit 1995 offiziell anerkannte ethnische Minderheit, nachdem sich ab den 1970er Jahren eine Bürgerrechtsbewegung der deutschen Sinti und Roma formierte und 1982 der Zentralrat der Sinti und Roma in Deutschland ins Leben gerufen wurde. Erst nach 1945 entstand schriftlich fixierte Literatur von Sinti und Roma, davor überwog die mündliche Überlieferung von Erzählungen. Ab den 1970er Jahren verfassten Schriftstellerinnen und Schriftsteller, die die nationalsozialistische Stigmatisierung als ‚Zigeuner', die Verfolgung und die Inhaftierung in Konzentrationslager überlebt hatten und die Ermordung ihrer Angehörigen miterleben mussten, Autobiographien und Erinnerungsliteratur sowie fiktionale Texte (Bogdal 2011, S. 442–478). Zu den wichtigsten Autoren zählt Ceija Stojka (1933–2013), die in der Steiermark aufwuchs, die Konzentrationslager Auschwitz-Birkenau, Ravensbrück und Bergen-Belsen überlebte und nach der Befreiung überwiegend in Wien lebte. Ihre Texte setzen sich mit der aus der Literatur jüdischer Überlebender bekannten Problematik der Möglichkeiten und Grenzen des Sprechens über den Holocaust auseinander. Stojka gelingen eindrucksvolle Szenen, häufig aus der Perspektive eines im Konzentrationslager heranwachsenden Kindes verfasst, die mit Erinnerungen an die Zeit vor Kriegsausbruch kontrastieren. Insbesondere *Wir leben im Verborgenen. Erinnerungen einer Rom-Zigeunerin* (1988) und *Reisende auf dieser Welt* (1992) sind unter diesen Gesichtspunkten bedeutsam. Die Rückblenden in eine Zeit, die Stojka selbst nicht aus eigener Erfahrung kannte, wurden in der Forschung daraufhin befragt, ob es sich nicht um Selbstexotisierung handle; die fiktionalen Erinnerungsbruchstücke von Erzähltem erfüllen jedoch die Funktion, darzulegen, dass tatsächlich ein als Gemeinschaft emp-

Ceija Stojka

fundener Kommunikationsraum und damit eine Gruppe von Rom-Lovara existierte, die sich auf einen gemeinsamen kollektiven Selbstentwurf berief. Auf die Kontrastierung von Inklusionserlebnissen im engeren Umfeld mit Stigmatisierung und Verfolgung zielen auch Texte der deutschen Sintizza Philomena Franz (geb. 1922), die bis 1938 die Mädchenoberschule in Stuttgart besuchte und während des Nationalsozialismus, wie Stojka, die Konzentrationslager Auschwitz-Birkenau und Ravensbrück überlebte. Große Beachtung fand ihre Autobiographie *Zwischen Liebe und Hass. Ein Zigeunerleben* (1985), wobei hier noch ausgeprägter als bei Stojka eine Selbstethnisierung als ‚Zigeunerin' erfolgt. Nichtsdestotrotz leisten diese Schriften einen wichtigen Beitrag zur Erinnerung an die Geschichte deutscher Sinti, die aufgrund von verwandtschaftlichen und beruflichen Verbindungen nach Frankreich und in weitere europäische Länder neuartige Blicke auf die Mikrogeschichte Europas in Grenzregionen werfen. Aussagekräftige Beiträge zur Erinnerung an das Zusammenleben von Deutschen und Sinti enthält daneben die Autobiographie von Walter Winter, *WinterZeit. Erinnerungen eines deutschen Sinto, der Auschwitz überlebt hat* (1999).

<small>Philomena Franz</small>

<small>Walter Winter</small>

Diese autofiktionalen Texte ringen um eine kollektive und individuelle Selbstverortung, die zugleich Differenz (als Sinti bzw. Roma) und fraglose Zugehörigkeit zu Deutschland bzw. Österreich gewährleistet. Dabei setzen sie sich mit einem Dilemma auseinander, welches teilweise auch die Literatur der Migration (z. B. die deutsch-türkische Literatur) sowie die Literatur der ehemals Kolonisierten beschäftigt hat. Gemeint ist die Frage, inwiefern das Einfordern von Anerkennung als Sinti bzw. Roma es nach sich zieht, dass die Grenzziehung zwischen ‚Sinti' und ‚Deutschen' sich verfestigt, während der Verzicht auf Anerkennung und Ansprache als Angehörige der Minderheit letztlich zu einer Totalassimilation und zum Verschwinden all jener Lebensformen, Erinnerungen und Sprachen führt, die die Mehrheitsgesellschaft vernichten und auslöschen wollte (Taylor 1995).

Weitere Konstellationen interkultureller Literatur in der DDR, BRD und Deutschland: Hans Christoph Buch und Hubert Fichte

Nach 1945 wurde die interkulturelle Dimension der Literatur, die durch Avantgarde-Bewegungen wie Dada und Surrealismus bis in die Zeit der Weimarer Republik begünstigt wurde, durch den ‚Eisernen Vorhang' und das bipolare politische System zurückgedrängt. Der europäische Osten litt unter der staatlichen Kontrolle der Literatur und Kunst, die von Land zu Land unterschiedlich drastisch ausfiel und auch Zeiten relativer Entspannung kannte. Insgesamt wurde aber eine mögliche Erholung der Avantgarde-Bewegungen, insbesondere des stark international ausgerichteten Bukarester Surrealismus um Gellu Naum, im Keim erstickt. Durch die fast ein halbes Jahrhundert anhaltende Periode der Trennung osteuropäischer von den weiteren europäischen Literaturen wurden produktive Transfers und wechselseitige Bezugnahmen sowie ost-west-europäische Schriftsteller-Konstellationen, die vor dem Zweiten Weltkrieg im Dada und dem Surrealismus die Regel waren, verunmöglicht.

<small>Zurückdrängung der Avantgarde-Bewegungen</small>

Infolge der anhaltenden Realität des ‚Eisernen Vorhangs' ging das interkulturelle Selbstverständnis der Literatur, das sich bereits während der Avantgarde-Bewegungen herausgebildet hatte, weitgehend verloren und ein nationales Selbstverständnis der Literaturen erstarkte. Dem Staatswillen zufolge sollte im europäischen Osten die Literaturdoktrin des Sozialistischen Realismus in unterschiedlichen Varianten (wie etwa der des Bitterfelder Wegs in der DDR) prägend werden. Lediglich Bezugnahmen auf die Literaturen der Staaten des Warschauer Pakts (Sowjetunion, DDR, Jugoslawien, Tschechoslowakei, Polen, Rumänien, Bulgarien und Albanien) waren erwünscht – eine Zwangsvorgabe, die der literarischen Eigenlogik nur widerstreben konnte und sich als wenig produktiv erwies. Ein solcher staatlicher Übergriff mit dem Anspruch, nicht allein die Institutionen des Literaturbetriebs, sondern auch die Literaturproduktion vollständig zu kontrollieren, zu zensieren und die literarische Autonomie der erzieherischen Absicht unterzuordnen, fiel hinter den von der Literatur erreichten Ausdifferenzierungsgrad zurück, wurde als Anachronismus empfunden und führte bei manchen Schriftstellern zu Versuchen des Widerstands und der Subversion. Die Möglichkeiten, unter diesen Bedingungen interkulturelle Literatur zu verfassen und zu veröffentlichen, waren begrenzt. Hauptsächlich unter den Vorzeichen der Kolonialismuskritik verfassten DDR-Autoren wie Heiner Müller, Christa Wolf und Volker Braun Texte, die sich auf der Hintergrundfolie des antiken Mythos von Jason und dem Raub des Goldenen Vlieses aus Kolchis mit der Illegitimität kolonialer Übergriffe befassten, wobei diese Literatur durchaus mit der sozialistischen Kritik am Kolonialismus als Begleiterscheinung des Kapitalismus konform ging und darüber hinaus nicht frei von Exotismus war (Uerlings 2012).

Interkulturelle Literatur entstand vor diesem Hintergrund also in der Zeit zwischen 1945 und 1989 vor allem außerhalb des Ostblocks. Neben den Schriftstellerinnen und Schriftstellern, die selbst Migrationserfahrungen hatten, schrieben auch bundesdeutsche und österreichische Schriftsteller mit entlegenen familiären Bindungen zu außereuropäischen Kulturräumen (wie Hans Christoph Buch) sowie solche, die sich länger in außereuropäischen Ländern aufgehalten (wie Hubert Fichte) oder sich intensiv mit interkulturellen Konstellationen befasst haben, Texte, die der interkulturellen Literatur zugerechnet werden können. Ein Beispiel für Letzteres findet sich unschwer in Ingeborg Bachmann, die geschlechtliche und ethnische Asymmetrien innerhalb Europas, aber auch im afrikanisch-europäischen Verhältnis darstellt und die vielfältigen Interferenzen zwischen diesen Repräsentationsregimes insbesondere in dem Fragment *Der Fall Franza* (1966/1978) durchleuchtet. Buch und Fichte zählen demgegenüber zu den Autoren, die sich durch lange Aufenthalte vor Ort selbst in das Geschehen außereuropäischer Gesellschaften über längere Zeiträume involviert haben.

Hubert Fichte

Hubert Fichte (1935–1986) verbrachte mehrere Jahre in Lateinamerika und der Karibik, namentlich in Brasilien, Argentinien (wo er Jorge Luis Borges kennen lernte), Chile (wo er Salvador Allende traf), Trinidad, Haiti, in der Dominikanischen Republik, aber auch in den afrikanischen Ländern Tansania und Äthiopien. Fichte entwickelte auf diesen außereuropäischen Kontinenten eine eigene Form der interkulturellen Poetik, die er Ethnopoesie nannte. Ein wesentliches Merkmal der ‚Ethnopoesie' sind ausführliche Interviews, die Hubert Fichte mit Menschen aus den afrokaribischen oder lateinamerikanischen Diskursräumen führte, wobei er ihre Stimmen in die Texte einfließen ließ. Fichte hatte sich 1971 in Bahia intensiv dem Studium afrobrasilianischer Religionen und Kulte gewidmet und mit brasilianischen Ethnologen wie Sergio Ferretti zusammengearbeitet. Dabei entstanden die Texte *Xango. Die afroamerikanischen Religionen II. Bahia. Haiti. Trinidad* (1976), *Petersilie. Die afroamerikanischen Religionen IV. Santo Domingo. Venezuela. Miami. Grenada* (1980) sowie *Psyche. Anmerkungen zur Psychiatrie in Senegal* (1980). Die Bücher erkunden den Selbst- und Weltbezug der Menschen in Lateinamerika und der Karibik bzw. in Afrika ausgehend von deren Religionen und Ritualen, die das Erleben tief zu prägen scheinen, wenngleich sie den Befragten nicht als propositionales Wissen vermittelt wurden oder präsent sind. Während Sergio Ferretti ethnologische Arbeiten über das kultische Geschehen in der sogenannten ‚Casa das Minas', dem Haus der Mina, verfasste und untersuchte, wie diese Kulte mit dem gesellschaftlichen Wandel in Lateinamerika vereinbar und inwiefern Erfahrungen und Erzählmuster aus Afrika in ihnen enthalten waren, versuchte Hubert Fichte, sich den einzelnen Menschen, ihrem Erleben, ihren Werten und Lebensvorstellungen anzunähern und ihre Stimmen poetisch zu verdichten. So nimmt dementsprechend in Texten wie *Explosion. Roman der Ethnologie* (1993) eine Erzähler-Imago namens Jäcki eine Haltung der vorsichtigen, genau beobachtenden Annäherung ein.

Einmontierte Stimmen aus afroamerikanischen und lateinamerikanischen Diskursräumen

Poetische Verdichtung der Stimmen

Ein anschauliches Beispiel für die ‚Ethnopoesie' findet sich in *Das Haus der Mina in São Luiz de Maranhão. Materialien zum Studium religiösen Verhaltens, zusammen mit Sergio Ferretti* (1989). Aus Hubert Fichtes Auseinandersetzung mit den Kulten des Candomblé, in diesem Falle des Macumba, im Haus der Mina in der Stadt São Luís, der Hauptstadt des brasilianischen Bundesstaates Maranhão, ist eine Stimmencollage entstanden, in der die weiblichen Angehörigen der matriarchalen ‚heiligen Familien' zu Wort kommen. In den Kulten der Mina, deren Name auf eine im 19. Jahrhundert als Sklaven nach Lateinamerika verschleppte ethnische Gruppe aus Westafrika zurückverweist, geht es darum, dass dazu berufene Priesterinnen, die Vodunci, im Zustand der Trance die Voduns genannten göttlichen Wesen empfangen; der Kultus wird aber zunehmend vernachlässigt. Hubert Fichte grenzt sich in seiner Annäherung an diese ‚andere Realität' von dem Diktat der Wissenschaftlichkeit ab und verhandelt sehr grundsätzliche Fragen nach Wahrheit, Religion und dem In-der-Welt-Sein, ohne zu implizieren, dass die Selbstverortung der Mina weniger richtig sei als jene der Europäer. Um ähnliche Fragen und Probleme geht es bereits in Fichtes *Xango* (1976). Die Fichte-Forschung geht heute davon aus, dass die Ethnopoesie Aspekte der kulturanthropologischen Wende, die mit James Cliffords *Writing Culture: The Poetics and Politics of Ethnography* 1986 eingeläutet wurde, vorwegnahm, insofern das Machtgefälle und die Trennlinie zwischen Beobachter und Beobachteten relativiert oder aufgehoben werden. Nichtsdestotrotz gibt es in Fichtes Werk auch Passagen, in denen geschlechtliche Asymmetrien auftauchen, die zwischen kolonialen Reminiszenzen und kritischer Selbstreflexion oszillieren.

Kulte des Candomblé

Annäherungen an eine ‚andere Realität'

Hans Christoph Buch
Hans Christoph Buch, 1944 in Wetzlar geboren, hat sich wie Hubert Fichte als einer der wenigen Schriftsteller der Nachkriegszeit den Überlieferungen,

Religionen und Traditionen im ehemals kolonisierten Lateinamerika und Afrika, insbesondere den afroamerikanischen Traditionen der Karibik zugewandt. Buch, dessen Großmutter Haitianerin gewesen ist, hatte sich zuvor für längere Zeit in diesen Ländern aufgehalten. Zahlreiche Texte Buchs thematisieren die Verhältnisse in ehemaligen Kolonien und hinterfragen, inwiefern Begegnungen zwischen Europäern und ehemals Kolonisierten die durch den Kolonialismus etablierten Machtgefälle und das asymmetrische Blickregime überwinden können, wobei die Antworten meist skeptisch ausfallen. Zu den am meisten diskutierten Texten des überaus produktiven Buch zählt *Haiti Chérie* (1990), ein ironischer Text, der die Erlebnisse der „Tante Erzulie" schildert, wobei sich Letztere als eine Wiedergänger-Gestalt erweist, die alle Stationen der Geschichte Haitis, die mit jener Europas eng verwoben sind – von dem kolonialen Völkermord durch die spanischen Eroberer bis hin zum Zweiten Weltkrieg – miterlebt hat. Die widerständige Wiedergänger-Figur lässt sich korrumpieren und irritiert dabei gleichzeitig die Eroberer, indem sie die Gestalt Paul Lafargues, des haitianischen Ehemanns von Laura Marx, und im zwanzigsten Jahrhundert die Josephine Bakers und Eva Brauns annimmt. Mit seinen grotesken Zügen rückt *Haiti Chérie* einerseits den Kolonialismus in ein kritisches Licht und lässt ihn als hoch problematische Form interkultureller Begegnung erscheinen, die das Verhältnis Europas zu Afrika, der Karibik und Lateinamerika über Jahrhunderte geprägt hat. Andererseits scheint diese Groteske mancherorts die Muster kolonialen Denkens nicht ganz auszuhebeln.

Haiti Chérie: Dimensionen und Grenzen der Groteske

In *Kain und Abel in Afrika* (2001), einem Text, der sich mit dem Völkermord der Tutsi an den Hutu in Ruanda befasst und in diesem Zusammenhang die europäische, gerade auch die deutsche Kolonialgeschichte in Afrika anspricht, werden subtile und augenscheinliche Bezüge zwischen der ausgebrochenen ethnisch codierten Gewalt und der Kolonialzeit offengelegt, ohne dass ein allzu einfaches Ursachenschema für den Ruandischen Völkermord bereitgestellt würde. Vielmehr thematisiert der Roman auch die Verstrickung von Europäern, die sich der Rolle der ‚Kolonialherren' verweigerten, in Machtasymmetrien, die in den einmal etablierten kolonialen Strukturen in Afrika kaum zu umgehen waren. Diesem Zusammenhang gilt die inserierte Episode um den Arzt Richard Kandt, der 1897 nach Ostafrika reiste, um einen Auftrag zu erfüllen, ohne für sich selbst aus der kolonialen Begegnung Vorteile anzustreben, und dennoch seine ‚Unschuld' gegenüber den Kolonisierten nicht wahren kann. Auf der anderen Seite wird der Völkermord so dargestellt, dass deutlich wird, dass das grausame Massaker zwar auch, aber eben nicht allein auf den Kolonialismus zurückzuführen ist. Hans Christoph Buchs Texten wurde dabei noch häufiger als jenen Fichtes vorgehalten, Repräsentationsgewohnheiten des Exotismus stellenweise noch im Gestus der Selbstreflexion zu perpetuieren.

Kain und Abel in Afrika: Verstrickung in koloniale Strukturen

Zwischen Selbstreflexion und Perpetuierung des Exotismus

Von diesen in der Einzelinterpretation zu klärenden Fragen abgesehen, haben Hans Christoph Buch und Hubert Fichte intensiv und in differenzierter Weise interkulturelle postkoloniale Literatur verfasst, die sich mit der europäischen – auch deutschen – Geschichte des Kolonialismus auseinandersetzt und mit Verfahren der Multiperspektivik, der Ironie und Groteske, vor allem aber der Stimmenvielfalt experimentiert, was insbesondere in Hubert Fichtes Ethnopoesie vielerorts gelingt.

Experimentelle Stimmenvielfalt

VI. Exemplarische Textanalysen

Die folgenden Ausführungen veranschaulichen die Befunde des vorigen Kapitels anhand konkreter Textanalysen. Die besondere Stellung von Emine Sevgi Özdamar in der interkulturellen deutschsprachigen Gegenwartsliteratur, die Tatsache, dass sie diesem Zweig aktueller literarischer Diskurse zum Durchbruch verholfen hat, bedingt, dass zwei ihrer Romane vorgestellt werden. Im Weiteren geht es um einen essayistischen Text von Zafer Şenocak und mit Romanen von Sherko Fatah und Navid Kermani um die Literatur von Autoren aus dem Nahen Osten. Als weitere herausragende Vertreter der von uns präsentierten Literatur werden Texte der Nobelpreisträgerin Herta Müller, der Japanerin Yoko Tawada sowie des wahrhaft kosmopolitischen Ilija Trojanow behandelt. Auch hier zeigt sich in der Bandbreite der Textbeispiele die verblüffende Vielfalt der interkulturellen deutschsprachigen Gegenwartsliteratur.

1. Deutsch-türkische, deutsch-arabische und deutsch-iranische Literatur

1.1 Emine Sevgi Özdamar: Das Leben ist eine Karawanserei, hat zwei Türen, aus einer kam ich rein, aus der anderen ging ich raus *(1992)*

Mit diesem Roman schaffte nicht nur Emine Sevgi Özdamar den Durchbruch; vielmehr gelang es der 1946 in Malatya in der Türkei geborenen und seit 1965 mit Unterbrechungen in Deutschland lebenden Schriftstellerin und Schauspielerin, die Literatur von Autoren und Autorinnen mit türkischer Herkunft aus dem literarischen Ghetto der ‚Gastarbeiterliteratur' zu befreien. Als Özdamar 1991 beim Ingeborg Bachmann-Preis-Lesen mit einem Kapitel aus diesem Roman einen der renommiertesten deutschsprachigen Literaturpreise gewann, wurde ihr Text aus literarischen Gründen ausgezeichnet und nicht – wie dies oft vorher bei Autorinnen und Autoren nichtdeutscher Herkunft der Fall gewesen war – als ein Dokument von Unterdrückung und Betroffenheit von oben herab gelobt. Obwohl der ‚Hype' um die Autorin auch in problematischer Weise auf ihre ‚orientalische' Herkunft rekurrierte, gelang es ihr doch, mit ihrer spezifischen Sprache und ihren originellen Bildern der deutschen Literatur neue Dimensionen zu erschließen.

Özdamar als Bachmann-Preisträgerin

Thematisch befasst sich der Text, der viele Parallelen zur Biographie der Autorin aufweist, mit der Kindheit und Jugend eines jungen Mädchens in verschiedenen Städten der Türkei, welche diese in den 1950er und 1960er Jahren erlebt. Charakterisiert erscheinen diese Zeit und diese Vita durch starke Spannungen zwischen Tradition und Moderne, zwischen der Einbindung in überlieferte Lebensformen und der Suche nach Selbstbestimmung und Autonomie. Diese ist gerade für die jugendliche Ich-Erzählerin zentral. Von entscheidender Bedeutung ist dabei, dass der Roman zwar auch die

Tradition und Moderne

von westlichen, vor allem amerikanischen Einflüssen vermittelten Modernisierungsschübe der Türkei in der erwähnten Periode beschreibt, dass er aber insbesondere und vor allem Spannungen und Entwicklungstendenzen schildert, bei denen die ‚orientalische' Kultur der Türkei in ihren immanenten Spannungen und ihren eigenen, zu einer speziellen Form der Modernisierung strebenden Entwicklungstendenzen gezeigt wird. Volkstümliches Wissen, Sprichwörter, Aberglaube, religiöse Litaneien und Formeln, traditionelle literarische Texte aus Persien und Arabien – all dieses Material verarbeitet der Roman, und all dies zeigt die Komplexität und Vielschichtigkeit der traditionellen türkischen Gesellschaft. Das Erzählen und die Beschwörungsformeln, die sich mit dem Tod auseinandersetzen, das gemeinsame Bad der Frauen im Badehaus, im ‚Mösenplaneten', die Geschichte von Leyla und Mecnun, die von der universalen Kraft der Liebe handelt, ein trinkfreudiger Vater, der sich an die Raki trinkenden Heiligen erinnert – all dies sind poetische Auseinandersetzungen mit einer Gesellschaft, die trotz scheinbarer Immobilität in einem ständigen Wandel begriffen ist. Und auf diese Gesellschaft treffen die Modernisierungsbestrebungen der kemalistischen Staatspartei und der amerikanischen Kultur, die sich vor allem im Kino und in den Luxuskarossen der Straßen zeigen. Während die Großmutter die bunte Welt der Tradition verkörpert, repräsentiert der Vater, der als glückloser Bauunternehmer von einem Ort zum anderen zieht, die Moderne, die mit dem Nützlichkeitsdenken und einer Vergötterung der Technik verbunden ist.

<small>Komplexität der Tradition</small>

All die skizzierte Vielfalt divergierender Tendenzen und Einflüsse verbindet sich in der Ich-Erzählerin, die in einem komplexen sprachlichen Gebilde das Auseinandertreibende zusammenzuhalten sucht. Inhaltlich geht es ihr darum, als junge Frau Selbstbestimmung und Autonomie zu erwerben, ohne sich von den Grundlagen der traditionellen Kultur zu entfernen. Dass dies in der erzählten Lebensgeschichte kaum gelingen will, zeigt der Suizidversuch der Protagonistin. Literarisch gelingt aber das unmöglich Scheinende, indem der Roman, dem Modell ästhetisch-literarischer Hybridisierung folgend, die verschiedensten sprachlichen Dimensionen aufnimmt und verbindet. Und all dies versammelt sich in der deutschen Sprache, die durch die wörtliche Übernahme türkischer Redewendungen (Xenoglossie) und durch die Übernahme fremder Bildlichkeit (wie schon im Titel des Romans) selbst hybridisiert und verfremdet wird. Aber das Fremde wird nicht in orientalisierender Perspektive als statisch und unveränderlich dargestellt; es zeigt sich als beweglich, veränderbar und kontrovers, indem es durch das Bewusstsein einer Figur gefiltert wird, die sich selber in der Auseinandersetzung zwischen Tradition und Moderne neu definieren und als hybrides Bewusstsein neu erfinden muss. Die deutschen Leser wurden zunächst sicherlich durch das vermeintlich Exotische angezogen, aber schließlich durch die komplexe literarische Konzeption überzeugt, mit der es der Autorin gelungen ist, türkische Kultur nicht als eine essentialistisch gedeutete feste Größe vorzustellen, sondern als eine lebendige Grundlage einer konkreten menschlichen Existenz, die in brillanter sprachlicher Gestaltung vor den Augen der deutschen Leserinnen und Leser lebendig wird und diesen Gelegenheit gibt, über die eigene Stellung zwischen Tradition und Moderne, zwischen Leben und Tod, zwischen Liebe und Hass zu reflektieren.

<small>Özdamars Sprache</small>

1.2 Emine Sevgi Özdamar: Die Brücke vom Goldenen Horn (1998)

Der Roman setzt die in *Das Leben ist eine Karawanserei* (1992) begonnene autobiographisch inspirierte Erzählung von Erfahrungen einer jungen Türkin fort, die hier in eine Migrationserzählung einmündet. Die anonym bleibende Ich-Erzählerin geht 1965 nach Deutschland, um sich durch Fabrikarbeit das Geld für eine Schauspielschule zu verdienen, gelangt in den Umkreis der 1968er Bewegung, erlebt eine erotische Begegnung in Paris und setzt nach einem kurzen Aufenthalt in Istanbul ihren Deutschlandaufenthalt fort. Im zweiten Teil des Romans lebt die Protagonistin in linken Intellektuellenzirkeln in Istanbul, macht eine Reise nach Anatolien, auf der sie die Menschen in der Provinz aufklären will, und verlässt schließlich definitiv die Türkei, nachdem ihre Freunde und sie unter der brutalen Repression im Umfeld des Militärputsches im Jahre 1971 zu leiden hatten.

Der Plot des Romans

Der literarische Reiz des Romans liegt in der spezifischen Erzählperspektive, die zutreffend als ‚inszenierte Naivität' beschrieben wurde. Im Unterschied zu der konventionellen autobiographischen Erzählperspektive beschreibt die Erzählinstanz die Erlebnisse der Protagonistin nicht aus dem Rückblick einer älter (und womöglich weiser) gewordenen Person; vielmehr werden die Ereignisse wiedergegeben, als seien sie unmittelbar erlebt worden. Durch diese Perspektive einsteht ein Verfremdungseffekt, weil dem Leser zum Beispiel das Berlin des Jahres 1967 nicht aus einer umfassenden, begrifflich orientierten Perspektive vermittelt wird, sondern aus der scheinbar begrenzten Perspektive einer jungen Frau fast ohne Sprachkenntnisse und ohne jede Einbindung in die beobachtete Gesellschaft. So erscheinen die Verhaltensweisen der durchschnittlichen Passanten nicht ‚normal', sondern ungewöhnlich, wobei gleichzeitig ein Beobachtungsmaßstab fehlt, der Kriterien für die Beurteilung verschiedener Phänomene liefern könnte. So hat Özdamars Text Momente des Schelmenromans, weil ihre Ich-Erzählerin die Normalität der (deutschen) Gesellschaft von außen infrage stellt. Und in ähnlicher Weise gibt der Text ein satirisches Bild der türkischen Intellektuellen der späten 1960er Jahre, die sich um die Verbesserung der Lebensbedingungen des Volkes bemühen, selber aber von ideologischen Phrasen und abstrakten Denkmustern geprägt sind.

‚Inszenierte Naivität'

Der besondere Blick auf die deutsche Metropole Berlin ist über verschiedene spezifische Aspekte vermittelt. Zunächst werden die deutschen Wörter nur in ihrer Lautstruktur aufgenommen und teilweise dem Türkischen angepasst. So wird aus dem Wohnheim, in dem die türkischen Arbeiterinnen leben, das „Wohnaym". In der Radiofabrik, in der die Protagonistin zunächst ihren Arbeitstag verbringt, muss sie die Gegenstände mit einer Lupe betrachten – und so erkennt sie die Ausschnitte des Gesehenen im Detail klar, ohne einen Überblick über das Ganze zu erlangen. Dieses Bild des Blickens durch die Lupe kann als symbolisch für die Perspektive der Ich-Erzählerin verstanden werden, die einzelne Gegenstände und Erlebnisse beschreibt, ohne diese in ein Ganzes der deutschen Gesellschaft einordnen zu können. Eine andere Art der speziellen Interpretation von Wirklichkeit zeigt sich, als die türkischen Mädchen häufig den noch vom Krieg zerstörten Anhalter Bahnhof aufsuchen. Da im Türkischen, wie die Ich-Erzählerin verdeutlicht, dasselbe Wort für „kaputt" und „beleidigt" verwendet wird, wird der Anhal-

Özdamars Berlin

ter Bahnhof als der „beleidigte Bahnhof" bezeichnet. In einer assoziativen Logik wird dann erklärt, Berlin insgesamt sei eine „beleidigte Stadt", womit auf die Zurückhaltung der Menschen verwiesen wird, die für die türkischen Migrantinnen schwer zu verstehen ist. Groteske Elemente gewinnt die Erzählweise Özdamars, wenn eine Episode geschildert wird, bei der eine Freundin des Ich-Erzählers einen Krankenwagen anruft, weil sie beim Zusammensein mit ihrem Freund rote Farbe in ihrem Bett entdeckt. Während sie nämlich glaubt, dies sei ihr Blut, handelt es sich in Wirklichkeit um Soße des Berliner Standardgerichts Currywurst. All diese Momente zeigen die Originalität des fremden Blicks, mit dem die Ich-Erzählerin die deutsche Realität betrachtet und der für die deutschen Leser überraschend und durchaus amüsierend wirkt. Dass dennoch keine unkritische Haltung gegenüber dem Aufnahmeland vorherrscht, zeigt eine andere Episode: Als die Ich-Erzählerin mit jungen Deutschen in eine vornehme Vorortvilla gegangen ist, wird ihr plötzlich ein starker Schmerz zugefügt. Einer der Anwesenden muss ihr eine brennende Zigarette auf dem Körper ausgedrückt haben, aber keiner lässt sich etwas anmerken. Die lakonische und kommentarlose Wiedergabe dieser Szene ist effektvoller als viele Seiten von Betroffenheitsliteratur, in denen Frauen ‚Blut weinen' (Saliha Scheinhardt).

Die Sprache Özdamars ist gekennzeichnet durch Techniken der Hybridisierung wie der Vermischung des Deutschen und Türkischen, mit der kulturelle Differenzen ironisch gebrochen werden und Fremdheit als literarische Strategie eingesetzt wird, um das Befremdliche des alltäglichen Lebens zu verdeutlichen. Satirisch bloßgestellt werden dabei nicht nur die Repräsentanten überlebter Ordnungen wie die Springerpresse und das türkische Militär, sondern auch verkrampfte Modernisierer, die um jeden Preis mit den Traditionen brechen wollen. In diesem Kontext steht der Versuch der Protagonistin, ihren ‚Diamanten', ihre jungfräuliche Unschuld, zu verlieren, den sie auf Veranlassung der ‚progressiven' Türken unternimmt. Denn während die konservative Gesellschaft der Türkei die Unbeflecktheit der Frau als Voraussetzung für deren Ehe versteht, erscheint es lediglich als eine schlichte Umkehrung, wenn die Überwindung dieser Norm zu einer neuen Norm gemacht wird. Ihre echte Befreiung von all diesen Ansprüchen erfährt die Ich-Erzählerin im ‚Dritten Raum' Paris, wo sie eine glückende erotische Begegnung mit einem spanischen Studenten erlebt. Özdamars Roman zeigt die Migration als Quelle literarischer Hybridisierungsprozesse, mit denen der Konformismus der Homogenität anstrebenden Kulturen auf vergnügliche Weise in die Schranken gewiesen wird.

Der Roman ist auch für jugendliche Leserinnen und Leser als Einführung in die deutsch-türkische Literatur geeignet. Özdamar begründet in gewisser Weise eine Literatur, mit der Autoren türkischer Muttersprache ihren speziellen Zugang zum Deutschen zur Grundlage einer komplexen literarischen Konstruktion machen. Die deutsche Sprache und die deutsche Kultur haben sich durch die türkische Migration nach Deutschland und durch die zuerst gar nicht vorgesehene ‚Neuansiedlung' der Einwanderer verändert. Der performative Akt einer Konstruktion ‚deutscher' Wirklichkeit aus den Erfahrungen des Fremden heraus ist literarisch reizvoll und er bietet eine Herausforderung, die nicht zuletzt darin besteht, einerseits über Fremdsein und Unterschiede zwischen Fremdem und Eigenem nachzudenken und andererseits Gemeinsamkeiten zwischen vermeintlich Fremden zu reflektieren.

1.3 Zafer Şenocak: Deutschsein. Eine Aufklärungsschrift (2011)

Zafer Şenocak versucht in seinem Essay systematische Reflexionen über Konstruktionen deutscher Identität und deutschen kollektiven Gedächtnisses anzustellen (vgl. Hofmann 2013, S. 15–26). Er verbindet in der Tradition der Essays von Michel de Montaigne diese allgemeinen Reflexionen mit autobiographischen Perspektiven. Dabei kommt dem individuellen Erlebnis eine hohe Evidenz und eine gewisse Exemplarität zu, indem Şenocak seine eigene Enkulturation beschreibt, die vom deutschen Bildungssystem bestimmt, aber auch von einem islamisch orientierten Vater und einer kemalistisch eingestellten Mutter erheblich beeinflusst war. Mitglieder der Mehrheitsgesellschaft, so die implizite Strategie des Autors, können seinen besonderen deutschen Lebensweg, der in spezifischem Sinne deutsch-türkisch ist, aufnehmen und das Deutsch-Türkische als Herausforderung ihrer eigenen Identitätskonstruktion begreifen. Was dabei zunächst abstrakt klingt, wird in einer dynamischen Argumentation, die sich – wie dargelegt – zwischen allgemeinen kulturgeschichtlichen Reflexionen und persönlichen Erfahrungen bewegt, in einer plausiblen und anregenden Weise konkretisiert (vgl. hier und im Folgenden Şenocak 2011, S. 23–85).

<small>Autobiographische Aspekte</small>

In der Tradition der Diskussionen um die Haltung Thomas Manns im Ersten Weltkrieg und im späteren Exil thematisiert Şenocak zunächst die Idee einer speziellen deutschen Entwicklung, die Aufklärung und Demokratie eher fremd gegenüberstand:

> Es gab ein deutsches Unbehagen an der Moderne. Der deutsche Sonderweg, der aus dieser negativen Grundhaltung zum westlichen Zivilisationsmodell, aus der Ablehnung einer individualistisch und zivilgesellschaftlich organisierten, demokratischen Bürgergesellschaft geboren wurde, ist oft beschrieben worden. Aber seine psychologischen Folgen sind bis heute nicht aufgearbeitet. Denn dieser Sonderweg führte auch das deutsche Nationalempfinden in eine Sackgasse. (Şenocak 2011, 25)

Und zwar verband sich nach Şenocaks Meinung die auch nach dem Zweiten Weltkrieg immer noch latent vorhandene Skepsis gegenüber dem westlichen Zivilisationsmodell auf unklare Weise mit der Anbindung an den Westen durch die Besatzungsmächte. Dabei verwandelte sich die Verletzlichkeit der eigenen nationalen Identität in eine Abwehrhaltung gegenüber den Fremden. Die deutsche nationale Identität erscheint angesichts der historischen Erfahrungen als problematisch und imaginierte sich gegenüber den neu auftauchenden Fremden, den ‚Gastarbeitern', und erst recht nach der ‚Wiedervereinigung' als einheitlich und stark; aber diese Stärke ist vorgetäuscht und verletzlich:

<small>Deutsche Identität</small>

> Das Deutsche, das sich heute und hier dem Fremden entgegenstellt, fantasiert sich wieder stärker als eine homogene, unverletzte Einheit. Sie, die Einheit, aber ist lediglich ein Gefühl, eine fragmentierte Erinnerung an Traditionen und Geschmack des Zusammenhalts, der lange Zeit gar

nicht wahrgenommen wurde. Ein wieder auf den Geschmack gekommenes deutsches Nationalgefühl sucht eine Sprache, um sich mitzuteilen. Doch bislang eher vergeblich. Die Deutschen sprechen ein „gebrochenes Deutsch", wenn sie über ihre Identität, über ihr Deutschsein sprechen. (Şenocak 2011, 28)

,Gebrochenes Deutsch' Dieses ‚gebrochene Deutsch' kann sich in äußerst konträren Formen artikulieren: so in dem vergeblichen Versuch der Wiedergewinnung eines ungebrochenen Nationalgefühls, wie es sich etwa bei Martin Walser diagnostizieren lässt, oder in einer Weigerung, als deutscher Staat Verantwortung für bedrohte Völker in der Welt zu übernehmen, wie in den Debatten um Friedensmissionen der Bundeswehr. Şenocaks Forderung geht dahin, dass die Deutschen zwischen Allmachtsphantasien und einer Verleugnung des deutschen kulturellen Gedächtnisses die deutsche nationale Identität in ihren Brüchen und Widersprüchen offener thematisieren und annehmen.

Ein kurzer Blick auf die deutsche Tradition der Aufklärungs- und Modernisierungskritik zeigt, dass Thomas Mann und vor allem Max Horkheimer und Theodor W. Adorno auch berechtigte Kritik am Prozess der Aufklärung geübt haben, dass aber die Position des späten Mann und die der Frankfurter Schule, denen es um eine Selbstkritik der Aufklärung und um eine Verbindung von philosophischer Tradition und Engagement für die Demokratie ging, nur sehr einseitig und verkürzt aufgenommen wurden. Der Weg in die Moderne habe Deutschland, so Şenocak, tief gespalten; es sei seit den Gründerjahren des 19. Jahrhunderts das Land der Romantik und das Land der Maschinen gewesen, ohne dass die widerstrebenden Impulse miteinander verbunden worden wären. Und im Zuge der Debatten um ‚Kultur' und ‚Zivilisation' sei keine Perspektive auf einen wirklichen Umsturz der Herrschaftsverhältnisse entwickelt worden.

Verleugnetes Erbe In diesen Kontext stellt Şenocak nun die epochale Bemühung der deutschen Gesellschaft nach 1945 um die ‚Aufarbeitung der Vergangenheit'. Dabei stellt er fest, dass die deutschen kulturellen und literarischen Eliten im Bemühen um eine Zurückdrängung der antidemokratischen und irrationalistischen Potenziale der deutschen Kultur wichtige Momente derselben unterdrückt haben. So konstatiert er eine Zurückdrängung des deutschen romantischen Erbes durch die Gruppe 47. Deren sachliche, an amerikanischen Vorbildern orientierte literarische Sprache sei das Zeugnis einer „Täterkultur, die das emotionale Potenzial der Sprache so weit wie möglich ausklammert und auf diese Weise eine Art Katharsis anstrebt" (Şenocak 2011, S. 82 f.). In der Auseinandersetzung mit der Lyrik und der Person Paul Celans haben sich nach Şenocak die Grenzen dieser Haltung deutlich gezeigt: Es fehlte jedes Verständnis für „eine der tiefstmöglichen Verwundung abgerungene Sprache. Die bilderreiche, in jeder Hinsicht der Kahlschlagliteratur der unmittelbaren Nachkriegsliteratur widersprechende Ausdrucksweise Celans war eine Provokation. Celan wurde zum zweiten Mal zum Opfer, zum Opfer des Schweigens der Gefühle". (Şenocak 2011, S. 83) So habe sich der Antifaschismus als restringierter Realismus dargestellt und eine Zurückweisung Celans in Kauf genommen. Damit habe aber die Gruppe 47 als repräsentative Institution der Nachkriegskultur das deutsch-jüdische Erbe letztlich ausgeschlagen, das sich auch auf die jüdische Mystik bezogen habe (in der Tradition Scholems, Benjamins, Kafkas und Celans). Damit sei aber übersehen worden, dass in der Beziehung zwischen der deutschen Kultur und ihrem deutsch-jüdischen Anteil gerade die Romantik eine wichtige Rolle gespielt habe. So hat der Düsseldorfer Jude Heine die Romantik zwar kritisiert, gleichzeitig aber wesentliche Momente ihrer Tradition weitergeführt, und Ingeborg Bachmann, die vor allem in ihrer Lyrik in reflektierter Form das Erbe der Romantik aufgenommen habe, sei von der Gruppe 47 nur als Außenseiterin aufgenommen worden.

<small>Judentum und Romantik</small>

Hier wechselt Şenocak jetzt die Perspektive von der kulturgeschichtlichen Betrachtung zur autobiographischen. Er erinnert daran, dass er in den 1970er und 1980er Jahren als Sohn türkischer Eltern in München aufgewachsen ist, und er beschreibt seine literarische Sozialisation, bei der er sich gerade nicht von den „Dichtern ohne Lieder" (Şenocak 2011, S. 75) in der Tradition der Gruppe 47 angesprochen fühlte. Vielmehr habe er sich einerseits auf die Tradition der Romantik, aber auch der expressionistischen Moderne und der deutsch-jüdischen Tradition und besonders auf Celan und Bachmann bezogen:

> Ich fand vor allem durch die Gedichte von Paul Celan und Ingeborg Bachmann wieder Anschluss an die Sprache der deutschen Dichtung der Nachkriegszeit. Sie hatte jetzt Platz auf meiner Weltkarte der Poesie. So konnte ich wieder zu Georg Trakl und Rainer Maria Rilke zurückblättern, ohne das Gefühl zu haben, in einen anderen Sprachraum zu wandern. (Şenocak 2011, S. 83f.)

Dabei stellt sich heraus, dass die für Şenocak prägenden Lyrikerinnen und Lyriker der deutschen Sprache nicht einfach nur eine ‚romantische' Tradition verkörpern, dass ihr Schaffen vielmehr durch Kontakt zu anderen Kulturen und damit durch *Hybridität* geprägt erscheint:

> Diese Dichter kommunizierten über Ländergrenzen hinweg. War es ein Zufall, dass sie ihre Dichtung an der Sprachgrenze des Deutschen formulierten? Bachmann hatte das Slowenische als Gegenüber, Rilke wurde in Prag geboren, Celan stammte aus Czernowitz, einem Schnittpunkt von West und Ost, rumänisch, russisch, deutsch, jüdisch. Im Fall von Celan berührten sich das Ostjüdische mit seinen hebräischen Wurzeln und die europäische Moderne. (Şenocak 2011, S. 84)

Vergleicht man nun Şenocak selbst (was er in seiner Bescheidenheit nicht tut) mit diesen Autoren, so stellt man fest, dass bei ihm nicht nur der Bezug zu den durch Hybridität gekennzeichneten Dichtern einer unter anderem auch romantisch und mystisch inspirierten Moderne festzustellen ist, sondern dass er selber eine spezifische Hybridität in die deutsche Literatur einbringt. Denn er hat eine enge Verbindung mit der türkischen Tradition aufrechterhalten. Dabei ist bedeutsam, dass die für Şenocak wichtige Tradition der türkischen Lyrik sich einerseits auf den sufistischen Poeten Yunus Emre bezog, von dem Şenocak Gedichte ins Deutsche übersetzt hat (vgl. Emre 1998). Und weiterhin verband sich für ihn in der Rezeption des bedeutenden kommunistischen türkischen Lyrikers Nâzım Hikmet die Tradition des politischen Engagements mit einem Bezug zu Surrealismus und Romantik:

<small>Deutsch-jüdische und deutsch-türkische Hybridität</small>

> Meine türkischen Wurzeln mit ihrem hybriden Charakter passten gut dazu. Meine Lyrik entstand im Umfeld einer Übersetzungskultur. Ich schrieb Ghasele auf Deutsch. Ich übersetzte Lyrik aus dem Diwan Yunus Emres ins Deutsche. In den futuristisch aufgedrehten Versen Nâzım Hikmets entdeckte ich die Formenstrenge der *Diwan*-Dichter. <...> das Osmanische Reich war in kreativem Sinne unrein. Dichter, die mich begeisterten, haben versucht, in ihren Werken von dieser Unreinheit so viel wie möglich zu bewahren gegenüber der puristischen Ideologie der Republik. (Şenocak 2011, S. 84 f.)

Osmanisches Erbe und anatolische Tradition

Şenocaks Argumentation verläuft hier in zwei Richtungen: Zum einen wendet er sich mit der türkischen Gegenwartsliteratur gegen eine Verdrängung des osmanischen Erbes und gegen eine Verleugnung der ethnischen, religiösen und kulturellen Vielfalt der anatolischen Tradition; zum anderen bringt er in die deutsche Literatur und Kultur eine Haltung mit, bei der sich Modernität und Offenheit für Tradition und für den Ausdruck emotionaler Anliegen in keiner Weise ausschließen. Der deutsch-türkische Lyriker Şenocak sieht sich also in der Funktion, an verschüttete deutsche Traditionen anzuschließen, die aus seiner Sicht übertriebene Sachlichkeit einer vermeintlich anti-irrationalistischen Haltung zu überwinden und türkische Traditionen in die deutsche Literatur einzubringen, die ihrerseits mit Mystik, Klassizismus, aber auch mit Expressionismus und Moderne in Beziehung stehen:

> Die intensive Beschäftigung mit diesen Vorgängern und meine Sehnsucht nach einer die Sinne anfachenden Lyrik, die ungehemmt mit den Gefühlen kommuniziert, verhinderten in meinem Fall, die Dichtung als Spielwiese sprachlicher Experimente oder als begriffsgesteuerte Entsorgungsanstalt des Zivilisationsmülls anzusehen. Vielmehr sah ich in der poetischen Ausdrucksweise eine Möglichkeit, das verstopfte Herz zu öffnen, wie mit einem Katheter, um die Ablagerungen in den Adern der Sprache zu entfernen. (Şenocak 2011, S. 85)

Wiederentdeckung verdrängter Traditionen

Es ist von grundlegender Bedeutung, den Zusammenhang zwischen Şenocaks kulturgeschichtlichen Reflexionen und den autobiographischen Betrachtungen deutlich zu erkennen. Was hat also ‚Deutschsein' mit der literarischen Sozialisation eines aus der Türkei stammenden Münchener Gymnasiasten zu tun? Nun, Şenocak ist davon überzeugt, dass die Verdrängungen und Verwerfungen der deutschen Identitätskonstruktionen, die wesentliche Momente des deutschen kulturellen Gedächtnisses ausblenden, durch die Begegnung mit der türkischen Kultur, die eine wesentliche Perspektive der deutschen geworden ist, überwunden werden können. Wenn man für einen Moment hypothetisch und provisorisch Şenocaks Erzählung als exemplarisch und repräsentativ ansieht, dann macht die türkische Kultur der deutschen ein großherziges Angebot: Denn sie bringt Momente des kulturellen Gedächtnisses der Türkei (sufistische Mystik, Diwan-Poesie, futuristischer Aktivismus Nâzım Hikmets usw.) in die deutsche Kultur ein und eröffnet dieser nicht nur neue Möglichkeiten, sondern möglicherweise auch einen neuen Blick auf die eigene Tradition. So kann das ‚verstopfte Herz' geöffnet werden und im Kontakt mit der türkischen Lyrik für den Wärmestrom der deutschen romantischen und deutsch-jüdischen Überlieferung wieder geöffnet werden. Auf das

Kollektive bezogen heißt dies: Gelingende ‚Integration' nach beiden Seiten der deutschen Gesellschaft bestünde darin, dass die Deutschen mit den ‚Fremden' ihre eigene Geschichte neu entdecken und aufarbeiten. Dabei sollten sie eine Selbstdeutung der deutschen Kultur als einer hybriden Kultur vornehmen, die sich vornehmlich im Austausch mit Juden und Franzosen entwickelt hat. Und die deutsch-türkische Literatur und Kultur könnte im funktionalen Sinne den Platz einnehmen, den insbesondere die deutsch-jüdische hatte (und auch zu einem wesentlichen Teil wieder hat): nämlich die sterile Orientierung an einem homogenen Selbstbild zu verhindern und die Fülle und Weite der Kultur zu entwickeln, die auch in der Orientierung an ökonomischen Erfolgen häufig verloren geht. In dieser Perspektive ist die deutsch-türkische Literatur und Kultur in einem sehr präzisen und starken Sinne eine Herausforderung für die deutsche Kultur. Denn es geht nicht darum, dass die deutsche Kultur ein paar exotische Einsprengsel bekommt; es geht vielmehr darum, dass sie sich fundamental verändert und erweitert, dass sie ein neues Verhältnis zu ihrer eigenen Tradition entwickelt und dass sie aus der türkischen Überlieferung neue Impulse aufnimmt.

Erschütterung des homogenen Selbstbildes

1.4 Sherko Fatah: Das dunkle Schiff (2008)

In seinen Romanen geht es Sherko Fatah darum, die Mentalität junger Menschen aus der arabischen Welt so darzustellen, dass dem deutschen Leser eine empathische Haltung möglich wird. Wenn im Blick auf die Geschichte der deutschen Islam-Diskurse die Zugänge Goethes und auch aktueller Vertreter der Migrationsliteratur (Zafer Şenocak, Navid Kermani) betrachtet wird, so lässt sich erkennen, dass sie sich darum bemühen, das Eigene im orientalischen Anderen hervorzuheben, indem sie etwa Affinitäten zwischen bestimmten Ausprägungen des Islam wie des Sufismus mit dem europäischen Denken herausstellen. In *Das dunkle Schiff* geht es demgegenüber in einer bestürzend aktuellen Zuspitzung darum, das ganz Andere des europäischen Diskurses, das sich in den Parolen und Gedanken der sogenannten islamischen Gotteskrieger zeigt, auf eine Weise darzustellen, die keinerlei Rechtfertigung für Fanatismus, Reinheitswahn und Gewaltphantasien darstellt, die aber vermitteln kann, wie es kommt, dass junge Männer aus ihrer Lebenssituation heraus die Lehren der Fundamentalisten als Ausweg aus einer Lebenskrise begreifen. Ähnlich wie in Texten Feridun Zaimoglus und Christoph Peters' lassen sich die Denkmuster einerseits als ‚Okzidentalismus' charakterisieren, das heißt als eine spiegelverkehrte Version des Orientalismus, mit der Stereotype über den Westen verbreitet werden, die in diesem Fall offensichtlich ein Gefühl der Unterlegenheit kompensieren sollen. Andererseits ist deutlich zu erkennen, dass die Kritik an der kapitalistischen Konsumgesellschaft aus deutscher Perspektive Momente der Kritik am ‚Verblendungszusammenhang' enthält, den etwa die Kritische Theorie in der deutschen Gesellschaft diagnostiziert hat. Es gelingt Sherko Fatah in *Das dunkle Schiff*, die Mentalität und die Empfindungen eines sensiblen jungen Mannes nachzuzeichnen, der sich sowohl im Irak als auch nach seiner Migration in Deutschland an den Rand gedrängt fühlt und in der extremistischen Zuspitzung der islamischen Lehre eine Orientierung findet, die ihm weder die einheimische noch die deutsche Gesellschaft zu vermitteln

Der Islamismus als das ganz Andere des deutschen Diskurses

vermögen. In interkultureller Perspektive zeigt sich somit die Fähigkeit der Literatur, noch im extrem Anderen Momente des Eigenen aufzuspüren und das Befremdende als eine problematische, aber rekonstruierbare Form des Menschseins zu rekonstruieren.

Der Plot des Romans

Sherko Fatah erzählt die Geschichte des jungen Kurden Kerim aus dem Nordirak, dessen Vater von Angehörigen des irakischen Geheimdienstes ermordet wird. Kerim wird auf dem Weg zu seinen Großeltern von ‚Gotteskriegern' entführt, verbringt eine gewisse Zeit mit ihnen in den Bergen und nimmt an ihren Aktionen Teil, etwa an der Zerstörung eines Sufi-Grabes und an der Tötung von Einwohnern ‚gottloser' Dörfer. Unter den ‚Gotteskriegern' ist ein „Lehrer", der die Ideologie der Kämpfer bestimmt und dessen anti-westliche Lehren den Jungen beeindrucken; dieser ist von der Weisheit des „Lehrers" angezogen, von den gewalttätigen Aktionen dagegen, die aber aus den Ideen des Lehrers resultieren, abgestoßen. Irgendwann gelingt Kerim die Flucht von den Gotteskriegern; er hat bei einer Aktion eine größere Summe Dollars an sich gerissen und organisiert mit Hilfe des Geldes seine Flucht aus dem Irak; lange Zeit verbringt er in einem großen Schiff in einem Versteck. Er wird entdeckt und zusammen mit einem afrikanischen Flüchtling in einem Floß ausgesetzt, landet auf einer Insel, von der aus ihm schließlich die Flucht gelingt. In Deutschland ist er bei seinem Onkel; er stellt einen Asylantrag, der nach längerer Zeit angenommen wird; er lernt Sonja, eine junge Deutsche, kennen, mit der er eine sexuelle Beziehung eingeht, obwohl eine starke Fremdheit zwischen den beiden bleibt. Insgesamt fühlt sich Kerim fremd in Deutschland; er lernt den Kleinkriminellen Amir kennen, mit dem er sich anfreundet; ein Algerier, den er an der Universität trifft, rät ihm, eine bestimmte Moschee aufzusuchen, in der ein fundamentalistischer Islam gepredigt wird. Die Religion scheint der Ort zu sein, an dem er die Entfremdung seines Daseins überwinden kann; in der Moschee erkennt ihn einer der irakischen Gotteskrieger, der ebenfalls nach Deutschland gekommen ist; dieser gibt Amir den Auftrag, Kerim zu töten, was dann auch geschieht.

Die Figur des „Lehrers"

Der „Lehrer" vermittelt Kerim während seines Aufenthaltes bei den islamistischen Kämpfern ein Gefühl der Orientierung und Sicherheit: „Der Lehrer strich sich die Barthaare von den Lippen, Wind fuhr in seine langen Strähnen, und für einen Moment liebte Kerim ihn wie einen fernen Vater. Alles hing von ihm ab, solange er da war, blieb ihr Weg sichtbar." (Fatah 2008, S. 135) Der Lehrer zeichnet ein manichäisches Weltbild, in dem der Westen in einer krassen Opposition zur islamischen Welt steht. Er erklärt den jungen Kämpfern:

> Es geht um euren eigenen Krieg. Um jenen, den du beginnst und den niemand außer dir beenden kann. Versteht doch, sie haben uns nichts gelassen außer dem Krieg. Ihr alle, hört ihr nicht eure Brüder, eure Schwestern schreien, seht ihr sie nicht im Dreck der Straßen, inmitten von Ruinen – während die anderen in ihren sauberen Städten vorgeben, nichts davon zu wissen, während sie schweigen und uns damit nur noch mehr demütigen. Ihr kennt das Gefühl, ihr kennt diesen Schmerz, sie schweigend zu sehen – wo ihre Lippen verschlossen scheinen, spucken sie in Wahrheit auf euch, auf uns alle. Wisst ihr das? (Fatah 2008, S. 140)

Und er erklärt weiter:

> Wie lange wollt ihr das ertragen? Wie lange sollen wir im Dreck kriechen, den die Zionisten über uns ausschütten? Sie hassen uns. Sie sind Rassisten. Sie verachten uns, weil wir keine modernen Flugzeuge und Panzer haben. Und immer wieder werden sie uns das spüren lassen. Wie oft müssen sie uns bombardieren, wie oft werden sie unsere korrupten Regierungen kaufen, wie viele unserer Brüder werden sie noch töten, bis endlich jeder Gläubige begreift, dass in jedem von ihnen er selbst stirbt? Wie lange wollt ihr euch vertrösten lassen mit den leeren Versprechungen des Westens? Ihr werdet niemals, niemals glücklich sein ohne Gott! (Fatah 2008, S. 148)

Manichäisches Weltbild

Der Opposition gegen den Westen entspricht ein apokalyptisches Denken, das den Endkampf zwischen den Frommen und den Gottlosen bereits gekommen sieht: „Das Schwert spricht, der Krieg der Kriege hat begonnen, und wenn er Jahrhunderte dauert – die Ungläubigen werden ihn verlieren. Wir haben zwar keine Flugzeuge, aber wir haben den Glauben, der stärker ist als jede Maschine und jedes Geschoss." (Fatah 2008, S. 149) Dass Kerim, auch nachdem er die Gruppe verlassen hat, von diesem Denken beeinflusst ist, erweist sich in Deutschland, als er die Ansichten des „Lehrers" seinem Bekannten Amir weitergibt:

Kampf zwischen Frommen und Gottlosen

> „Das Entscheidende", sagte Kerim, „ist die Einheit." Und um es Amir zu erklären, zitiert er den Lehrer: „Eine Scherbe kann niemals etwas anderes sein als die Erinnerung an das Glas, aus dem sie herausgebrochen wurde. Der Westen schlägt unaufhörlich auf uns ein. Er will uns zu Scherben machen und danach zu Scherben von Scherben, zu immer noch kleineren Bruchstücken. Er will, dass wir alle, jeder von uns, das Glas vergessen. Das Glas ist die Einheit, und man muss sie nicht suchen, muss nicht darüber philosophieren. Man kann sie erleben, sie fühlen und ein Teil von ihr sein – im Gebet." Das war es, was er wieder empfunden hatte. „Mein Vater hat das nie verstanden. Er war ein Mann ohne wirklichen Glauben." (Fatah 2008, S. 376)

Die Kritik an den westlichen Gesellschaften gibt sich antikapitalistisch, indem die Orientierung der Menschen des Westens am Geld und am ökonomischen Erfolg angeprangert wird:

Antikapitalistisch getönte Kritik

> Es geht immer um das Geld, glaube mir, sie sind davon besessen. Es macht sie kalt und hart, und doch ist es das einzige, woran sie wirklich glauben. Sie können nicht anders, so ist es ihnen beigebracht worden. Auch wenn ihre Filme und Bücher das Gegenteil behaupten, das Geld und die Dinge, die man dafür kaufen kann, das ist ihr erbärmlicher Glaube. Sie sagen, sie lieben die Freiheit, doch ihre Freiheit ist Einsamkeit. Sie sagen, sie lieben das Leben, aber dieses Leben ist Gier. Sie sagen Fortschritt, doch dieser Fortschritt bereitet nur das Terrain, das sie morgen ausbeuten und zerstören werden, rastlos, leer und unersättlich. (Fatah 2008, S. 383)

Kerim steht während seines Aufenthalts bei den Kämpfern und auch später noch in einem Dilemma, das er selbst kaum auflösen kann: Einerseits ist er

Kerim in Deutschland

von den Predigten des Lehrers fasziniert und er findet in diesen einen Halt, den er in seinem bisherigen Leben nie verspürt hat; andererseits ist er von den Gewalttaten der Gruppe abgestoßen. So flieht er von den Kämpfern und geht nach Deutschland. Er ist gewillt, ein neues Leben anzufangen und die Vergangenheit hinter sich zu lassen. Sein Onkel kümmert sich um ihn und tut alles, damit er sich in die deutsche Gesellschaft integrieren kann; sein Asylantrag wird angenommen und er hat eine deutsche Freundin; er lernt die deutsche Sprache: alles scheint darauf hinzuweisen, dass er sich in die deutsche Gesellschaft integrieren wird. Und doch bleibt eine Fremdheit, die ihn wieder in die Arme des Islamismus zurücktreibt. Kerim ist nicht der fanatische Ideologe wie der „Lehrer" und auch nicht von der Gewalt besessen wie manche der Kämpfer, die entsprechend der Darstellung des Romans die religiöse Lehre als Deckmantel ihrer Brutalität benutzen, wie sich bei der folgenden Beschreibung zeigt: „Wenn es etwas wie Blutdurst gibt, dann, so wusste Kerim seitdem, hatte er ihn in den Augen Mukthars gesehen, unstillbar." (Fatah 2008, S. 390) Kerim schwankt, aber die deutsche Gesellschaft kann ihn nicht so verändern, dass er sich in ihr wohl fühlen könnte. Der Roman versucht mit einer eindringlichen sprachlichen Gestaltung, die Gedanken und Empfindungen seines Protagonisten wiederzugeben und dem deutschen Leser diese Mentalität verständlich zu machen. So werden die Faszination und die Zweifel deutlich, die Kerim in seiner Auseinandersetzung mit dem Koran erlebt:

> Er hielt das heilige Buch auf dem Schoß. Wie konnte man, so fragte er sich seit einer Stunde, die Worte noch heute so einfach verstehen? Es sind heilige Worte, dachte er sofort. Aber andererseits war der Prophet ein Auserwählter, ein Mann, der in Verbindung zum Allmächtigen stand. Vielleicht kann ich, ein einfacher Mensch, seine Worte nicht richtig verstehen. Er blickte auf das Buch. An seinen Handflächen fühlte er den Umschlag mit der Prägung der Schriftzeichen. Stand nicht, wie der Lehrer gesagt hatte, wirklich alles, was man wissen musste, dort vor ihm auf dem Papier? Fragen halfen in der Tat nicht, sie führten nicht näher an die gedruckten Worte. Kerim senkte den Kopf über das Buch und sah die Textur des Papiers in der Druckerschwärze, der Papiergeruch stieg ihm in die Nase. Doch wenn nicht ein kleiner Teil des höheren Wissens, welches den Propheten erleuchtete, auch in uns wäre, wie könnten wir dann seine Worte überhaupt verstehen, wie hätten wir dann noch eine Ahnung vom Glauben? Und ist es nicht folgerichtig, dass jemand wie der Lehrer, der sich bemühte, sein Leben und sein Denken nach den Vorgaben des Propheten auszurichten, auch jenem höheren Wissen näher ist als ein normaler Gläubiger, gar nicht zu reden von den Ungläubigen? (Fatah 2008, S. 379f.)

Kerim im Banne des Lehrers

Kerims Einsamkeit in Deutschland hält an und verstärkt sich, obwohl er eine junge deutsche Frau kennen gelernt hat – und wenn er von Melancholie und Trauer befallen wird, denkt er gleich wieder an den „Lehrer":

> Später am Abend rief Sonja bei ihm an, ganz so, als hätte sie seine Niedergeschlagenheit gespürt. Es fiel Kerim immer noch schwer, seine Gefühle unter Kontrolle zu halten. Allein in der Wohnung, hatte er seine Er-

innerungen und die Gedanken seines Lehrers unaufhörlich in sich wachgerufen, hatte sich an ihnen berauscht. Nachdem gerade noch die Kraft jener Beschwörungen von damals durch ihn geströmt war, war er jetzt, Sonjas feine und klare Stimme im Ohr, verstockt und um zärtliche Worte verlegen. (Fatah 2008, S. 323)

Kerim empfindet die Gemeinschaft in der islamistischen Moschee als Bezugspunkt; nur hier kann er die Einsamkeit, die in Deutschland befällt, überwintern:

Die Gemeinschaft des Gebets

Wie er mit einem Schlag das Gefühl hatte, unter Freunden zu sein, ein Gefühl, das er schon lange nicht mehr empfunden hatte. Kerim rang um Worte, als er Amir etwas mitteilen wollte von der Intimität einer Gemeinschaft, wie sie nur der Glaube stiften kann. Der kahle Raum mit dem spiegelblanken Boden wurde Teil einer stillen Zeitlosigkeit, die Kerim ein wenig auch immer im eigenen, in ihrer ganzen tröstlichen Kraft jedoch nur im gemeinsamen Gebet erfahren hatte. Er hatte den Namen Gottes gepriesen an so vielen Orten, an reißenden Bergflüssen und in geröllübersäten Mondlandschaften, auf dem heißen Steppenboden ebenso wie im Bauch eines Schiffes und in seiner stillen, dunklen Kammer. Und alle jene Orte wurden zu einem in jedem neuen Gebet. Das war es, was er Amir vermitteln wollte, als er sagte: „Im Augenblick, da ich den Raum dort unten betrat, fand ich wieder, was mir lange schon gefehlt hat." (Fatah 2008, S. 373f.)

Das Destruktive der islamistischen Ideologie wird dadurch deutlich, dass ausgerechnet Amir, der durch Kerim den Zugang zu fundamentalistischen Kreisen in Berlin bekommen hat, derjenige ist, der ihn tötet, weil Kerim sich im Irak von den islamistischen Kämpfern zurückgezogen hat. Die menschliche Anteilnahme, die sich durch den Bezug zur Religion vermitteln ließ, hat keine Bedeutung mehr, wenn es darum geht, die Reinheit der Lehre zu schützen und einen ‚Abtrünnigen' zu bestrafen. So heißt es über Amirs Verhältnis zu Kerim:

Die Reinheit der Lehre

Kurz erwachte noch einmal seine Zuneigung zu diesem Mann, der ihm von Anfang an geheimnisvoll erschienen war, ja, den er sogar bewundert hatte. Während er ihm nachschlich, verwandelte sich diese Zuneigung in Enttäuschung und Verachtung, durchdrang sie aber noch wie seine Entschlossenheit, war die geheime Kraftquelle für den Schmerz, der ihn vorantrieb. Amir blickte kurz um sich, und gerade, als der andere hinter sich schauen wollte, packte er ihn und riss ihn zur Seite in die Büsche. Es fiel ihm nicht schwer, Kerim unter sich zu bringen. Mit einer Hand drückte er ihm die Kehle zusammen, mit der anderen zog er sein Messer. (Fatah 2008, S. 436)

Sherko Fatahs Roman ist ein eindrückliches Beispiel für die Fähigkeit der interkulturellen Literatur, auch das Andere als das ganz Fremde dem Rezipienten näher zu bringen. Wie bereits dargelegt, zeigt die Darstellung keinerlei Sympathie für die gewalttätigen Akte der sogenannten ‚Gotteskrieger'; es gelingt ihr aber durchaus, Empathie für eine Figur zu entwickeln, die in ihrer Entfremdung gegenüber den Gesellschaften des Nahen Ostens

Vermittlung mit dem ganz Fremden

psychologische Analyse und Deutschlands gezeigt wird und die in den Lehren des fundamentalistischen Islam eine Befreiung aus den Problemen von Desorientierung und innerer Isolation sieht. Es erscheint besonders überzeugend, dass die Figur des Kerim eigentlich gerade gute Perspektiven zur Integration in die deutsche Gesellschaft hat, weil er eine familiäre Anbindung und sogar eine Beziehung zu einer deutschen Frau hat. Trotzdem empfindet er ein existentielles Unbehagen, das ihn in die Fänge der unmenschlichen Doktrin des religiösen Fanatismus treibt. Und indem die antikapitalistische Perspektive der islamistischen Radikalkritik am Westen deutlich wird, können die deutschen Leser zumindest diesen Teil der Diagnose auch intellektuell nachvollziehen. Mit seinem Roman geht Sherko Fatah ein Wagnis ein, indem er gewissermaßen den ganz Anderen des europäischen und deutschen Diskurses mit Empathie darstellt. Aber da die Ideologie in eine nachvollziehbare psychologische Analyse integriert wird, kann der Fremde als ein Orientierung Suchender verstanden werden und die deutsche Gesellschaft und mit ihr der deutsche Leser kann sich fragen, was sie bzw. er selbst tun kann, um diese Orientierung zumindest ein Stück weit zu erleichtern.

1.5 Navid Kermani: Große Liebe (2014)

Der Plot des Romans Kermani bietet einen autobiographisch inspirierten Roman über die erste Liebe eines fünfzehnjährigen Gymnasiasten zu einer drei Jahre älteren Abiturientin, der „Schönsten auf dem Schulhof" in einer westfälischen Provinzstadt (Siegen). Die Geschichte spielt zu Beginn der 1980er Jahre zur Zeit der Friedensbewegung; innerhalb der Romanhandlung bricht der Protagonist zu einer ihm sehr wichtigen „gewaltfreien Aktion" auf, zur Blockade des Verteidigungsministeriums in Bonn, der damaligen Bundeshauptstadt. Die Geschichte dieser Friedensbewegung und der mit ihr verbundenen „Nach-68er-Revolte" gegen die Welt der Erwachsenen und das Establishment findet nach Meinung des Ich-Erzählers im kulturellen Gedächtnis der Gegenwart nicht die gebührende Aufmerksamkeit, wohl weil mit der Wiedervereinigung die Bedeutung der Rüstungsdebatten im Kalten Krieg nicht mehr hoch eingeschätzt wird – zu Unrecht, wie der Text zeigen will, da es doch der Aufbruch einer Generation war, die nicht „cool und ironisch" gewesen sei, sondern sich für eine Welt ohne Gewalt und illegitime Herrschaft eingesetzt habe (was heute kaum noch ernst genommen werde). Die Erlebnisse und Erfahrungen des Protagonisten werden in Beziehung gesetzt zu mystischen Texten, vor allem von Ibn Arabi, dem aus Andalusien stammenden Sufi, die sich mit der mystischen Liebe zu Gott und insbesondere mit den Schmerzen und dem Leiden auseinandersetzen, die der Gottessucher ertragen muss.

Milder Humor versucht den Kontrast zwischen den metaphysisch-religiösen Zeugnissen und der relativen Banalität der ersten Liebe in der Provinz zu mildern. Der Ich-Erzähler verweist darauf, dass die dargestellte Liebe eben „groß" gewesen sei, in seiner Perspektive liebte er „nie wieder so groß" und so sei die pubertäre Liebe es wert, durch die Bezüge zu der mystischen Gottesliebe aufgewertet zu werden. Der interkulturelle Charakter des Textes zeigt sich darin, dass hier die Beschreibung einer deutschen Adoleszenz, die auch in den historischen Kontext der (bundes-)deutschen Geschichte eingebettet wird, gedeutet wird durch den Bezug auf die islamische Mystik. Dabei erweist sich, *dass den Texten aus der arabisch-persischen Kultur eine aufklärerische Funktion zukommt,* dass nämlich die Texte aus dem nahöstlichen religiösen Kontext existentielle Erfahrungen auch der deutschen und europäischen Kultur des 20. Jahrhundrts deuten können. So wird ihnen eine transkulturelle Funktion zugesprochen (in dem Sinne, dass die in den islamischen Texten beschriebenen Erfahrungen eine anthropologische Dimension zeigen, die kulturübergreifende Gültigkeit aufweist). Im Gegensatz etwa zu Rafik Schamis Roman *Die dunkle Seite der Liebe* kommt bei *Kermani* die aufklärerische Reflexion über existentielle und historische Erfahrungen nicht aus der europäischen Kultur, sondern eben aus der ,orientalisch-islamischen'. Die nicht-europäische Kultur weist somit einen Erkenntniswert und eine erhellende Dimension auf, mit der es gelingen kann, Erfahrungen in der deutschen Kultur und Gesellschaft besser zu verstehen. So zeigt sich als die Basis des Romans die islamwissenschaftliche Forschung Navid Kermanis. Mit den Methoden der europäischen Kulturwissenschaft hat dieser den Islam untersucht. Er hat dessen ästhetische Dimensionen in seiner Dissertation mit dem Titel *Gott ist schön* beschrieben und in seiner Habilitationsschrift den „Schrecken Gottes" analysiert, das Leiden und die Schmerzen, welche die religiöse Erfahrung (im Islam, aber insbesondere auch in der Hiob-Geschichte des Judentums) dem Gläubigen zufügt. Gegen ein Verständnis des Islam, das diesen mit Islamismus und Intoleranz in Verbindung bringt, zeigt Kermani, dass insbesondere der Sufismus als die islamische Mystik Perspektiven zu vermitteln vermag, die einen anthropologischen und existentiellen Stellenwert auch in der europäischen Postmoderne gewinnen.

Auf einer ersten Ebene bietet der Roman Beschreibungen des Jungen und seiner Erlebnisse, wobei die Deutung seiner Liebeserfahrung eben über den Bezug auf Texte erfolgt, die sich mit der Liebe des Mystikers zu Gott befassen. Der privilegierte Prätext stammt dabei, wie bereits erwähnt, aus Schriften Ibn Arabis, der mit seinen *Mekkanischen Offenbarungen* und seinem Text *Über die Liebe* existentielle Erfahrungen beschrieben hat. So heißt es etwa: „Dem Jungen jedoch kam die Minute wie eine Ewigkeit vor, in der ihn Gott, wie die Sufis sagen würden, mit seinem Ich allein gelassen hatte. Es ist dies ein Zustand der panischen Kopflosigkeit, der eintreten mag, bevor der Liebende merkt, daß nicht Wollen das Ziel ist, sondern Gewolltsein." (Kermani 2014, S. 44) Der Ich-Erzähler, der eine reflektierende Instanz bildet und nicht nur die islamischen Texte herbeizitiert (von denen auf der erzählten Ebene der Protagonist keine Kenntnis hatte), reflektiert darauf, dass potentielle Rezipienten eine starke Diskrepanz zwischen der relativen Banalität des Erzählten und den im hohen Ton verfassten mystischen Schriften empfinden und deshalb das Pathos ablehnen könnten, das der Text zweifellos aufweist. Aber er weist dies zurück, indem er eben das Alltägliche durch den Bezug auf die im kulturell scheinbar fremden Text vorhandene existentielle Aussageebene gewissermaßen ‚anhebt':

> Der Leser wird die Verhältnisse, in denen der Junge beinah eine Utopie verwirklicht sah, bestenfalls belächeln oder gar meinen, ich würde sie heillos karikieren. Aber wenn ich mir Jesu Jünger, eine Gemeinschaft

von Samaritern oder ganz konkret jene Derwische vorstelle, die eine Reisplatte, in die eine Ameise gekrochen war, so lange nicht anrührten, bis die Ameise die Platte von selbst verließ, damit sich das Tier nur ja nicht bedrängt fühlte – dann müssen die Heiligen viel sanftmütiger geredet oder sich für jede Handreichung, nicht nur mit einer Umarmung, sondern gleich mit einem Fußfall bedankt haben. (Kermani 2014, S. 37)

Die kulturelle Bedeutung der Friedensbewegung

Wie dargelegt, besteht eine wichtige Dimension des Romans in der Einbindung der Biographie des Schülers in die Zeitumstände des Jahres 1983. Hier verfolgt der Roman das Ziel, die Friedensbewegung, die sich infolge der Debatte um die sogenannte NATO-Nachrüstung gebildet hatte, dem Vergessen zu entreißen bzw. die ironische Distanzierung zu kritisieren, mit der heute auf diese Zeit zurückgeblickt wird. Der Ich-Erzähler erkennt nämlich eine überraschende Parallele zwischen dem Geist der gewaltfreien Aktionen im Deutschland der 1980er Jahre und dem Ideal der mystischen Liebe, das in den sufistischen Texten proklamiert wird. So heißt es:

Ich weiß schon, nichts von jener Zeit ist im kollektiven Gedächtnis hängengeblieben: So dramatisch, so umstürzlerisch, ja an manchen Tagen apokalyptisch der Kampf gegen die atomare Aufrüstung den Beteiligten vorkam, die sich zu Massendemonstrationen in der damaligen Hauptstadt versammelten, Menschenketten entlang Autobahnen bildeten, Kasernen blockierten, Rosen an behelmte, knüppelbewehrte Polizisten verteilten, so rückstandslos verpuffte die westdeutsche Friedensbewegung, als der sogenannte Doppelbeschluß dennoch durchgesetzt wurde. Und heute schreiben die Historiker dem Doppelbeschluß auch noch rechtfertigend den Fall der Mauer zu! Dennoch schätze ich die Zeit, die man allenfalls noch ihrer kuriosen Mode wegen erinnert, strickender Männer und ebenso unförmig gekleideter Frauen, dennoch schätze ich sie höher, je länger ich über die nachdenke, weil sie eins nicht war, nämlich cool und ironisch. Wie in den Traditionen, an die meine Geschichte anknüpft, aber zum vorerst letzten Mal in der westlichen Welt, galten das Gutmeinen, die Sanftmut, der Altruismus und selbst die Schwäche als Tugend. Das Wort des Barfüßers Bischr ibn al-Harith aus dem 9. Jahrhundert, daß du noch nicht vollkommen bist, solange dein ärgster Feind nicht vor dir sicher ist, hätte, auf den Warschauer Pakt gemünzt, auch bei Versammlungen der Evangelischen Studentengemeinde fallen können. <…> Ohne das Feuer der Liebe als eine politische Botschaft, das zehn oder fünfzehn Jahre nach den Hippies noch einmal aufleuchtete, hätte die Schönste des Schulhofs das Heiligste kaum dieser Vogelscheuche von einem Galan aufgetan. (Kermani 2014, S. 41)

Die Liebe des Schülers und die mystische Liebe

Im Zentrum des Romans steht aber die Parallelisierung zwischen den Aussagen zur mystischen Gottesliebe und der Liebeserfahrung, die der Siegener Schüler macht: „Ruzbehan Baqli hat Ende des 12. Jahrhunderts in Schiras nicht an zwei Jugendliche gedacht, die achthundert Jahr später in einer westdeutschen Kleinstadt gegen eine Stadtautobahn demonstrieren sollten, und doch läßt sich seine Definition des ‚Bleibens im Entwerden' als jenes Zustands, der ‚ohne Anfang immerfort bestehen bleibt', auch auf die Liebe beziehen, die mir am größten zu sein scheint, wo die Liebenden erstmals den Eindruck haben, sich immer schon zu kennen und ihnen gleichzeitig eine Trennung noch unvorstellbar ist." (Kermani 2014, S. 73) Da die „große Liebe" nicht mal eine Woche dauerte, überwog in der Erinnerung des Ich-Erzählers die Trauer über die Trennung klar die Wonnen der Vereinigung. Aber auch und gerade diese Erfahrung findet sich in den sufistischen Prätexten: „Ich muß, da meine Geschichte heute das letzte Viertel erreicht, endgültig mit der Verzweiflung beginnen, die auch die Mystiker ungleich länger beherrschte, denn warum sonst nimmt in ihrer Dichtung die Erfüllung so wenige, der Schmerz so viele Verse ein – in *Nizamis Leila* und *Medschnun* etwa, um nur dieses Verhältnis anzugeben, das der Erfahrung des Jungen viel besser entspricht, in Nizamis Großer Liebe ein Kapitel zur Einführung, eines für die Vereinigung und zweiundfünfzig für Trennung, Sehnsucht und Verkümmern." (Kermani 2014, S. 76)

Neben der vertiefenden Deutung wichtiger Erfahrungen eines Jugendlichen bieten die überbordenden Zitate aus verschiedenen sufistischen Schriften dem deutschen Leser noch etwas anderes: ein Bild des Islam, das allen Stereotypen und Klischees widerspricht. Tiefgründige Gedanken, die sich mit denen der deutschen dialektischen Philosophie berühren, finden sich ebenso wie skurrile Episoden über Wanderderwische, die ähnlich wie kynische Philosophen am Rande der Gesellschaft leben und diese mit ihren Einsichten und Warnungen provozieren und im besten Fall zum Nachdenken anregen. Mit Kermanis Literatur wird die islamisch-sufistische Überlieferung zu einem Teil des deutschen kulturellen Gedächtnisses – und zwar als ein Fremdes, das eher ein Anderes ist und das in vielen Aspekten ganz wie aus Goethes Perspektive sehr nah am europäischen und deutschen Eigenen ist. So etwa heißt es über den am meisten zitierten Ibn Arabi:

Ein anderes Bild des Islam

‚Ich selbst spüre die außerordentliche Feinheit, die man in der Liebe finden kann', bekannte der Andalusier Ibn Arabi im 13. Jahrhundert, der bis heute als der größte aller Meister, *asch-schych al-akbar*, verehrt wird. ‚Du empfindest starkes Verlangen, eine durchdringende Leidenschaft, die Liebe als überwältigende Macht, eine völlige Auszehrung, und du wirst daran gehindert, zu schlafen oder deine Nahrung zu genießen.' (Kermani 2014, S. 9)

Die Erlebnisse des südwestfälischen Jünglings kommen im Roman in eine überraschende Nähe zu den subtilsten Gedankenfiguren der europäischen und orientalischen Welt:

Dann sah er sich in seiner ganz kindlichen, nun seltsam bewußt gewordenen, grell erlebten Befangenheit, seiner Verwirrung, seinem Schwachmut zwischen den großen Rücken stehen. *Qabd wa-bast*, „Einschnürung und Ausdehnung", nennen die Sufis die beiden Grundzustände, in deren dialektischer Folge sich die mystische, wenn nicht alle Erfahrung vollzieht, bei Hegel ja auch die Geschichte. <...> Und Ibn Arabi ging noch weiter, indem er die Heftigkeit, Kompromißlosigkeit und Kopflosigkeit der jugendlichen Verliebtheit – ausdrücklich nur diese – als vergleichbar, als verwandt, als nicht nur den Symptomen nach übereinstimmend mit dem ‚Ertrinken' (*istighraq*) des Mystikers in der alles überflutenden Liebe des Göttlichen bezeichnete. (Kermani 2014, S. 13)

| Metaphysische Welterklärung | Mit den gelehrten Paraphrasen tiefgründiger Spekulationen werden die Darlegungen zum seelischen Zustand des Jungen in eleganter Weise verbunden. Liebe, der Wunsch nach Anerkennung und das Unbehagen an deren Mangel sind nicht nur psychische Momente, sondern werden in der sufistischen Literatur zu kosmologischen Prinzipien erhoben, mit denen eine metaphysische Welterklärung intendiert wird:

> „Der Schönheit Auge sieht die Schönheit nicht, da es die Vollkommenheit der eigenen Schönheit nur im Spiegel der Liebe eines <einer> Liebenden zu betrachten vermag", lehrte im 12. Jahrhundert der Perser Ahmad Ghazali, jüngerer Bruder des berühmten Mohammad Ghazali. „Aus diesem Grund bedarf die Schönheit zweifellos des Liebenden, damit der <die> Geliebte im Spiegel von dessen sehnsüchtiger Liebe von der eigenen Schönheit zehren kann." An dieser Stelle könnte man auf das Gotteswort verweisen, das Ahmed Ghazali in seinen konzentrierten Gedanken nicht zitiert, weil er es als bekannt voraussetzt: „Ich war ein verborgener Schatz und wollte erkannt waren. Deshalb schuf ich die Welt." Liebender und Geliebter sind bei Ahmed Ghazali strenger, auch härter und grausamer geschieden als bei anderen Mystikern; ebenso unterscheidet sich die Natur ihrer Liebe. Die Liebe des Liebenden existiere nämlich tatsächlich, während die Liebe des Geliebten nur der Widerschein jener Liebesglut sei, die sich in ihm spiegle. (Kermani 2014, S. 23) |

Eine Religion der Liebe: Die islamische Mystik verkörpert – wie sich im Roman weiter zeigt – das Gegenmodell zu einem religiösen Bewusstsein, das aus Angst vor der göttlichen Strafe und aus der Hoffnung auf die jenseitige Belohnung gespeist wird. Indem die Liebe zum Zentrum des sufistischen Denkens wird, zeigt sich bei den radikalen Mystikern eine krasse Opposition gegen alle konventionellen Formen der Religion. Was der deutsche Aufklärer Lessing im 18. Jahrhundert gefordert hat, ein religiöses Bewusstsein, das ohne Angst auskommt, hat der Sufismus schon Jahrhunderte früher angedeutet: „Erleuchtete wie Rabia a-Adfawiyya, die im 8. Jahrhundert mit einem Eimer Wasser in der einen und einer Fackel in der anderen Hand durch Basra lief. Fragte jemand, was es mit dem Eimer und der Fackel auf sich habe, antwortete sie: ‚Ich will die Hölle löschen und das Paradies verbrennen, damit Gott nur noch wegen seiner ewigen Schönheit geliebt wird.'" (Kermani 2014, S. 33)

Aber der Roman zeigt auch, dass die Liebe zu Gott, die den Sufi beseelt, die Liebe zur Welt und zu den Menschen nicht ausschließt, ja sogar erst ermöglicht. Indem im Anschluss an Ibn Arabi postuliert wird, dass man Gott in seinen Geschöpfen und in seiner Schöpfung verehre, wird die Literatur als dem Diesseits zugewandte Kunst in ihrer Wertigkeit gerade im religiösen Kontext gewürdigt. Gegen die Weltflucht dogmatischer Religiosität wird somit die Liebe zur Welt als Ausdruck der Gottesliebe dargestellt:

> „Gott machte Adam ohne Ausnahme mit all Seinen Namen bekannt, auf daß der Schöpfer mit jedem Namen gepriesen werde, der Ihm in der Schöpfung zukam. Adam feierte damit die Erhabenheit und die Großartigkeit Gottes." Und dann fügt Ibn Arabi den Satz hinzu, der eine Ge-

schichte der Weltliteratur einleiten könnte: „Kein Name ist unbedeutend, und sei es der Name einer großen oder kleinen Napfschüssel, im Unterschied zur Meinung derer, die von der Ergebenheit der Dinge nichts verstehen." In diesen Zusammenhang gehört auch die Anekdote des ägyptischen Mystikers Dhu-n-Nun aus dem 9. Jahrhundert. Jemand sagte zu ihm: „Zeige mir den größten Namen Gottes!" Dhu-n-Nun sprach: „Zeige mir den kleinsten!" und warf ihn hinaus. (Kermani 2014, S. 36)

In diesem Kontext steht eine weitere Distanzierung von konventioneller Religiosität (die das Christentum wie den Islam trifft), insofern diese eine Abwertung des Körpers gegenüber der Seele impliziert. Für Ibn Arabi jedenfalls ist die körperliche Liebe der Spiegel und der Ausdruck der Gottesliebe:

Ibn Arabi: Mekkanische Offenbarungen

„Wenn die Liebesleidenschaft sich im Akt erfüllt, atmen die Liebenden wohlig ineinander", schreibt Ibn Arabi in seinen Mekkanischen Offenbarungen, „und tiefe Seufzer lassen sich hören, der Atem strömt in der Weise aus, daß er im Liebenden das Bild des Geliebten formt." Über die Ekstase schreibt – nein, nicht Ibn Arabi, schreibt dessen Zeitgenosse Scheaboddin Sohrawardi, der 1191 im Kerker von Aleppo starb: „Sie besteht darin, daß das Ich sein eigenes Wesen nicht mehr wahrnimmt, weil es zu tief in der Wahrnehmung des Gegenstands seines Entzückens versunken ist. Wenn es das Bewusstsein von allem außer seinem Geliebten, auch vom Entwerden, verloren hat, dann ist dies Tilgung und Auslöschung." (Kermani 2014, S. 60)

Mit feiner Ironie werden aber schließlich doch gewisse Unterschiede zwischen der sexuellen Initiation des Siegener Gymnasiasten und den Liebesspekulationen der Sufis zugegeben. So ist bei diesem die Angst vor dem Versagen eine störende Beigabe, die das Vergnügen des Beischlafs zu beeinträchtigen droht:

Sexualität und Selbstverortung

<…> obwohl der Junge noch nichts über die Uferlosigkeit gelesen hatte, von der die Mystiker sprechen, ja, das war eigentlich herrlich oder hätte es sein können, wäre der Lust nur nicht so viel Furcht beigemischt gewesen, vor einem Geschöpf zu versagen, das so schön wie der Schöpfer selbst zu sein schien. Darüber sagen die Mystiker nichts, des Samens vorzeitiger Erguß scheint in ihrer Metaphorik nicht vorgesehen zu sein, so weit reicht die Vergleichbarkeit der unglücklich verlaufenden, weil durch äußere oder innere Störungen beeinträchtigten, abrupt endenden Ekstase, die doch vorgekommen sein muß <…>. Obwohl, in scheinbar anderen Zusammenhängen sprechen die Mystiker durchaus darüber, wenn sie vom Schrecken der Gotteserfahrung berichten und vom Pfad, der so schmal sei wie eines Messers Schneide, links und rechts der Abgrund endgültiger Trennung – ist das Gehen darauf denn kein Balanceakt? (Kermani 2014, S. 52)

Abschließend zeigen sich noch einmal Vergleichbarkeit und Unterschied zwischen der mystischen und der profanen Liebe. Zwar erscheint Letztere in vielen sufistischen Texten offenbar als Bild der ersteren; der Roman macht aber deutlich, dass die Zuschreibungen und Spekulationen des erwachsenen Ich-Erzählers das erlebende Ich in keiner Weise beeinflussten, weil es eben keine religiösen Erfahrungen machte, sondern die profanen und körperlichen der sinnlichen Liebe:

> Ich möchte noch einmal auf den kleinen Tod zurückkommen, wie der Orgasmus so sprechend genannt wird. Im Seufzen der sexuellen Verzückung, so kann man, so muß man Ibn Arabi verstehen, im Seufzen, das zugleich ein Stöhnen ist, atmet Gott durch den Liebenden hindurch. Er ist, vergleichbar nur dem Vorgang der Eucharistie, physisch im Menschen gegenwärtig. Eben hier endet auch schon die Analogie, die vor dem Sufismus bereits die Bibel zwischen der jugendlichen Verliebtheit und der religiösen Liebe herstellte, wobei die Religionen die Hingabe an Gott am Beispiel der körperlichen Vereinigung anschaulich machen, ich hingegen umgekehrt auf die religiöse Erfahrung mich beziehe, um eine ganz weltliche Liebe zu verstehen. Ihnen geht es um den Schöpfer, mir um das Geschöpf. (Kermani 2014, S. 66)

Säkularisierung Hier konzediert der Ich-Erzähler doch, dass sich ein Vorgang der Säkularisierung vollzogen hat, in dem man die sinnliche Erfahrung leben kann, ohne ihr eine religiöse Deutung zu geben. Umgekehrt hebt der Roman aber durch die Psychologisierung der mystischen Erfahrung die erotisch-sinnliche Erfahrung auf eine höhere Ebene. Kermanis Roman ist zunächst Adoleszenzroman, der in sehr plausibler Weise die Mentalität eines Jugendlichen im Zustand der ersten Leibe nachzeichnet; er ist ein Zeitroman, mit dem die Friedensbewegung der 1980er Jahre dem Vergessen oder der Missachtung entrissen wird – und er ist ein Roman, der dem deutschen Leser das Potential des Sufismus verdeutlicht, der als Element der persisch-arabischen Kultur einer interkulturellen Erfahrung zugänglich wird, mit der viel Gemeinsames zwischen den Religionen und Kulturen offenbar wird. Navid Kermani ist einer der hoffnungsvollsten Autoren der deutschen Gegenwartsliteratur, der mit Gelehrtheit, Ironie und hohem Sprachbewusstsein eine Brücke zwischen dem deutsch-europäischen und dem nahöstlich-islamischen Denken zu bauen versteht, die beiden Seiten ihre Pfeiler anbietet, ohne eine von beiden zu privilegieren. Das deutsche kulturelle Gedächtnis kann – so zeigt sich in Kermanis Roman *Große Liebe* – durchaus Momente der islamischen Tradition aufnehmen und mit diesen die eigene Gegenwart im literarischen Diskurs besser verstehen.

2. Deutsch-rumänische Literatur: Herta Müllers *Atemschaukel* (2009)

Deportation und Zwangsarbeit Herta Müllers Roman *Atemschaukel* (Müller 2009, Seitenangaben in Klammern) der mit ausschlaggebend für die Verleihung des Nobelpreises für Literatur 2009 war, wirft Schlaglichter auf ein Kapitel der europäischen Geschichte, das lange vergessen war: Die Deportation der auf dem Gebiet Rumäniens lebenden deutschsprachigen Bevölkerung in die Sowjetunion, zur Verrichtung von Zwangsarbeit, die als Reparationsleistung gedacht war. Die ‚volksdeutsche' Bevölkerung hatte, nachdem die rumänische Armee im August 1944 auf die Seite der Alliierten gewechselt war und gegen NS-Deutschland und die Achsenmächte kämpfte, diesen Schritt nicht mitvollziehen wollen; die Siebenbürgen- und Banatdeutschen Soldaten verblieben in den Wehrmachts- oder SS-Divisionen auf der anderen Frontseite. Die 80.000 ‚Volksdeutschen', die zur Zwangsarbeit verschleppt wurden, waren zumeist Frauen oder aber Männer, die zu jung beziehungsweise zu alt für den Einsatz an der Front waren. Sie sollten, so das Selbstverständnis der Sowjetunion, noch während des Kriegs zum Ausgleich des Schadens beitragen, den die deutschen Soldaten weiterhin anrichteten. Die Verschleppung der deutschen Bevölkerung Siebenbürgens und des Banats in die Sowjetunion setzte nur einige Monate nach der Aufhebung der zweieinhalbjährigen Blockade St. Petersburgs durch die Wehrmacht, während der in der Stadt über eine Million russischer Zivilisten zumeist vor Hunger und Kälte starben, ein. Herta Müllers Roman entstand mit über einem halben Jahrhundert Abstand zu diesen Ereignissen und stellt den ersten großen Versuch dar, dieses Kapitel europäischer Geschichte literarisch zu verarbeiten – ein Kapitel, in dem Angehörigen der deutschen Minderheit eine Opferrolle zukommt, die jedoch im Verhältnis zu dem Leid, das Anderen zugeführt worden war, gesehen werden muss. An diesem Beispiel werden die Komplexität der Interaktionen während des Zweiten Weltkriegs und ihre europäische Dimension deutlich, es treten aber auch Gefahren hervor, etwa diejenige, Leidensgeschichten gegeneinander auszuspielen oder die Zwangsarbeit der Deutschen mit jener der Gefangenen in Konzentrationslagern zu vergleichen. Diese Gefahren umschifft der Roman, indem er es nicht versäumt, die Verschleppung in eine Relation zu den deutschen Kriegsverbrechen zu setzen, und nicht auf vorgeformte Bilder des Lageralltags zurückgreift, die vor allem von den nationalsozialistischen Vernichtungslagern geprägt wurden (Hoge 2012). Im Medium seiner hoch poetischen Sprache umreißt der Roman Leben, Arbeit, Hunger und den Verfall von Individualität und zwischenmenschlichen Beziehungen im sowjetischen Arbeitslager.

Verschleppung der deutschen Bevölkerung

Relativierung der deutschen Kriegsverbrechen

Im Mittelpunkt des Textes stehen die Erlebnisse Leopold Aubergs, einer fiktiven Figur, in deren Ausgestaltung die Erinnerungen Oskar Pastiors an seine Zeit in sowjetischen Arbeitslagern vom Januar 1945 bis 1949 eingeflossen sind. Der spätere Büchner-Preisträger Pastior wurde im Alter von siebzehn Jahren zunächst nach Kriwoi Rog und dann nach Gorlowka im Donbecken verschleppt, wo er, Hunger und Kälte ausgesetzt, fünf Jahre lang im Kohlerevier vor allem in der Weiterverarbeitung der Kohle eingesetzt wurde. 2004 unternahm Herta Müller gemeinsam mit Oskar Pastior und dem Schriftsteller Ernest Wichner eine Reise in die damals bereits unabhängige Ukraine, während der sie die Ruinen der Lager besuchte und die ihr von ihren Begleitern mitgeteilten Erfahrungen aufzeichnete. Zum geschichtlichen und biographischen Hintergrund des Romans gehört auch, dass die Elterngeneration Herta Müllers, einschließlich ihrer Mutter, die Verschleppung erlebt hatte und von den (häufig unausgesprochen gebliebenen und nur angedeuteten) Erinnerungen gezeichnet war. Im Nachwort berichtet Herta Müller, seit 2001 im Banat (insbesondere in ihrem Heimatort Nitzkydorf) Gespräche mit ehemaligen Lagerinsassen geführt zu haben, die die ihr in Siebenbürgen anvertrauten Erzählungen Pastiors noch ergänzten.

Internationale Forschungsperspektiven: Memoria, Schreiben nach dem Holocaust und Zeugenschaft

Europäische Perspektiven

In der Forschung wurde der Roman bereits kurze Zeit nach seinem Erscheinen umfassend und zunächst auch kontrovers diskutiert, was nicht zuletzt mit der Verleihung des Nobelpreises für Literatur an Herta Müller im selben Jahr zusammenhing. Die breite, internationale Rezeption und das große Interesse erklären sich (neben der eindrücklichen poetischen Sprache) aus der europäischen Perspektive, die der Roman einnimmt, und aus seinem Verdienst um ein wichtiges Kapitel europäischer ‚Memoria'. Er wirft die Frage auf, welche Art des Erinnerns den Arbeitslagern im europäischen Osten angemessen ist, und wie daran erinnert werden soll, dass Deutsche, unter ihnen auch nationalsozialistische Täter, dorthin für bis zu fünf Jahre verschleppt wurden. Brigid Haines bezeichnet den Text als Beitrag zur „soft memory" (Haines 2013) in Bezug auf die Vergegenwärtigung des Gulags (im Sinne Alexander Etkinds) (vgl. Etkind 2004), und versteht dies im Gegensatz zur ‚hard memory', mit der die deutsche Memorialkultur gemeint ist. Während Letztere zentralisiert, vereindeutigt und erstarrt, dafür aber im öffentlichen Raum präsent sei, sei die ‚weiche' Erinnerung an die sowjetischen Lager noch im Fluss, wird aber in der poststalinistischen Sowjetunion wie im heutigen Russland häufig tabuisiert und verschwiegen und nur selten öffentlich repräsentiert. Haines sieht in Herta Müllers Roman einen überfälligen und (aufgrund der sinkenden Zahl jener, die die Lagerarbeit erlebt haben und davon noch berichten können) in letzter Minute gelungenen Beitrag zu dieser ‚weichen Erinnerung'. Sie vergleicht *Atemschaukel* in seiner Bedeutung für die Literatur in globaler Perspektive mit Primo Levis *Ist das ein Mensch?* (1947), in dem die Frage nach dem Mensch-Sein ausgehend von der Erfahrung von Auschwitz aufgeworfen wird. Nichtsdestotrotz liegt laut Haines keine unreflektierte Gleichsetzung zwischen ‚Gulag' und ‚Konzentrationslager' vor, da in Herta Müllers Roman klar erkennbar sei, dass es im Arbeitslager eben nicht um Vernichtung, sondern um das Erbringen der sogenannten Reparationsleistungen ging (Haines 2013, S. 121), es keinen Nachschub an Insassen gab und die Lagerleitung darüber hinaus zum einen am Überleben der Zwangsarbeiter interessiert war, zum anderen mit Blick auf die zukünftige Entlassung den (freilich absurd anmutenden) Anspruch hatte, den Insassen ein positives Bild der sozialistischen Gesellschaft der Sowjetunion zu vermitteln.

Poetik und Poetologie Herta Müllers

Einige frühere Rezensionen des Romans sahen in dem, den Erzählungen Herta Müllers sowie ihrem Roman *Atemschaukel* eignenden Fokus auf das Partikuläre, sowohl in biographischer als auch in kulturräumlicher Hinsicht, eine zu eingeschränkte und sogar verklärende Betrachtungsweise des Motivs der Entfremdung (Radisch 2009). Gegen diese Einschätzungen spricht jedoch, dass die (auto-)biographischen Bezüge in den Texten unmittelbar zusammenhängen mit der Poetik und Poetologie Herta Müllers. Es geht dabei um einen aus der subjektiven Erfahrung, aus dem Gefühl der Angst und der Beschädigung sich formierenden „fremden Blick" (Müller 1991; Müller 1999), der auch Leo Auberg eignet, wenn er sich die Lagerwelt zu erschließen versucht, indem er sie verfremdet. Herta Müller nimmt oftmals – so auch in *Atemschaukel* – auf osteuropäische Räume und Geschichte(n) Bezug, was nicht allein mit ihrer Emphase auf dem Zusammenhang zwischen

Soft Memory

Kunst und Erfahrung, sondern auch mit einer subtilen Provokation eines ‚westlichen Blicks' auf Europa zusammenhängt, welcher den Osten des Kontinents im kollektiven Gedächtnis wie in der Erinnerungskultur abspaltet und zur inerten, ausgeblendeten Hälfte herabsetzt. Ein solcher Blick reproduziert nicht nur die Trennung Europas durch den ‚Eisernen Vorhang', sondern letztlich auch die kolonialen Wahrnehmungsdispositive, die die deutsche Präsenz im europäischen Osten etabliert hat. Gegen all dies richtet sich das in mehr als einer Hinsicht provozierende Schreiben Herta Müllers, sodass, wenn es in *Atemschaukel* um Deutsche in einer Opferrolle geht, auch dies nicht einer gewissen Ironie entbehrt. Herta Müller kommt damit auf den ersten Blick sowohl jenen Kritikern entgegen, die sie wegen ihrer kompromisslosen Abrechnung mit den deutschen Minderheiten im europäischen Osten rügten (Haines 2013, S. 118), und widerlegt jene Stimmen, die die Relevanz ihrer Texte für die ‚deutsche Literatur' an einem sehr eng gefassten kollektiven Gedächtnis der Bundesrepublik festgemacht haben. Nach Paul Celan (Frieß 2011, S. 315; Parau 2012) und Theodor W. Adorno ist es schier undenkbar, nicht Mittäterschaft und Teilhabe an der Schuld für die nationalsozialistischen Verbrechen als ersten Bezugspunkt einer kollektiven Selbstverortung als ‚Deutsche' in der Zeit nach 1945 zu wählen. Herta Müller hingegen schreibt einen Roman über Mitschuld, Täter- und Opferschaft, der unverkennbar zum deutschen Gedächtnis und zur deutschen Literatur gehört, ohne einen positiven Begriff des ‚Deutschen' zu affirmieren. Es greift also zu kurz, anzunehmen, dass in Herta Müllers Texten, deren Handlung im Banat oder in den sowjetischen Arbeitslagern verortet ist, grundsätzlich ‚Fremdheit' im Sinne kultureller Alterität vorläge. Vielmehr leisten die Texte eine lange schon überfällige Aufarbeitung der spannungsreichen, problematischen und implikationsreichen Geschichte deutscher Präsenz im europäischen Osten und fordern eine dementsprechende Erweiterung der Perspektive auch in der deutschsprachigen Literaturwissenschaft ein.

Provozierendes Sprechen

Aufarbeitung deutscher Präsenz im europäischen Osten

Einen substanziellen Beitrag zur neuerlichen Erforschung des Romans leistet ein Schwerpunkt des germanistischen Jahrbuchs *Gegenwartsliteratur* (2011), der innovative Perspektiven auf Herta Müllers *Atemschaukel* präsentiert. Den darin enthaltenen Arbeiten ist gemeinsam, dass sie in dem Roman einen ebenso differenzierten wie für heutige Selbstentwürfe wichtigen Beitrag zum postmemorialen Erzählen sehen, der den hohen Ansprüchen, die an das Schreiben über Traumata und Gewalterfahrungen nach dem Holocaust gestellt wurden, durchaus gerecht wird. So untersucht Steinecke insbesondere realistische Substrate des Textes sowie die Rolle der Aufzeichnungen, die im Gespräch mit Pastior entstanden sind, und stellt den poetischen Eigenwert des Romans gegenüber den biographischen Notizen heraus (Steinecke 2011). Norbert Otto Eke wiederum greift die im Zusammenhang der Shoah-Literatur geführten Debatten um Zeugenschaft und Authentizität in der Literatur auf und verortet den Roman in diesem Zusammenhang, indem er die Reichweite zentraler Metaphern erörtert (Eke 2011). Braun bezieht Perspektiven der Erinnerungsforschung in die Interpretation mit ein, um darüber die Bedeutung dieses Kapitels der Nachkriegsgeschichte für das ‚Gedächtnis der Literatur' herauszustellen. Darüber hinaus sieht er im Abrücken von der stark autobiografisch ausgerichteten poetischen Er-

Trauma, Gewalt und Zeugenschaft

innerung in *Niederungen* und in der Hinwendung zu einer in höherem Maße ästhetisch geformten und verfremdeten Erinnerung in *Atemschaukel* keinen ‚Authentizitätsverlust', sondern einen ästhetischen Mehrwert (Braun 2011; Spiridon 2013).

Inhalt und Aufbau

Subjektiver Duktus

Herta Müllers *Atemschaukel* setzt sich aus 64 Kapiteln und einem Nachwort zusammen, die überwiegend von dem Leben im russischen Lager im ukrainischen Donbass handeln. Obwohl der Roman auf Erfahrung, Erinnerung und sorgfältiger Recherche beruht, wohnt ihm kein dokumentarischer, sondern ein höchst subjektiver Duktus inne, der durch die poetische Sprache akzentuiert wird. Der Protagonist Leo Auberg ist zugleich Ich-Erzähler und führt durch das weitgehend chronologisch arrangierte Geschehen. Dieses beginnt während der Kriegsjahre in einer kleinen siebenbürgischen Stadt, in der deutsch gesprochen wird, und setzt sich mit der Deportation der deutschsprachigen Bevölkerung in die Ukraine und einer darauffolgenden minutiösen Schilderung des Lagerlebens und der dort zu verrichtenden Arbeiten fort. Nach einer Beschreibung der Entlassung Aubergs aus dem Lager und dessen anschließender Rückkehr in die nun russisch besetzte Volksrepublik Rumänien sowie der Hilfsarbeiten, die er dort über mehrere Jahre ausführt, folgt eine Darstellung der Ehe Leopolds mit Emma. Den Abschluss bildet schließlich die heimliche, als Besuchsreise getarnte Flucht aus dem Land über Graz im Jahr 1968, nachdem zwei schwule Männer, die Auberg im Park getroffen hatte, enttarnt und verhaftet wurden. Der Roman endet mit selbstreflexiven Betrachtungen zu Fragen der Zeugenschaft und der Präsenz des inzwischen verlassenen Lagers in der Erinnerung. Ein Nachwort Herta Müllers, in dem deren eigener biographischer Hintergrund sowie die Bedeutung der Gespräche mit Oskar Pastior geschildert werden, schließt das Buch ab.

Überlebensstrategien und Grenzerfahrungen

Im Lager treffen Menschen aufeinander, die unterschiedlichen Herkunftszusammenhängen entrissen wurden, verunsichert sind, nach Überlebensstrategien suchen und sich zunehmend in ihrer Wahrnehmung, in ihren Ansprüchen an das Leben, ihrer Sexualität und schließlich in ihrer Kommunikation einschränken. Zu den Figuren zählen der Aufseher Tur Prikulitsch, ein Karpato-Ukrainer, seine Geliebte, Bea Zakel, die Krankenschwester Trudi Pelikan, die Auberg noch aus Hermannstadt kennt, der wortkarge Albert Gion, mit dem Auberg im Schlackenkeller arbeitet, und der Akkordeonspieler Konrad Fonn, dessen Musik insbesondere in den letzten beiden Lagerjahren an Bedeutung für die Insassen gewinnt. Im zweiten und dritten Lagerjahr, als die Entbehrungen aufgrund der Hungersnot in der Nachkriegszeit am größten waren, wird das Lagerleben zu einer alltäglichen Grenzerfahrung, in der es ausschließlich um die Aufrechterhaltung elementarer Vitalfunktionen geht. Vor diesem Hintergrund wählt Auberg eine eigene Bildsprache für Kohlearten, Werkzeuge, Gegenstände und Ersatznahrungsmittel im Lager und auch für neue, von ihm erfundene Abstrakta, die in der entindividualisierenden Lagerwelt Sinnstiftung und Subjektivierung gewährleisten. In der Zeit nach der Entlassung aus dem Lager sieht er sich vor dem Problem, dass er sich mit diesen Lagerwörtern nach wie vor identifiziert, sie markieren immer noch Fluchtpunkte seines Selbstentwurfs, für den auch die

Sinnstiftung durch Subjektivierung

in zahllosen Träumen wiederkehrende Verschleppung wesentlich geworden ist. Die im Lager entstandenen Wörter hängen so fest mit Aubergs Persönlichkeit zusammen, dass sie selbst nach der Entlassung Teil seines Weltbezugs bleiben.

Brot-Geschichte

Ausführlich werden Armut, Elend und Hunger im Lager beschrieben. Es geht dabei um eine Befragung der menschlichen Existenz an den Grenzen des physischen Lebens. In diesem Zusammenhang stehen die Schilderungen der entwürdigenden Suche nach Nahrung – von Meldekraut und Spitzwegerich, von gekochtem Leder und von den Erdhunden, die in der Steppe um das Lager herum ihre Löcher graben, bis hin zu Diebstahl und Bettelei. Die Lagerinsassen gehen mit Kohle hausieren und hoffen auf Almosen von den russischen und ukrainischen Einheimischen, die in den ersten zwei bis drei Jahren unmittelbar nach Kriegsende ebenfalls in großer Armut leben. Minutiös werden die Nahrungsrationen im Lager beschrieben, die dünne Krautsuppe und die 800 Gramm Brot, die täglich von Fenja, auch sie eine Lagerinsassin, akkurat gewogen und verteilt werden und über Leben und Tod entscheiden. Auch von dem Becher Milch, den Auberg täglich gegen die Einlagerung giftiger Schwermetalle aus dem Schlackenkeller im Körper zu sich nehmen soll, verspricht er sich Heilung.

Wörter wie ‚Hasoweh', ‚Hungerengel', ‚Herzschaufel' und ‚Atemschaukel' sind Teil einer von Auberg erfundenen Sprache, die unmittelbar mit seinem Hunger und der Angst vor dem Tod zusammenhängt: Solange der Atem schaukelt, solange die herzförmige Schaufel Hieb um Hieb die Kohle verlädt, kann er sich dessen gewiss sein, dass der Hungerengel noch kein Todesengel geworden ist. Solange er noch den Todeslaut der Erdhunde („Hasoweh") hört, an die heimatliche Hasenjagd denken kann und die Kohle mit gleichlautendem Namen verlädt, ist sich Auberg seiner eigenen Existenz gewiss. Die aus der Angst heraus erfundene Sprache ermöglicht Subjektivierung an der Grenze (Bergmann 2011; Prak-Derrington/Dias 2014).

Erfundene Sprache

Es handelt sich um geschichtssensible Metaphern; insbesondere Hungerengel und Herzschaufel werden häufig mit einer Waage in Verbindung gebracht und evozieren damit Fragen nach Gerechtigkeit in dieser erzwungenen Wiedergutmachung. In diesem Zusammenhang sieht Auberg das Lager-Brot immer als „Dreifaltigkeit" (109):

> Die erste Sorte war das siebenbürgische tägliche, seit eh und je im Schweiße seines Angesichts saubere Brot vom evangelischen Herrgott. Das zweite war das braune Vollkornbrot von Hitlers goldenen Ähren aus dem deutschen Reich. Und die dritte war die Ration Chleb auf der russischen Waage. Und ich glaube der Hungerengel wusste von dieser Dreifaltigkeit im Brot […]. (109)

Die ‚russische Waage' wird zum Scheidepunkt der Geschichte siebenbürgisch-protestantischer Kultur, ihres ausgeprägten Arbeitsethos, aber auch ihrer blinden Flecke, ihres kolonialen Selbstverständnisses und ihrer Ausschlüsse, die schließlich zur Übernahme nationalsozialistischer Ideologien und der Verinnerlichung ihrer Propaganda führten. Die Waage, die nun ein Gramm Brot für eine Schaufel Kohle wiegt, ist freilich eine derart schiefe,

Fragen gerechter Memoria

dass sie in erster Linie Fragen nach gerechter ‚Memoria' aufwirft – wie der für den Leser und Auberg nicht einsehbare Standpunkt des Hungerengels, der die ‚Dreifaltigkeit' des Brots überschaut und damit vielleicht auch das ‚Zünglein der Gerechtigkeit' sieht. Im Roman spielt Aubergs vor Hunger geschwollenes Gaumensegel wiederholt auf das ‚Zünglein der Gerechtigkeit' an.

Homosexualität und Totalitarismus

Selbstsein in verfremdeter Realität

Die Homosexualität Leopold Aubergs und die Infragestellung seiner Identität im Lager werden im Roman eng miteinander verwoben. Die Strategien, mittels derer Auberg sich als schwuler Jugendlicher in Hermannstadt verstecken muss, adaptiert er später im Lager. Dies gilt vor allem für die erfundene Tarn-Sprache, mittels derer Selbst-Sein in der verfremdeten Realität möglich wird, und die er im Lager ausbaut. Die Decknamen der meist älteren Männer, mit denen er sich zum „Rendezvous" oder zum „Wildwechsel" (8) im Park verabredet, „SCHWALBE", „TANNE", „PIROL", „MÜTZE" oder „HASE" (8) weisen nicht allein auf die poetisch-subversive Sprache voraus, die in der Lagerwelt zu Aubergs Überleben beiträgt, sie zeugen auch von einer in die Illegitimität und Illegalität getriebenen Identität, die sich selbst verfremdet, um fortzubestehen. In subtiler Weise werden in den ersten Kapiteln des Romans Repression, Überwachung und Kontrolle in der kleinbürgerlichen und von Homophobie geprägten Welt dargestellt – einer Welt, aus der Auberg, nach den wiederholten Geheimtreffen mit einem Rumänen im Neptun-Schwimmbad nicht zuletzt aus Angst, ausbrechen möchte:

> Meine Mutter und besonders mein Vater glaubten, wie alle Deutschen in der Kleinstadt, an die Schönheit blonder Zöpfe, weißer Kniestrümpfe. An das schwarze Viereck von Hitlers Schnurrbart und an uns Siebenbürger Sachsen als arische Rasse. Mein Geheimnis war, rein körperlich betrachtet, schon höchste Abscheulichkeit. Mit einem Rumänen kam noch Rassenschande dazu. (10f.)

Blinde Flecke im Selbstverständnis

Der Roman legt blinde Flecke im Selbstverständnis beider Seiten, der Siebenbürger Deutschen wie der für die Zwangsarbeit verantwortlichen Sowjets offen: Während die meisten Deutschen am rassistischen Denken und an der Bildwelt nationalsozialistischer Propaganda festhalten, klafft ein unüberbrückbarer Widerspruch zwischen dem Anspruch der Lagerleitung, die ‚Faschisten' im Namen von Werten wie Menschlichkeit und Gerechtigkeit umzuerziehen, und dem ent-individualisierenden und entwürdigenden Lageralltag. Rassismus, an der Eugenik orientierte Vorstellungen von Sexualität, Homophobie und ‚arische' Schönheitsideale gehören im Siebenbürgen dieser Jahre zur Normalität. Auch der Hass gegenüber Russland – in der antisemitischen nationalsozialistischen Propaganda der Hort des ‚Judäo-Bolschewismus' – ist als fester Bestandteil des kollektiven Imaginären der Siebenbürgendeutschen im Roman auch während der Deportation präsent. So erfahren die Leser in einer Rückblende, dass im „Stalingrad-Sommer" (93) – also nach jenen Schlachten, in der nicht nur ein Großteil der Zivilbevölkerung des heutigen Wolgograd, sondern auch fast eine Million Soldaten starben, Aubergs Familie auf ihrer Siebenbürger Veranda unbekümmert weiter dem reichsdeutschen Radio lauschte, in dem eine „liebesdurstige" Frauenstimme davon schwärmt, wie „jede deutsche Frau […] dem Führer ein Kind" (94) schenkt, woraufhin Auberg beschwört, es den Augen der Frauen angesehen zu haben, „dass sie sich das mehr als ein bisschen wünschen" (94).

Selbst in der Lagerzeit treffen sich die Frauen aus Siebenbürgen insgeheim mit deutschen ‚echten' Kriegsgefangenen zum Sex, weil sie sie nach wie vor für „Helden" (95) halten. In einer Lagerszene kratzen die Insassen mit Drahtbürsten Wanzen aus ihren Bettgestellen heraus und aktualisieren dabei nationalsozialistische Propaganda über die Russen und den ‚Judäo-Bolschewismus' als ‚Blutsauger' und ‚Parasiten', die es auszurotten gilt: „Wir sehen das Blut der Wanzen gern, weil es unseres ist. Je mehr Blut, um so mehr Lust macht das Bürsten. Aus uns wird aller Hass herausgelockt. Wir bürsten die Wanzen und werden dabei stolz, als wären es die Russen." (237f.) Dass es sich um das eigene Blut handelt, bestätigt die Richtigkeit des Bildes und des Handelns. Die russische Bevölkerung teilt diesen Hass im Roman nicht: In einer Episode bewirtet eine ältere russische Frau den hausierenden Leopold, und denkt dabei an ihren Sohn, der als sowjetischer Soldat irgendwo an der Front kämpft. Auch der Lagerkommandant Schischtwanjonow steht den Insassen nicht feindselig gegenüber und möchte sie keineswegs vernichten, sondern strebt an, dass sie im Sinne des Staatssozialismus „umerzogen" (161) werden. Umerziehung

Bekämpft wird der „Faschist, Spion und Saboteur" (161), der möglicherweise immer noch in den einzelnen Insassen steckt, und der dazu neigen könnte, nach der Entlassung „das Lager, die Sowjetmacht und das Sowjetvolk" (161) zu verraten oder zu verleumden. Freilich steht dieser Anspruch im eklatanten Widerspruch zu dem lebensbedrohlichen und ethische und moralische Werte unterlaufenden Alltag des Lagers. Dies wird besonders deutlich am Beispiel des Anwalts Paul Gast, der, vom Hunger getrieben, täglich die Suppe seiner Frau Heidrun mit auslöffelt, bis diese vor Schwäche zusammenbricht und letztlich umkommt. Das Gegenteil ereignet sich im Falle der geistig behinderten Planton Kati, die an einem Knotenpunkt in der Figurenkonstellation steht, obgleich sie selbst nur in rudimentärer Weise mit anderen kommuniziert (Kegelmann 2014). Der Umgang mit ihr wird zum Prüfstein für den Fortbestand moralischer Integrität unter den Lagerinsassen, die sie nicht um ihre Brotration betrügen (mit einer Ausnahme, die bestraft wird). Dass Planton Kati am Ende überlebt, dass sie weder von der sowjetischen Lagerleitung als unbrauchbare Arbeitskraft getötet, noch von den Insassen um ihr Essen betrogen wird, markiert einen deutlichen Unterschied zu den nationalsozialistischen Konzentrationslagern und der Eugenik. Planton Kati als Prüfstein der Moralität

3. Ukrainisch-österreichische Literatur: Julya Rabinowich: *Die Erdfresserin* (2012)

Julya Rabinowichs 2012 veröffentlichter Roman ist am Puls der Zeit: Er erzählt die Geschichte Dianas, einer erwachsenen Frau, die eine universitäre Ausbildung als Theaterschauspielerin und Regisseurin besitzt und ein uneheliches Kind zur Welt bringt. Der Vater, gebildeter und feinfühliger Besitzer einer umfangreichen Bibliothek, verschwindet während Dianas Kind- Migration und Prostitution heit plötzlich. Mit der leseabstinenten und Emotionen verweigernden Mutter sowie mit der ähnlich agierenden Schwester kommt keine tragfähige Beziehung zustande. Diana geht schließlich zusammen mit einer Schauspiel-Kollegin Nastja als Prostituierte in den Westen, anfangs im Glauben, der Beruf lasse sich wie eine Theaterrolle ausüben; zeitweise arrangiert sie wie eine Regisseurin die Begegnungen zwischen Nastja und ihren Freiern. Die Deutung der beiden Frauen setzt sich freilich gegenüber jener der Freier und des gesellschaftlichen Umfelds in Wien nicht durch: Dort sind sie osteuropäische Prostituierte und keine Schauspielerinnen.

Grenzgänge in die Illegalität

Gründe für ihre illegalen Grenzgänge und Kurzaufenthalte in Wien sind die Armut in Dagestan, die psychische Labilität des unehelichen Sohns Dianas, der auf Medikamente und somit auf Geld angewiesen ist, aber auch die emotionale Erpressung durch Mutter und Schwester, die auf das Einkommen, welches Diana regelmäßig abliefert, warten und zugleich auf die Tochter und Schwester herabschauen. In Wien lernt Diana während einer Razzia den Polizisten Leo kennen, einen übergewichtigen schwerkranken Mann, der sie schließlich bei sich zu Hause einziehen lässt, vordergründig als seine Liebespartnerin, unausgesprochen als Pflegerin und Haushälterin. Diana spielt die Rolle einer Ehefrau, wird jedoch der Geringschätzung Leos gewahr und wechselt in die Rolle der ‚Ausbeuterin', die sich an Leos Erspartem bedient.

Armut und Abschiebung

Nach Leos Tod verfällt Diana in immer schwerere Armut, liegt zeitweise auf der Straße, wird von der Polizei aufgegriffen, nachdem sie bereits als ‚Erdfresserin' im wörtlichen Sinne aufgefallen ist und wird in die Psychiatrie eingeliefert, wo sie eine psychotherapeutische Behandlung erfährt. Sie wird jedoch nach deren Ende abgeschoben, weil keine ausreichenden Asylgründe vorliegen. Diana kehrt nicht mehr in ihr Elternhaus zurück, sondern lebt noch einige Zeit als Obdachlose, bevor sie in einem Wald ganz sich selbst überlassen stirbt. Der Roman wird von einem Prolog eröffnet, der als Vorgriff auf das Ende Dianas betrachtet werden kann, und gliedert sich danach in einen ersten Teil („Davor", 9–150), der hauptsächlich Monologe Dianas in den Psychotherapiesitzungen mit zahlreichen Rückblenden enthält, und einen zweiten („Danach", 153–236), der den vollständigen Abstieg Dianas erzählt. Erzählt wird durchgehend aus der Ich-Perspektive Dianas.

Anti-Heldin der ost-westeuropäischen Machtasymmetrien

Die Schauspielerin Diana ist eine tragische Anti-Heldin unserer Zeit. Ihr Lebensweg wirft ein kritisches Licht auf die ost-west-europäischen Asymmetrien, auf Armut als Grund für Migration und auf prekäre Arbeitsverhältnisse im europäischen Westen. Die Prostitution hunderttausender Frauen aus dem europäischen Osten in Deutschland und Österreich ist zu einem Massenphänomen geworden und zählt zu den sichtbarsten Beispielen, wie sich neuartige ökonomische Gefälle auf individuelle Biographien auswirken.

Individueller Lebensweg, ökonomische Neuordnung Europas und Präsenz der Erinnerungsmythen

Der Roman Rabinowichs verknüpft drei unterschiedliche Ebenen miteinander, die gleichermaßen von der Epochenzäsur 1989 aus zu denken sind: den oben geschilderten individuellen Lebensweg Dianas, die neue ökonomische Ordnung Europas und die geisterhafte Präsenz widersprüchlicher Mythen, Erinnerungs- und Geschichtsfragmente, die in einer europäischen Perspektive neu interpretiert werden müssen. Dianas Lebensweg hängt unmittelbar mit dem Wegfall des ‚Eisernen Vorhangs' und dem Ende des weltweiten bipolaren Systems zusammen: Nach Ende des Staatssozialismus herrschten in Dagestan, im südlichen Teil der ehemaligen Sowjetunion in einer bergigen Region am Kaspischen Meer gelegen, politische Unruhen, soziale Ungleichheit, Armut und Korruption. Die Entscheidung, jede Arbeit im europäischen Westen auszuüben, ist in sehr hohem Maße strukturell bedingt und hängt nur wenig mit individueller Persönlichkeit, Bildungsstand und sozialem Status vor 1989 zusammen. So verhält es sich auch im Falle der aus einer reicheren Familie stammenden Diana, in der bald nach dem Verschwinden des Vaters prekäre Verhältnisse einkehren. Dass der Vater eines Tages unangekündigt wegbleibt, ist kein bloßer Schicksalsschlag. Viele Signale im Text sprechen dafür, dass er Opfer einer Gewalttat geworden, also entführt oder ermordet worden ist, worüber die Mutter und die beiden Schwestern jedoch nicht sprechen. Zentrales Indiz ist hier die Pfeife des Vaters, die er nicht zu Hause hinterlassen hätte, wenn er die Familie unangekündigt aus freien Stücken hätte verlassen wollen. 1999, zehn Jahre nach dem Umbruch, fand der Dagestan-Krieg statt, im Rahmen dessen muslimische Separatisten (u.a. der 2006 getötete Terrorist Schamil Bassaew) in Dagestan einfielen, bevor Russland eingriff und den autonomen, aber russlandtreuen Status der Republik wiederherstellte. Der Roman rückt bereits 2012, vor der Ukraine-Krise also, meist asymmetrische Handelsbeziehungen in den Blick der deutschsprachigen Leser, in die Deutschland und Österreich in vielfältiger Weise involviert sind (etwa als Investoren und Politikberater), und von denen sie auch indirekt affiziert werden (durch nicht vorhersehbare wirtschaftliche Rückkopplungseffekte, Migration usw.). Diese Zusammenhänge werden zwar im Roman lediglich angedeutet; dass der Vater ein unliebsamer Intellektueller war, der vielleicht zwischen die Fronten geraten war, ist indes denkbar.

Das Leben Dianas als illegale Migrantin, die meist zu Fuß die Grenzen überqueren und in Wien als Prostituierte arbeiten muss, erweist sich in anderer Weise als Kriegsschauplatz, der unbemerkt im Zentrum und im Westen Europas auf dem Feld der ‚Arbeit' stattfindet. Dabei weist Dianas scheiternder Versuch, in Wien Fuß zu fassen, wie bereits Burkard Spinnen, der Vorsitzende der Bachmann-Jury 2012 anmerkte, einige Affinitäten zu Arthur Schnitzlers Roman *Therese. Chronik eines Frauenlebens* (1928) auf. Hier werden ost-west-europäische Machtasymmetrien neu codiert und in der Prostitution durch Geschlechterasymmetrien potenziert. Obgleich der Roman all diese Phänomene verhandelt und analytisch durchleuchtet, erschöpft er sich keineswegs in seiner realistischen Dimension. [Kriegsschauplatz Prostitution]

Die Subjektposition Dianas, der ‚Erdfresserin', kann jedoch dabei als ein vielschichtiger und hoch aktueller Kommentar zu den komplizierten Prozessen der Vermittlung zwischen ost- und westeuropäischen Identitätspositionen betrachtet werden. Von ihrem Lebensweg im Roman aus gedacht, lässt sich der Umstand, dass sie zur ‚Erdfresserin' wird, auf der Handlungsebene als gescheiterter Selbstheilungsversuch verstehen. Er geht zurück auf eine intensiv erinnerte Kindheitsszene, in der die Mutter die Tochter grausam für ein gemeinschaftliches Schlammbad mit anderen Kindern im warmen Sommerregen bestraft. Dazu passt, dass die erste Episode der ‚Erdfresserei' Züge eines psychotischen Schubs trägt. [Vermittlung ost- und westeuropäischer Identitätspositionen]

Schwester Apollos und ‚Wilde'

Doch darüber hinaus lässt sich die ambivalente Subjektposition Diana/ ‚Erdfresserin' als facettenreiche Diagnose ost-westlicher Asymmetrien unter Berücksichtigung des Geschlechterverhältnisses beschreiben. Schon der Name Diana weist die Protagonistin als mythische Figur aus. Sie wird, wie die keusche Göttin der Jagd, am Ende eins mit dem Wald – der allerdings kurz zuvor in einer verstörenden Vision als Massengrab erscheint. Im Topos der Erdfresserin scheint eine Phantasie des Einswerdens mit Gaia, der liebenden und fruchtbaren ‚Mutter Erde' auf. Daneben wird in Kolonialberichten über die Völker Lateinamerikas und Indonesiens bei Alexander von Humboldt (Humboldt, 1808, S. 149) und in seiner Nachfolge in populärwissenschaftlichen Zeitschriften des 19. Jahrhunderts häufig von dem Brauch der Erdfresserei berichtet. Zu ‚Erdfressern' werden die ‚Indianer' demzufolge aus Hunger, wenn sie auf der Jagd nichts erbeuten können. In manchen Kolonialberichten wird die Erdfresserei darüber hinaus sogar mit Kannibalismus und Leichenschändung verbunden. Auf das ost-westeuropäische Verhältnis bezogen, bedeuten diese beiden Aspekte, dass die östliche Migrantin einerseits (als Diana) Teil der griechisch-römischen Genealogie Europas ist, andererseits (als ‚Erdfresserin') eine ‚Wilde' im Exklusionsbereich der Zivilisation. Die Ambivalenz zwischen Regisseurin und Prostituierter korrespondiert mit dem zweideutigen Status des Ostens als Subjekt bzw. Anderes Europas. Das Blickregime auf Osteuropa ist seit dem ausgehenden 18. Jahrhundert von genau dieser Ambivalenz geprägt; Karl Emil Franzos hat sie im Titel einer Abhandlung auf die prägnante Formel ‚Halb-Asien' gebracht (Franzos 1878). Für westdeutsche Selbstentwürfe war diese Ambivalenz hochgradig produktiv (vergleichbar mit dem Schreiben über Kolonien als Komplexitätsressource). Im neuen Europa nach dem Umbruch, das rechtlich und in seinen Selbstbeschreibungen allen beteiligten Staaten und Gruppen eine Subjektposition zuspricht, werden jedoch diese tradierten Asymmetrien zu einem Problem, das nach kritischer Reflexion und Bewältigung verlangt.

Selbstschöpfung als Golem

Das ‚Erdfressen' hat jedoch noch eine weitere Implikation: Die österreichisch-ukrainisch-jüdische Autorin Rabinowich greift die Golem-Legende auf, und damit ein traditionsreiches Motiv, in dem es um Schöpfung, Wahrheit, Leben und Tod, aber auch um Unterwerfung und Herrschaft geht. Diana erweckt einen Golem zum Leben, zugleich verzehrt sie aber Erde und Lehm, aus denen sie den Golem gebaut hat. Auch hier kehrt die obige Ambivalenz wieder: Diana erschafft den Golem und macht sich selbst gleichzeitig eins mit dem Lehm, aus welchem der Golem besteht. Dies führt dazu, dass sie den Golem nicht vollständig beherrschen und lenken kann. Diana kannte, vermittelt über den Vater, diese jüdische Legende um den Prager Rabbi Jehuda Löw. Im Falle ihrer Golem-Schöpfung tritt aber eine wesentliche Veränderung ein, denn der Golem wird am Ende zum Totenführer und geleitet sie über ein Feld des Übergangs zwischen Leben und Tod. Diana möchte am liebsten sich selbst als ihren eigenen Golem neu erschaffen, wenn sie in der folgenden Schlüsselszene Erde aus dem Grab ihres ehemaligen Lebensgefährten, des Wiener Polizisten Leo, isst:

> [...] und ich gehe in die Hocke und nähere mein Gesicht der Feuchtigkeit der Erde und rieche daran, und das Gefühl, mich hineinzuschmie-

gen, wird unerträglich schnell unerträglich intensiv, so schnell ist es noch nie gegangen, ich fühle die Kontraktionen in meinem Inneren anwachsen, die mich ausdrücken wollen, mit ihr vermischen, vermengen und neu formen aus neuem Ton und neuen Rippen, ich atme tief und schnell […] und ich verschlinge große Stücke aus dem von mir mit meinem Gesicht gerührten Erdteig, in dem ich schalen Beigeschmack schmitzigen Fleisches wahrnehme, ich wühle in Leo, ich dringe in ihn ein, verdaue ihn, untrennbar diesmal […]. (Rabinowich 2012, S. 149f.)

Diana, die in solchen Momenten ihre ‚Luftwurzeln' spürt, und somit erlebt, dass sie als russisch-jüdische Migrantin Erde essen muss, um in der Gesellschaft Wurzel zu schlagen, kann unter diesen Umständen nicht überleben. Nicht dem Golem streicht sie die erste Silbe von der Stirn, sodass er zu Erde zerfiele, sondern sich selbst. *(Luftwurzelmetaphorik)*

Insgesamt leistet der Roman Reflexionsarbeit an einander überlappenden und teilweise divergierenden kulturellen und religiösen imaginären Erinnerungen und an der ‚Memoria' in Europa, an der Geschichte russischer und ukrainischer Juden und an der Frage, wie an den Holocaust und die große Epochenzäsur 1945 nach 1989 erinnert werden kann. Beides ragt in vielfältiger, durchaus unterschiedlicher Weise in die Erinnerungen und in das Erlebte der Einzelnen hinein und verlangt nach Vermittlung.

4. Weitere Konstellationen interkultureller Literatur nach 1945

4.1 Yoko Tawada: Talisman *(1996)*

Yoko Tawada (geb. 1960) kommt innerhalb der neueren deutschsprachigen interkulturellen Literatur eine herausragende Rolle zu. Eine deutsch-japanische Literatur, die man beispielsweise mit der deutsch-russischen oder deutsch-arabischen vergleichen könnte, gibt es nicht. Allerdings liegt durchaus eine Geschichte der Faszination für die Kultur, die Schrift, das Theater und die Religionen Japans in Deutschland vor. Dazu gehören nicht allein die exotistische Japan-Begeisterung, der Japonismus der zweiten Hälfte des 19. Jahrhunderts, sondern auch facettenreiche literarische Texte wie die ebenfalls in diesem Band besprochenen Japan-Erzählungen Max Dauthendeys *Die acht Gesichter am Biwasee* (1911) und Klabunds *Die Geisha O-sen* (1918). Es besteht außerdem eine lange Tradition der Rezeption und Übersetzung japanischer Literatur in Deutschland, die um 1850 einsetzt und die Haiku-Lyrik, das No-Theater sowie ältere und neuere japanische Prosa einschließt. Yoko Tawadas Texte fordern einen recht hohen Grad an Vertrautheit mit der deutschen und der japanischen Zivilisation und Kultur ein, denn sie gestalten sich häufig als anspruchsvolle Übersetzungen zwischen beiden. In diesem Sinne hat sich Tawada intensiv mit Walter Benjamins berühmtem Essay *Die Aufgabe des Übersetzers* (1921) auseinandergesetzt. Dieser spricht sich in seinem Essay gegen einen Primat des Originals vor der Übersetzung aus und plädiert sogar dafür, der Übersetzung einen

Die herausragende Rolle Yoko Tawadas

Walter Benjamin: Aufgabe des Übersetzers

Sinn und Prozess der Übersetzung

höheren Grad der Kunstfertigkeit und ästhetischen Komplexität zuzuerkennen, und so liegt schließlich auch der Schwerpunkt ihrer Poetik der Interkulturalität auf Übersetzung und Transfer. In der Übersetzung, so Tawada, gestaltet sich das Verhältnis zwischen Zeichen und Sinn freier und ungezwungener und gewinnt gerade dadurch an Authentizität und Nachdruck. Tawadas Texte legen häufig offen, wie Sinn im Prozess der Übersetzung entsteht. Dabei verwendet sie den Begriff ‚Übersetzung' in einem weiteren Sinn, der die Vermittlung zwischen kulturellen Bezugsrahmen, Zeiten, Schriftsystemen, Sprachen, Religionen, tradierten Kunstformen und historischen Überlieferungen sowie Formen des kollektiven Imaginären mit einschließt.

Tawada, die in Tokyo geboren wurde, veröffentlicht in deutscher bzw. japanischer Sprache verfasste Essays, Prosa, Lyrik, Theater und Hörspiele in Deutschland und Japan. Ihre deutschsprachigen interkulturellen Texte, um die es hier geht, befassen sich häufig mit Fremdheit als einem irritierenden und herausfordernden Moment, welches allerdings nicht das Gegenteil von ‚Identität' markiert. Vielmehr ist das Selbst in der Poetik Tawadas eines, das sich erst in der ständigen Auseinandersetzung mit Fremdem finden und denken kann – daher handelt es sich hier um eine genuine Poetik der Interkulturalität.

> Ich ekelte mich oft vor Menschen, die fließend ihre Muttersprache sprachen. Sie machten den Eindruck, dass sie nichts anderes denken und spüren konnten als das, was ihre Sprache ihnen so schnell und bereitwillig anbietet. (Tawada 1996, S. 42)

Plastizität von Sinn

Diese Stelle greift Walter Benjamins Überlegungen zum gesteigerten Bewusstsein für die Beweglichkeit und Formbarkeit allen Sinns in Übersetzungen oder ‚fremden' Sprachen auf. Es geht dabei nicht allein um die Reflexion des arbiträren Verhältnisses zwischen Zeichen und Bezeichneten, sondern auch um die Konzeption möglicher neuer zeichenhafter Formenensembles und Sinnbezüge. Aus der Plastizität von Sinn und seiner Erneuerbarkeit ergeben sich Möglichkeiten der Individuierung, während das Verharren in der als Kind erlernten Sprache zum Verharren innerhalb tradierter Unterscheidungen und Horizonte einlädt.

Grenzerfahrung zwischen Wissenschaft und Kunst

Tawada, die 1998 die Poetik-Dozentur in Tübingen und 2011 die Hamburger Gastprofessur für Interkulturelle Poetik innehatte, verfasste auch poetologische Texte. Die bedeutendsten sind in den Bänden *Verwandlungen* (1998) und *Fremde Wasser* (2012) versammelt, aber auch die Essay-Bände und die literarischen Texte enthalten dichte poetologische Reflexionen. Zwischen den Textsorten besteht bei Tawada ein fließender Übergang, die literarischen Texte sind von theoretischen und ästhetischen Reflexionen durchsetzt, während die poetologischen häufig von dichten, stringent arrangierten Metaphern getragen werden, die auch in einem der künstlerischen Texte Tawadas stehen könnten. Dieses Vorgehen ist nicht zufällig, sondern entspricht Tawadas Poetik, die die Grenzen zwischen Wissenschaft und Kunst relativiert und eine Schnittmenge zwischen beiden absteckt. Besonders bekannt sind der 1989 entstandene und 2010 in einer zweisprachigen Ausgabe erneut abgedruckte Kurzroman *Das Bad*, daneben der 1991 veröffentlichte, Gedichte und Prosa enthaltende Band *Wo Europa anfängt*, das

Hörspiel *Orpheus oder Izanagi* (1998) sowie die Prosabände *Opium für Ovid, ein Kopfkissenbuch für 22 Frauen* (2000) und *Überseezungen* (2002).

Eng verbunden sind all diese Texte mit Versuchen, transitorische Räume, Zeiten und Sinnzusammenhänge zu denken und darzustellen, also Selbstverortungen und Relationierungen in einem imaginären Übersetzungsraum zwischen den Kulturen vorzunehmen. Eine zentrale Rolle für den Selbstentwurf Tawadas, der in autofiktionalen Texten häufig aufgegriffen wird, spielt ihre Erfahrung der Durchquerung Eurasiens mit der Transsibirischen Eisenbahn auf dem Landweg von Japan nach Deutschland. Diese räumliche Erfahrung des Über-Setzens variiert Tawada und gestaltet sie zuweilen wie ein Szenario der Wieder-Geburt im Transitorischen, so etwa in *Im Bauch des Gotthards* im Band *Talisman*. In diesem Text ist von dem Bergtunnel als einer „männlichen Mutter" (Tawada 1996, S. 98) die Rede, aus deren Bauch vielleicht die Schweiz als Nation, vielleicht aber auch jeder Reisende ein Stück weit verändert wiedergeboren wird, wobei die Gedanken an das (Wieder-)Geborenwerden immer auch Anspielungen auf die japanisch-buddhistische Religion und die Seelenwanderung beinhalten.

Tawadas Texte betreiben ein subtiles Spiel mit der Autofiktionalisierung, denn die Perspektive, durch welche das häufig als ‚weiblich' markierte Erzähler-Ich die deutsche Gesellschaft betrachtet, ist augenscheinlich eine japanische, die Texte sind dabei durchweg fiktional, ästhetisch komponiert und hochgradig selbstreflexiv. Die Schriftstellerin studierte zunächst Literaturwissenschaften in Tokyo, Hamburg und Zürich und promovierte anschließend in Neuerer Deutscher Literaturwissenschaft in Berlin bei Sigrid Weigel mit der Arbeit *Spielzeug und Sprachmagie in der europäischen Literatur. Eine ethnologische Poetologie* (2000).

Der Band ‚Talisman', um den es in diesem Kapitel hauptsächlich geht, enthält 18 Essays, die zugleich als Erzählungen betrachtet werden können, sowie ein farblich abgehobenes, zweisprachiges deutsch-japanisches Buch im Buch mit dem Titel *Das Wörterbuchdorf*, das in der Mitte des Bandes platziert ist.

Allen Texten in dem Band ist gemeinsam, dass sie ihre eigene Sprachlichkeit und ihr Zeichenmaterial thematisieren. Die Buchstaben des lateinischen Alphabets erhalten einen semantischen Wert als Ideogramme. So wird damit gespielt, dass das ‚o' in ‚Gotthard', ‚Como' oder ‚Locarno' auch bildschriftliches Zeichen für den Tunneleingang und -ausgang sein könnte. In *Das Tor des Übersetzers oder Celan liest Japanisch* (ebenfalls in *Talisman*) scheinen die unausgesprochenen Implikationen der japanischen Ideogramme, mit denen Paul Celans deutsche Gedichte ins Japanische übertragen worden sind, unmittelbar mit den Sinnzusammenhängen der Celan'schen Lyrik zusammenzuhängen.

Gleich die erste Erzählung des Bandes, *Von der Muttersprache zur Sprachmutter*, thematisiert die Sprachlichkeit der Beziehungen zu Menschen ebenso wie zu Dingen, die erst anhand des Schamgefühls, welches beim Erlernen eines neuen Namens für (auch bereits bekannte) Menschen oder vertraute Gegenstände spürbar wird. Die Vertraulichkeit, die sich durch den selbstverständlichen Gebrauch von Redewendungen eingestellt hat, erweist sich als übergriffig gegenüber dem Eigenleben der Dinge und Personen, das hinter dem uneigentlichen Sprachgebrauch verschwindet.

Während sich also in der Muttersprache die möglichen ‚Arten des Seins' und ‚Arten des Meinens' nicht entfalten können, sondern in der dumpfen, unreflektierten Bindung an die Materialität des Zeichens verharren, können sich im Zwischenraum zwischen Übersetzungen (Tautz 2012) Facetten des Sinns entfalten, die alle gleichermaßen zum (nie einholbaren) ‚Wesen' des Gegenstandes gehören. Tawada exemplifiziert dies am Beispiel des Bleistifts – japanisch ‚enpitsu' – der im Japanischen nicht allein (wie alle Substantive) kein Geschlecht hat, sondern auch nicht in der Umgangssprache scherzhaft personifiziert werden kann, wenn er seinen Dienst als Schreibinstrument verweigert. Das ähnelt dem japanischen Animismus der Shinto-Religion, unterscheidet sich aber doch auch davon, denn es geht nicht darum, dem Bleistift eine Stimme zuzuschreiben, sondern ihn zu beherrschen. In dieser Weise legt Tawada verschiedene Arten, sich mit Dingen in Beziehung zu setzen, offen. Gemeint sind dabei die sprachlichen Gewohnheiten, Adressierungsformen, kulturellen und religiös-mythologischen Rahmungen und den grammatikalischen Gegebenheiten des Deutschen und des Japanischen. Stets läuft es darauf hinaus, dass sich ‚Wesen' und ‚Sinn' (beides fällt für Tawada in Eins) im Zwischenraum zwischen den Sprachen befinden und grundsätzlich erst dort entfalten können. Tawadas Poetik wohnt also eine gewisse Radikalität inne, die aufgrund des vielerorts spielerischen Tons ihrer Texte leicht übersehen werden kann. Es geht in ihnen gerade nicht um einen Ausnahmefall oder um die Besonderheit ihres persönlichen Befindens zwischen zwei Sprachen, sondern um eine sprachphilosophische und poetische Grundlegung der conditio eines jeden Einzelnen. Die Bezüge auf Walter Benjamins *Die Aufgabe des Übersetzers* und auf Jacques Derridas an Benjamin anschließenden Essay *Babylonische Türme* (Derrida 1997) sind im obigen Sinne zu verstehen, denn auch dort geht es um die grundsätzliche Beschaffenheit von Sprache, Zeichen und Namen und um Sinn, der sich in letzter Konsequenz immer als Spur der Übersetzung eines nie eingelösten Versprechens der Präsenz erweist. Derridas Aufsatz läuft darauf hinaus, dass schon in der biblischen Problematisierung des göttlichen Namens, der die Wahrheit und Adressierbarkeit Gottes zugleich verspricht und verneint, ein stetiger Prozess des Übersetzens als Auftrag jeglicher Kultur formuliert. Der göttliche Name wird einzig denkbare conditio der Sprache und des menschlichen Denkens ausgegeben, in Anbetracht der Unmöglichkeit von ‚absoluter', d.h. nicht zeichenhaft vermittelter Präsenz. Das Denken und die Poetik Tawadas schließen hier an. Je vielfältiger, überraschender und irritierender die Übersetzungen werden, je vielgestaltiger sich Wörter, Zeichen und Laute darbieten, desto facettenreicher erweist sich das ‚Wesen' der Gegenstände, Personen, Weltbezüge und des eigenen Selbstentwurfs. ‚Kultur' existiert und entfaltet sich im ‚Transkulturellen'.

> Dadurch [durch Übersetzung] gewinnt jedes Wort ein eigenes Leben, das sich von seiner Bedeutung innerhalb des Satzes unabhängig macht. Es gibt sogar Wörter, die so lebendig sind, dass sie wie mythische Figuren ihre eigenen Lebensgeschichten entwickeln können. (S. 13)

Wenn Wörter zwischen möglichen Bezugsrahmen oszillieren, können sie eine derart facettenreiche Gestalt erhalten, dass das Nachverfolgen der Spur zwischen ihren Stationen selbst zu einer Geschichte wird. Dieser Sinnreichtum wird im Übersetzen zwischen Sprachen oder durch andere Techniken des Fremd-Machens, die ebenfalls eine Übersetzung einfordern, möglich. Deshalb zieht Tawada in *Von der Muttersprache zur Sprachmutter* die Schreibmaschine, für sie eine ‚Sprachmutter', der Muttersprache, in der die Worte den Menschen „angeheftet" (S. 15) sind, vor. Die Metapher der Sprachmutter lässt zum einen die unendliche Generativität von Sprache anklingen, zum anderen bieten die einzelnen Buchstaben der Tastatur der Schreibmaschine, auf die die Metapher anspielt, die Möglichkeit, immer wieder neue Sinn-Muster zu entwerfen und ihren Spuren nachzugehen.

In *Erzähler ohne Seelen* geht es erneut um das Gegenteil von Präsenz: Thematisiert wird ein unendlicher Übersetzungsprozess, der nichts anderes vollbringt als Sinn-Spuren einzugravieren, ohne dadurch Gegenwärtigkeit zu erzeugen. Im Theater und anderen Künsten, die mit menschlicher Figürlichkeit spielen oder durch die Gegenwart lebendiger Menschen auf der Bühne Präsenz suggerieren, verhält es sich, so die Logik dieser essayistischen Erzählung, ähnlich. Sinn entsteht erst im Zuge komplizierter Vorgänge der Übersetzung zwischen der körperlichen Gestalt der Schauspieler und dem möglicherweise Gemeinten, das in jedem Falle nicht mit der Leiblichkeit der Schauspieler identisch sein kann. Es stelle sich in diesem Zusammenhang die Frage, ob die Figuren auf konkrete Personen oder zumindest auf Menschen verweisen, deren Existenz in der Realität so tatsächlich denkbar wäre. Möglich wäre auch, dass sie auf Tote (wie es sich beispielsweise im Falle des Auftritts von Hamlets Vater in Shakespeares berühmtem Drama verhält) beziehungsweise auf Geister Bezug nehmen, wie im japanischen No-Theater. In dieser Kunstgattung übernehmen darüber hinaus männliche Schauspieler traditioneller Weise auch die weiblichen Rollen und rekurrieren somit auf Frauen. Auch im Theater liegt ein (sogar potenziertes) Fremdheitsverhältnis zwischen den sichtbaren Schauspielern auf der einen Seite und den lebendigen und toten, weltlichen und überirdischen, allegorischen und metaphorischen Gestalten der Stücke auf der anderen Seite vor. Dieses Verhältnis macht sich Tawada zunutze, indem sie ein feinmaschiges Netz zwischen europäischen und japanischen Theatertraditionen, dem Umgang mit Puppen zwischen Londons Wachsmuseum und japanischen Handwerkstraditionen, japanischem Totenkult in der Shinto-Religion und europäischem Geschichts- und Genealogie-Bewusstsein spinnt. Im Kern geht es darum, dass alle Kulturen hoch komplexe Zeichenfigurationen und Formen ihrer Materialisierung entwickeln, um den Tod und die Grund-Losigkeit menschlicher Existenz zu überspielen.

In *Das Fremde aus der Dose* geht es um die Unmöglichkeit, Unterschiede zwischen zwei Kulturen zu benennen. Tawada lehnt nicht allein einen holistischen Kulturbegriff ab, sondern auch jeglichen Vergleich zwischen Kulturen. Dies hängt damit zusammen, dass Vorstellungen von Identität und Beschreibbarkeit einer Kultur, so die Logik des Textes, von einem naiven Sprachverständnis ausgehen. Diesem Verständnis verhalten sich Beschreibung und tatsächlicher Gehalt einer Kultur in derselben Weise zueinander, wie die Abbildung auf einer Dose zu deren Inhalt. Ebenso wenig, wie die auf der Verpackung abgebildete Japanerin eindeutig auf den in der Dose befindlichen Thunfisch verweist, ist es möglich, den ‚Inhalt' einer Kultur zu bezeichnen: Beschreibung und Phänomen stehen in einem grundsätzlichen

Marginalien:
Unendliche Übersetzungsprozesse

Fremdheitsverhältnis zwischen Beschreibung und Phänomen

Fremdheitsverhältnis zueinander. Bei näherem Hinsehen entfaltet sich der Sinn von ‚Kultur' in *Das Fremde aus der Dose* im Zuge des sukzessiven Öffnens von ineinander verschachtelten Verpackungen, die alle in einem auslegungsbedürftigen Fremdheitsverhältnis zueinander stehen. Dies bedeutet so viel wie: sie müssen ineinander übersetzt werden. Ein eigentlicher ‚Gehalt' von Kultur, der sich nach dem Öffnen aller Verpackungen offenbaren würde und den es letztlich zu verstehen gelte, existiert in diesem Sinne dagegen nicht. Daher ist auch der Vergleich zwischen den Kulturen nicht möglich. Im transkulturellen Übersetzungsprozess reichert sich das Nachdenken über Sprache und Kultur an; das Fremdheitsverhältnis zwischen ‚Zeichen' und ‚Inhalt' aber bleibt bestehen. Auch hinsichtlich des Spannungsverhältnisses zwischen der menschlichen Hautfarbe und der ihr zugeschriebenen Bedeutung verhält es sich ähnlich (Redlich 2012).

Transkulturelle Übersetzungsprozesse

Eigentlich darf man es niemandem sagen, aber Europa gibt es nicht setzt diese Überlegungen fort und bezieht sie auf die Beobachtbarkeit und Beschreibbarkeit von Kulturräumen. Die Selbstbeobachtung eines Diskursraums stellt, so Tawada, eine logische Paradoxie dar, fallen dabei doch Beobachtende und Beobachtete in Eins. Mit dem Außenblick gehen aber möglicherweise ganz andere Wahrnehmungskategorien einher; so etwa würde in Japan diejenige Kultur als vollendet europäisch gelten, die Europa am besten nachahmt, und das sei die japanische. Der Text geht also davon aus, dass die von Benjamin angenommene Gleichwertigkeit von Original und Übersetzung japanischen Selbstentwürfen und Wahrnehmungsdispositiven bereits innewohnt und selbstverständlich ist. Dennoch beschreibt Tawada, dass eine „japanische Sicht" oder eine „japanische Brille" (S. 51) nötig oder in jedem Falle förderlich sei, um Europa selbst ‚sprechen zu lassen' – denn erst wenn mehrere Fremdheitsmomente einander überlappen, tritt Bedeutung hervor. Europa ist in der Logik des Textes etwas Abwesendes, wie auch im antiken Mythos Europa erst interessant wurde, sobald sie eine Geraubte, Abwesende wurde. Die japanische Brille (Kraenzle 2008), durch welche auf die abwesende Europa geblickt wird, ist wiederum keine angeborene, sie ist vielmehr „zwangsläufig fiktiv und muss ständig neu hergestellt werden" (S. 51). Um über Kultur im Allgemeinen und in diesem Fall über europäische Kultur sprechen zu können, ist der Entwurf eines interkulturellen Standpunktes notwendig. Ein oder mehrere Fremdheits- und Distanzierungsmomente müssen hergestellt werden, damit ein Spiel mit Bedeutungen einsetzen kann, Sinnzusammenhänge sich als Übersetzungen entfalten und die Spur der Vergegenwärtigung von Abwesendem aufgenommen wird.

Beobachtbarkeit und Beschreibbarkeit von Kulturräumen

Vergegenwärtigung von Abwesendem

Spielerische Naivität

In *Talisman* geht es um eine weitere Facette von Abwesenheit: Die Stimme der Ich-Erzählerin berichtet davon, dass sie zunächst Ohrringe als Talismane aus Metall betrachtet habe. Tawadas Blickwinkel fingiert hierbei eine Naivität, die den Texten spielerischen Charakter verleiht (Gutjahr 2006, S. 24). Dabei werden auch in diesem Kapitel kulturelle Praktiken verhandelt, welche die Abwesenheit von Sicherheit und Gewissheit überspielen. Auch dieser Text zielt darauf, zu zeigen, dass sich Europa und Japan keineswegs so eindeutig unterscheiden, wie es in erster Linie die Europäer, die eine rational-objektivistische Weltwahrnehmung für sich beanspruchen. Kulturelle Praktiken zur Abwehr von Gefahren wie der ‚Chemie' im eigenen

Körper (also Zusatzstoffen) oder die Vermutung der unerklärlichen Selbstbetätigung des eigenen Computers in Deutschland lassen sich in einer bestimmten Konsequenz auch als Totemismus auffassen. In der Logik des Textes ist auch das Fasten zum Zweck der Entschlackung, das Tragen bestimmter Schmuck- und Kleidungsstücke sowie das Anbringen von Aufklebern mit der Aufschrift „Nein, danke!", die ein abwesendes ‚Du' ansprechen und ihm eine geheimnisvolle Macht zuschreiben, mit den Regeln ‚europäischer' Vernunft nicht ganz vereinbar. Auch hier geht es um kulturelle Sinnzusammenhänge, die sich um Nicht-Einsehbares und Nicht-Kontrollierbares drehen. Damit wird sowohl im deutschen als auch im japanischen Kulturraum operiert.

Nicht-Einsehbares in kulturellen Selbstbeschreibungen

Das Tor des Übersetzers oder Celan liest Japanisch handelt von dem Zuwachs an Sinnzusammenhängen und Bezügen, die sich bei der Übersetzung von Paul Celans Gedichten ins Japanische ergeben. Sowohl die neue lautliche Gestalt der Gedichte als auch die Implikationen und Konnotationen, die sich durch die japanischen Ideogramme ergeben, bereichern dabei in der Lektüre Tawadas die Celan'schen Gedichte enorm. *Das Tor des Übersetzers* ist von einem dezidiert zwischen den Sprachen verorteten Standpunkt aus verfasst, der auch den Gedichten innewohnt und am nächsten steht. Darüber hinaus werde die japanische Sprache erst durch die Celan'schen Gedichte ihrer selbst gewahr. Diese könnten „in die japanische Sprache hineinblicken" (S. 125), und erst durch diesen Blick, also in der Begegnung mit den Texten des deutsch-jüdischen Dichters, welche die Toten der Shoah beklagen, würden besondere Nuancen der japanischen Schriftzeichen beobachtbar. Eines der Beispiele Tawadas ist das Ideogrammen-Radikal für ‚Tor', das in den Wörtern ‚Schwelle', aber auch im ‚Hören' und ‚Leuchten' vorkommt. Das Radikal ‚Tor' wird im Japanischen als vereinfachte Zeichnung zweier einander in der Mitte fast begegnender Tore eines Tempels wiedergegeben, sie stellen also die Schwelle dar, von der aus man die Gesänge und Gebete im Tempel hören kann und von der man in beide Richtungen blicken kann: in den geheiligten Innenraum und in die Welt. Für Celan stehen alle drei Wörter, in denen im Japanischen das Zeichen für ‚Tor' vorkommt, im Zusammenhang mit der Suche nach den Abwesenden, Toten und der Suche nach Gesten der Begegnung, der Erinnerung und des Gedenkens. Das in diesen drei Wörtern im Japanischen vorkommende Radikal ‚Tor' verbindet diese Gesten der Begegnung im Gedicht in einer Weise untereinander, die im Deutschen zwar nicht möglich ist, aber durchaus im Sinne der Poetik Celans sein dürfte. Gleichzeitig wird die Art der Verwandtschaftsbeziehungen zwischen den genannten japanischen Wörtern erst durch die Übersetzung der Celan'schen Gedichte deutlich, denn die Trennung der bei Celan nicht im Wortmaterial angelegten Gemeinsamkeiten zwischen den drei Wörtern ist im Japanischen nicht möglich (benötigt man doch für die Niederschrift in allen drei Fällen das Radikal ‚Tor'). So wird erst durch eine Poetik der Interkulturalität und der damit verbundenen Arbeit der gedanklichen ‚Übersetzung' und Verfremdung die Annäherung, Beobachtung und Beschreibung dessen, was Kultur ist oder sein kann, möglich. Dies gilt auch für die Gegenwartskunst, deren Reichweite sich für Tawada in ihrem transkulturellen Potential erweist.

Das Tor des Übersetzers oder Celan liest Japanisch

Transkulturelle Potentiale

4.2 Ilija Trojanow: Der Weltensammler (2006)

Der Roman schildert in fiktionalisierter Form die Biographie des britischen Offiziers, Reisenden, Übersetzers und Sprachgenies Richard Burton (1812–1890).

Ilija Trojanow

Trojanow wurde 1965 in Sofia geboren, im Jahre 1971 floh er mit seinen Eltern in die Bundesrepublik, ein Jahr später Umzug nach Kenia, wo sein Vater als Ingenieur arbeitete; er lernte Deutsch im Auffanglager Zirndorf und in Internaten; Studium der Ethnologie und Jura in München, langjährige Aufenthalte in Südafrika und Indien; Übertritt zum Islam, Wallfahrt nach Mekka, intensive Recherchen für den Roman in Indien, Arabien und Tansania.

Der Plot des Romans

Der Roman rekonstruiert den Aufenthalt Burtons in Indien, Arabien und Afrika. Als britischer Offizier wird Burton schnell zum Außenseiter, weil er sich nicht in den Clubs der Kolonialherren aufhält, sondern den intensiven Kontakt mit den Einheimischen sucht. Er nimmt Sprachunterricht und hat eine Geliebte, der er allerdings kurz vor ihrem Tod die Heirat verweigert. Seine Anverwandlung an die Fremde ist so stark, dass er sich als Einheimischer verkleidet und sich sogar beschneiden lässt, um die Wallfahrt nach Mekka als Muslim mitmachen zu können. Seine Offizierskarriere scheitert, weil er, der seine Kontakte zu den Indern auch als Spion einsetzt, sich schließlich weigert, die Namen seiner Informanten zu nennen. So begegnet er auf der zweiten Station seiner Reisen als Arzt und Derwisch Mirza Abdullah auf der Pilgerfahrt nach Mekka und Medina, wo er von dem spirituellen Erlebnis überwältigt erscheint, ohne seine Distanz völlig aufzugeben. Im dritten Teil des Romans bereist er Afrika, wo er mit einer Expedition auf der Suche nach den Quellen des Nils ist und sein Verhalten stärker als vorher konventionell kolonialistische Züge trägt.

Die Perspektive der ‚Subalternen'

Trojanow legt einen der ersten wahrhaft postkolonialen Romane in deutscher Sprache vor. Im Zentrum seiner literarischen Arbeit steht eine komplexe Erzählkonstruktion, die dazu beitragen soll, die Lebensgeschichte Burtons nicht nur aus dessen Perspektive und damit aus der Sicht der Kolonialherren zu betrachten, sondern die Perspektive der ‚Subalternen' (Spivak) einzubringen und so diese ‚zum Sprechen zu bringen'. So ist es in Indien sein ehemaliger Diener, der einen Schreiber beauftragt, seine Tätigkeit für Burton zu dokumentieren; in Arabien versucht eine Untersuchungskommission, der Araber und osmanische Beamte angehören, die Aktivitäten Burtons zu rekonstruieren, und in Afrika ist es der Einheimische Sidi Mubarak Bombay, eine historische Figur im Schatten der Geschichte, deren Perspektive aufscheint.

Ein postkolonialer Roman

So präsentiert der Roman einerseits eine schillernde und faszinierende historische Figur, den Übersetzer von *Tausendundeiner Nacht* und des *Kamasutra*; andererseits offenbart sich die unauflösliche Verstrickung Burtons in das unmenschliche Kolonialsystem. Trojanow, der Migrant und Kosmopolit, vermag es, dem deutschen Publikum die komplexe Erfahrung der Kolonialisierung in einem anschaulichen und gleichzeitig unterhaltsamen Roman vor Augen zu führen. Als Muslim bulgarischer Herkunft mit langjährigen Aufenthalten in Indien und Afrika bietet er auch die Perspektive der Unterdrückten und Kolonialisierten – und wenn er den historischen Burton letztlich wahrscheinlich idealisiert dargestellt hat, so ist doch seine Erzählweise eine Aufforderung an den Leser, die europäische Sicht auf die Welt ständig zu relativieren und infrage zu stellen. So bekommt die deutsche Literatur afrikanische, arabische und indische Figuren, die nicht wie Kiplings Kim zwar freundlich gemeinte, aber letztlich doch paternalistische Erfindungen des Empire sind, sondern über eine Autonomie verfügen, die dem deutschen Leser und seiner historischen Problematik eines ‚Kolonialismus ohne Kolonien', eines eurozentrischen Denkens im Schatten der großen Kolonialmächte, eine ebenso amüsante und spannende wie intellektuell reizvolle postkoloniale Lehrstunde erteilen. Richard Burton wird als eine faszinierende Persönlichkeit dargestellt, die den Versuch unternahm, sich so weit wie nur irgend möglich der Kultur der kolonialisierten Völker zu nähern, was in Indien vor allem bedeutet, dass er sich besonders den religiösen Vorstellungen und der Mentalität der hinduistischen und der muslimischen Religion annähert.

Burton unterscheidet sich deutlich von seinen Kameraden, indem er sich für die indische Kultur interessiert und vor allem einen Lehrer nimmt, der ihm indische Sprachen beibringt. Die Erzählperspektive der indischen Passagen von Trojanows Roman bietet einen Wechsel zwischen der Perspektive Burtons und der seines Dieners Naukaram (und dazu Dialoge zwischen diesem und dem Lahiya, dem Schreiber, der seine Erfahrungen zu Papier bringen soll) und damit den Versuch, eine Öffnung der Perspektive herzustellen und die eurozentrische Einseitigkeit zu überwinden; allerdings bleibt das Verhältnis Herr – Diener unangetastet.

In Burtons Begegnung mit der ehemaligen ‚Bajadere' Kundalini, die voller Empathie als eine glückende erotische Beziehung dargestellt wird, zeigt sich die Ambivalenz der erotischen Begegnung mit der indischen Frau, denn bei aller Öffnung des ‚guten' Europäers gegenüber einer konkreten Person bleibt die postkoloniale Reflexion im Hintergrund, die darauf verweist, dass das kolonialisierte Land im kolonialen Denken als weiblich imaginiert und der Akt der Kolonialisierung als Sexualakt vorgestellt wird, wobei Assoziationen zu Goethes Ballade *Der Gott und die Bajadere* naheliegend sind.

In einer Umkehrung des Konzepts Bhabhas erweist sich Burton als ein Meister der Verkleidung und der Mimikry: „Er war aufgeregt", erzählt sein indischer Diener. „So aufgeregt hatte ich ihn selten gesehen. Er wollte mir alles erzählen. Wie sie ihn alle für einen Kaschmiri gehalten haben." (Trojanow 2006 <künftig zitiert mit der Sigle ‚W'>, S. 90) Und weiter heißt es: „Von nun an war Burton Saheb besessen von der Idee des Verkleidens." (W 91) Wie in Kiplings Roman *Kim* (1900) ist die Annäherung des Europäers an das indische Leben aber zutiefst ambivalent, denn der Kontakt mit den Einheimischen dient hier wie dort der Spionage für das britische Empire und das britische Militär (vgl. W 92).

Mimikry

Die Aufgeschlossenheit Burtons bezieht sich nicht nur auf die verschiedenen religiösen Formen und Manifestationen Indiens, die in Europa unter dem Oberbegriff „Hinduismus" zusammengefasst werden, sondern auch auf den Islam. Um der Überzeugungskraft der Assimilation (und der Täuschung!!) willen nimmt Burton sogar die schmerzhafte Prozedur der Beschneidung auf sich: „Er wollte für einen Moslem gehalten werden." (W 95)

<td style="margin-left: 2em;">**Anverwandlung an außereuropäische Kulturen**</td>

Aus der Perspektive unserer globalisierten Weltgesellschaft ist Trojanows Titel *Der Weltensammler* von besonderer Bedeutung, denn er bezeichnet eine Fähigkeit, die heute in besonderer Weise gefragt ist, die aber im 19. Jahrhundert die Umwelt des Kolonialoffiziers befremden musste: die Fähigkeit, sich in die verschiedensten außereuropäischen Kulturen hineinzuversetzen – und zwar nicht nur oberflächlich, sondern gewissermaßen mit Haut und Haaren und sogar mit dem Herzen. Burton praktiziert etwas Ähnliches wie das, was die Ethnologen „teilnehmende Beobachtung" nennen: „Er beließ es nicht dabei, die Fremde zu beobachten. Er wollte an ihr teilnehmen. Er war ihr verfallen, so sehr, daß er sie sogar bewahren wollte in ihrem zurückgebliebenen Zustand." (W 118)

Diese Flexibilität irritiert seinen treuen indischen Diener, der sich darüber wundert, dass der britische Offizier den Glauben wie die Kleidung wechseln könne (vgl. W 97). In einem freundlicheren Ton stellt er später fest: „Wie kein anderer Mensch war er [Burton, M.H.] in der Lage, sich ohne Mühe in die Welt jedes anderen hineinzubegeben." (W 182) Bewundernswert, aber auch zwiespältig bleibt diese besondere Fähigkeit, denn Burton erscheint als ein Meister der Mimikry, aber auch als ein Betrüger der Einheimischen.

Mimikry des Hinduismus und des Islam durch einen ‚weißen Neger'

Die Kameraden nennen Burton einen „weißen Neger" (W 101); sie meinen, dass er aufgrund seiner Hinwendung zu den Indern eine Ausnahmestellung in der britischen Armee einnehme: „Dieser Burton hatte einen viel zu eigenen Kopf, um in der Armee voranzukommen. Er gehörte zu den Soldaten, die man sofort zum General befördern sollte. Oder entlassen." (W 105)

Zu der Einbindung in die fremde Kultur gehört insbesondere die innige Auseinandersetzung mit den religiösen Überzeugungen und Praktiken der Menschen. So wird die intensive religiöse Wirkung einer Moschee auf Burton beschrieben (vgl. W 110). Er ist gegen eine allzu direkte Einführung britischer Gesetze, auch wenn diese dem Fortschritt und der Zivilisation zu nutzen scheinen (vgl. W 112). Aus heutiger Sicht von besonderer Bedeutung erscheint die im Roman behauptete und plausibel gemachte Faszination des Islam, vor allem des Sufismus, der als eine „rasante Rutsche in die Ekstase" (W 114) bezeichnet wird.

Die antikoloniale Position des Romans und seines Protagonisten bleibt zweifelsfrei: Der Sinn der britischen Herrschaft, so heißt es, sei „das Rauben und Plündern" (W 117) gewesen. Die Einheimischen halten die Briten für Wortbrüchige (vgl. W 121).

Burton ist aus der Sicht des Generals, seines Vorgesetzten, der Fremde verfallen; von dem „Weltensammler" heißt es: „Dieser Burton hingegen wollte die Fremde sich selbst überlassen, weil die Verbesserung der Fremde ihre Auslöschung bedeuten würde." (W 118) Gegen das Denken in binären Oppositionen, das die Briten bestimmt, steht eine Überlegung Burtons, die in Trojanows Sinne auf unsere heutige globalisierte Gesellschaft zu beziehen ist: „Ihr denkt immer nur in groben Mustern, Freund und Feind, unser und euer, schwarz und weiß. Könnt ihr euch nicht vorstellen, daß es etwas dazwischen gibt? Wenn ich die Identität eines anderen annehme, dann kann ich fühlen, wie es ist, er zu sein." (W 191) Allerdings wird diese Überzeugung von der Einfühlung in die Fremden und von der möglichen Vermi-

Globale Kultur des Dazwischen

schung zwischen Europäischem und Außereuropäischem skeptisch infrage gestellt – und zwar von einem der muslimischen Lehrer des wissbegierigen Briten: „Das bildest du dir ein <dass er fühlen könne, wie es ist der Fremde zu sein>, sagte der Lehrer. Du übernimmst mit der Verkleidung nicht seine Seele." (W 191)

Burton will das Versprechen halten, das er einem Einheimischen gegeben hat, und deshalb den Namen seiner Informanten nicht verraten: „Ich gehe davon aus, Major, daß man verschiedenen Loyalitäten treu sein kann. Sie konstruieren einen unlösbaren Konflikt." (W 202) In dieser Haltung können seine Vorgesetzten aber nur „eine Verwirrung hinsichtlich seiner Loyalitäten <erkennen>, die den Interessen der Krone zuwiderläuft <…>", weshalb sie zu der Überzeugung kommen, „daß wir das Ausmaß seiner Treue zukünftig nicht abschätzen können". (W 203)

Zusammenfassend lässt sich feststellen: Burton, der „Weltensammler", macht den Versuch, sich so weit wie möglich in die Mentalität und das Selbstverständnis der Inder, und zwar der Hindus wie der Moslems, hineinzuversetzen. Er lernt die einheimischen Sprachen und Kulturen kennen, verkleidet sich als Einheimischer und wird nicht als Fremder erkannt. Er bildet eine hybride Existenz aus, indem er durch die Mimikry eine Existenz zwischen Briten und Indern auslebt bzw. auf beiden Ebenen zugleich leben will. Dieser Versuch scheitert aufgrund der kolonialen Konstellation, indem von ihm eine unbedingte Loyalität zur britischen Krone erwartet wird (bei Trojanow wird das Antagonistische der kolonialen Konstellation nicht überspielt). Die Zweideutigkeit von Burtons Verhalten liegt darin, dass die Mimikry an die Inder schon von Anfang an zu Spionagezwecken genutzt werden kann; er ist auch nicht bereit, bis zu einem entscheidenden Punkt zu seiner indischen Geliebten zu stehen, indem er sie heiraten würde. Er ist eine faszinierende Figur, die exemplarisch die Bereitschaft eines Europäers repräsentiert, sich dem Fremden anzuverwandeln; er stößt aber auf Grenzen der kolonialen Situation. Ist sein Konzept des ‚etwas dazwischen', der Möglichkeit, sich vollständig in eine andere Identität hineinzuversetzen, in einer herrschaftsfreien Konstellation (die freilich auch heute in der postkolonialen Weltgesellschaft nicht vorausgesetzt werden kann) realistisch? Immerhin: Burton erscheint als eine Romanfigur, welche die Reflexion über die Möglichkeit der weitgehenden Überwindung des Eurozentrismus, aber auch über die immanenten Schwierigkeiten dieses Projekts, vorantreibt.

Hybride Existenz

Bibliographie

1. Primärliteratur

Arnim, Achim von: Armut, Reichtum, Schuld und Buße der Gräfin Dolores. Eine wahre Geschichte zur lehrreichen Unterhaltung armer Fräulein. Hg. von Hans-Georg Werner auf der Grundlage der von Walther Migge besorgten dreibd. Werkausg. 1962 – 1965. Berlin 1991.

Arnim, Achim von: Isabella von Ägypten oder Kaiser Karl des V. erste Jugendliebe. Eine Erzählung. In: Ders.: Werke in sechs Bänden. Hg. von Roswitha Burwick. Frankfurt a.M. 1989–1994, Bd. 3, S. 622–744.

Arnim, Achim von: Melück Maria Blainville, die Hausprophetin aus Arabien. In: Ders.: Werke in sechs Bänden. Hg. von Roswitha Burwick. Frankfurt a.M. 1989–1994, Bd. 3, S. 745–777.

Ausländer, Rose: Aschensommer. Ausgewählte Gedichte. Mit einem Essay von Jürgen P. Wallmann. Hg. von Berndt Mosblech. München 1978.

Ausländer, Rose: Im Atemhaus wohnen. Gedichte. Frankfurt a. M. 1981.

Ausländer, Rose: Mutterland. Gedichte. Hg. von Berndt Mosblech. Köln 1978.

Ausländer, Rose: Ohne Visum. Poesie und kleine Prosa. Düsseldorf [u.a.] 1974.

Bachmann, Ingeborg: Der Fall Franza. 4. Aufl. München 1990.

Ball, Hugo: Gadji beri bimba 1916. In: Riha, Karl (Hg.): Dada Zürich. Texte, Manifeste, Dokumente. Stuttgart 2010, S. 68.

Ball, Hugo: Karawane. In: Riha, Karl (Hg.): Dada Zürich. Texte, Manifeste, Dokumente. Stuttgart 2010, S. 66.

Baudelaire, Charles: Blumen des Bösen. Aus dem Franz. übers. von Monika Fahrenbach-Wachendorff. Nachw. von Hartmut Köhler. Stuttgart 2012.

Benjamin, Walter: Die Aufgabe des Übersetzers. In: Das Problem des Übersetzens. Hg. von Hans J. Störig. Darmstadt 196, S. 182–195.

Bergel, Hans: Der Tanz in Ketten. 3. Aufl. Thaur bei Innsbruck 1995.

Boas, Franz: Baffin-Land. Geographische Ergebnisse einer in den Jahren 1883 und 1884 ausgeführten Forschungsreise. Gotha 1885.

Boas, Franz: The Mind of Primitive Man. New York 1911.

Brecht, Bertolt: Der gute Mensch von Sezuan. Hg. von Franz-Josef Payrhuber. Stuttgart 2006.

Brecht, Bertolt: Mann ist Mann. Die Verwandlung des Packers Galy Gay in den Militärbaracken von Kilkoa im Jahren neunzehnhundertfünfundzwanzig. Lustspiel. Frankfurt a. M. 2010.

Brentano, Clemens: Das Märchen von Fanferlieschen Schönefüßchen. Mit 8 Radierungen von Max Beckmann. Leipzig 1977.

Brentano, Clemens: Die mehreren Wehmüller und ungarischen Nationalgesichter. Erzählung. Mit einem Nachwort von Detlev Lüders. Stuttgart 1966.

Bronsky, Alina: Scherbenpark. 2. Aufl. Köln 2008.

Buber, Martin (Hg.): Reden und Gleichnisse des Tschuang-Tse. Ausgewählt und mit einem Nachwort versehen von Martin Buber. Frankfurt a. M. 1990.

Buch, Hans Christoph: Haiti Chérie. Frankfurt a. M. 1990.

Buch, Hans Christoph: Kain und Abel in Afrika. Roman. Berlin 2001.

Canetti, Elias: Das Augenspiel. Lebensgeschichte 1931–1937. München [u.a.] 1985.

Canetti, Elias: Die Fackel im Ohr. Lebensgeschichte 1921–1931. München/Wien 1980.

Canetti, Elias: Die gerettete Zunge. Geschichte einer Jugend. München/Wien 1977.

Canetti, Elias: Die Stimmen von Marrakesch. Aufzeichnungen nach einer Reise. München 1967.

Canetti, Elias: Masse und Macht. Frankfurt a. M. 2011.

Clifford, James: Writing Culture: The Poetics and Politics of Ethnography. Berkely [u.a.] 1986.

Curths, Karl: Der Niederländische Revolutionskrieg im 16ten und 17ten Jahrhundert (1809–1810). Als Fortsetzung der Schillerschen Geschichte des Abfalls der vereinigten Niederlande von der spanischen Regierung. Hg. von Friedrich Schiller. Leipzig 1788.

Dauthendey, Max: Brief an die kleine Lore in Altona in Deutschland. Geschrieben in Garoet im Javanerland am Weihnachtsabend 1915. In: Ders.: Das Märchenbriefbuch der heiligen Nächte im Javanerlande. München 1921, S. 7–50.

Dauthendey, Max: Das Märchenbriefbuch der heiligen Nächte im Javaner Lande. München 1921.

Dauthendey, Max: Den Abendschnee am Hirayama sehen. In: Ders.: Die acht Gesichter am Biwasee. Japanische Liebesgeschichten. Paderborn 2013, S. 233–277.

Dauthendey, Max: Die acht Gesichter am Biwasee. Japanische Liebesgeschichten. Paderborn 2013.

Dauthendey, Max: Lingam. Zwölf asiatische Novellen. Mit einem Nachwort von Hans Christoph Buch. Frankfurt a. M. 1991.
Dauthendey, Max: Raubmenschen. München 1951.
Döblin, Alfred: Berge Meere und Giganten. Roman. Frankfurt a. M. 2013.
Döblin, Alfred: Amazonas. Frankfurt a. M. 2014.
Döblin, Alfred: Die drei Sprünge des Wang-lun. Roman. Frankfurt a. M. 2013.
Einstein, Carl: Negerplastik. Hg. von Friederike Schmidt-Möbus. Stuttgart 2012.
Emre, Yunus: Das Kummerrad/Detli Dolap. Übers. von Zafer Şenocak. Frankfurt a. M. 2005.
Fatah, Sherko: Das dunkle Schiff. Roman. München 2009.
Fichte, Hubert: Das Haus der Mina in São Luis de Maranhão. Materialien zum Studium religiösen Verhaltens, zusammen mit Sergio Ferretti. Frankfurt a. M. 1989.
Fichte, Hubert: Explosion. Roman der Ethnologie. Frankfurt a. M. 1993.
Fichte, Hubert: Petersilie. Die afroamerikanischen Religionen IV. Santo Domingo. Venezuela. Miami. Grenada. Frankfurt a. M. 1980.
Fichte, Hubert: Psyche. Anmerkungen zur Psychiatrie in Senegal. Frankfurt a. M. 1980.
Fichte, Hubert: Xango. Die afroamerikanischen Religionen II. Bahia. Haiti. Trinidad. 2. Aufl. Frankfurt a. M. 1981.
Florescu, Catalin Dorian: Zaira. Roman. 3. Aufl. München 2008.
Fontane, Theodor: Cécile. Hg. von Michael Holzinger. Berlin 2013.
Fontane, Theodor: Die Grafschaft Ruppin. Wanderungen durch die Mark Brandenburg. Hg. von Michael Holzinger. Berlin 2014.
Fontane, Theodor: Effi Briest. Hg. von Michael Holzinger. Berlin 2013.
Fontane, Theodor: Ein Sommer in London. Berlin 2014.
Fontane, Theodor: Graf Petöfy. Sammlung. Roman. Hg. von Helmuth Nürnberger. München 1997.
Fontane, Theodor: Wanderungen durch die Mark Brandenburg. Stuttgart 2005.
Forster, Georg: Sakuntala oder der entscheidende Ring. Ein indisches Schauspiel von Kalidas. Aus den Ursprachen Sanskrit und Prakrit ins Englische und aus diesem ins Deutsche übersetzt, mit Erläuterungen von Georg Forster. Mainz und Leipzig 1791.
Franz, Philomena: Zwischen Liebe und Hass. Ein Zigeunerleben. Mit einem Nachw. von Reinhold Lehmann. Mit einem Beitr. von Wolfgang Benz. Rösrath/Norderstedt 2001.
Franzos, Karl-Emil: Aus Halb-Asien. Culturbilder aus Galizien, der Bukowina, Südrußland und Rumänien. 2 Bde. 2. Aufl. Leipzig 1878.

Frobenius, Leo: Im Schatten des Kongo-Staats. Bericht über den Verlauf der ersten Reisen der DIAFE von 1904–1906, über deren Forschungen und Beobachtungen auf geographischem und kolonialwirtschaftlichem Gebiet. Mit 8 Kartenblättern, 33 Tafeln und ca. 318 Illustrationen und Geländedarstellungen im Text. Berlin 1907.
Gaponenko, Marjana: Annuschka Blume. Roman. St. Pölten/Salzburg 2010.
Gaponenko, Marjana: Wer ist Martha? Roman. Berlin 2012.
Gaponenko, Marjana: Wie tränenlose Ritter. Lyrik aus der Ukraine. Mit Grafiken von Rebecca Mayer. 2. Aufl. Vechta-Langförden 2003.
Gerstäcker, Friedrich: Die Neger in St. Thomas. In: Über Land und Meer. Deutsche illustrierte Zeitung 7 (November 1868), S. 102 und Nr. 8 (November 1868), S. 123.
Gobineau, Arthur de (1853–1855): Über die Ungleichheit der Menschenrassen. Dt. Ausg. von Ludwig Schemann. Stuttgart 1940.
Goethe, Johann Wolfgang von: Wilhelm Meisters Lehr- und Wanderjahre. Hg. von Ehrhard Bahr. Stuttgart 2010.
Goethe, Johann Wolfgang: Italienische Reise. Textkritisch durchges. von Erich Trunz. Kommentare von Herbert von Einem. München 1981.
Goethe, Johann Wolfgang: West-östlicher Divan. Studienausgabe. Hg. von Michael Knaupp. Stuttgart 1999.
Goll, Claire: Der Neger Jupiter raubt Europa. Mit einem Nachw. von Rita Mielke. Neuaufl. Berlin 1992.
Gorelik, Lena: Hochzeit in Jerusalem. Roman. München 2007.
Gorelik, Lena: Lieber Mischa … Du bist ein Jude. München 2011.
Gorelik, Lena: Meine weißen Nächte. Roman. München 2004.
Grjasnowa, Olga: Der Russe ist einer der Birken liebt. 3. Aufl. München 2014.
Grjasnowa, Olga: Die juristische Unschärfe einer Ehe. Roman. München 2014.
Haderlap, Maja: Der Papalagi. Hörspiel-Dramatisierung. ORF Kärnten 1990.
Haderlap, Maja: Engel des Vergessens. Roman. 5. Aufl. Göttingen 2011.
Haratischwili, Nino: Juja. Frankfurt am Main 2011.
Haratischwili, Nino: Das achte Leben. Roman. Frankfurt am Main 2014.
Hardenberg, Friedrich von (Novalis): Die Christenheit oder Europa. Ein Fragment (Geschrieben im Jahre 1799). In: Mähl, Hans-Joachim/Samuel, Richard (Hg.): Novalis. Schriften. Historisch-Kritische Ausgabe Band. 3. 3. Aufl. Stuttgart 1983, S. 507–524.
Hardenberg, Friedrich von (Novalis): Heinrich von Ofterdingen. Ein Roman. Stuttgart 2006.

Hardenberg, Friedrich von (Novalis): Hymnen an die Nacht. In: Kluckhohn, Paul/Samuel, Richard (Hg.): Novalis. Schriften. Historisch-Kritische Ausgabe Band. 1. 3. Aufl., Stuttgart 1983, S. 130–157.

Herder, Johann Gottfried: Auch eine Philosophie der Geschichte zur Bildung der Menschheit. Hg. von Hans Dietrich Irmscher. Stuttgart 1990.

Herder, Johann Gottfried: Gedanken einiger Brahmanen. In: Ders.: Sämtliche Werke. Hg. von Bernhard Suphan. Bd. 26. Berlin 1882, S. 408–410.

Herder, Johann Gottfried: Ideen zur Philosophie der Geschichte der Menschheit, Teil 1–2. In: Ders.: Herders Ausgewählte Werke. Hg. von Bernhard Suphan. Band 4. Berlin 1887.

Herder, Johann Gottfried: Ideen zur Philosophie der Geschichte der Menschheit, Teil 3–4. In: Ders.: Herders Ausgewählte Werke. Hg. von Bernhard Suphan. Band 5. Berlin 1901.

Herder, Johann Gottfried: Lieder der Liebe, die ältesten und schönsten aus dem Morgenlande, nebst vierundvierzig alten Minneliedern und einem Anhang über die ebräische Elegie. In: Ders.: Sämtliche Werke. Hg. von Bernhard Suphan. Band 8. Berlin 1892, S. 485–588.

Herder, Johann Gottfried: Morgenländische Literatur. In: Ders.: Sämtliche Werke. Hg. von Bernhard Suphan. Bd. 24. Berlin 1886, S. 350–356.

Hesse, Herrmann: Siddhartha. Eine indische Dichtung. Frankfurt a. M. 2012.

Hofmannsthal, Hugo von: Elektra. Tragödie in einem Aufzug. Hg. von Andreas Thomasberger. Stuttgart 2007.

Homer: Odyssee. Übers. von Johann Heinrich Voß. Stuttgart 1977.

Huelsenbeck, Richard: Phantastische Gebete. Berlin 1920.

Hummel, Eleonora: Die Fische von Berlin. Roman. Göttingen 2005.

Hummel, Eleonora: Die Venus im Fenster. Roman. Göttingen 2009.

Hummel, Eleonora: In guten Händen, in einem schönen Land. Roman. Göttingen 2013.

Jahnn, Hans Henny: Fluss ohne Ufer. 3 Bände im Schuber. Hamburg 2014.

Jones, William (1807): Sakontala, or, The fatal ring. Otley 2001.

Kafka, Franz: Beim Bau der chinesischen Mauer. In: Ders.: Gesammelte Werke, Bd. 8. Hg. von Max Brod. Frankfurt a. M. 1950 ff., S. 51–63, 75.

Kaminer, Wladimir: Mein deutsches Dschungelbuch. München 2005.

Kaminer, Wladimir: Russendisko. 12. Aufl. München 2000.

Kaminer, Wladimir: Schönhauser Allee. München 2003.

Karasholi, Adel: Wenn Damaskus nicht wäre. Gedichte. 3. Aufl. München 1999.

Keller, Gottfried: Die Berlocken. In: Ders.: Dreiklang: Don Correa – Die Berlocken – Der Landvogt von Greifensee. (Novellen von Seefahrt, Liebe und ritterlichem Leben). Bd. 2. Magstadt 1964.

Keller, Gottfried: Don Correa. In: Ders.: Dreiklang: Don Correa – Die Berlocken – Der Landvogt von Greifensee. (Novellen von Seefahrt, Liebe und ritterlichem Leben). Bd. 1. Magstadt 1964.

Keller, Gottfried: Pankraz der Schmoller. Anmerkungen und Nachw. von Bernd Neumann. Stuttgart 2000.

Keller, Gottfried: Romeo und Julia auf dem Dorfe. Novelle. Stuttgart 2002.

Kermani, Navid: Das Buch der von Neil Young Getöteten. Frankfurt a. M. 2013.

Kermani, Navid: Große Liebe. München 2014.

Khider, Abbas: Der falsche Inder. München 2013.

Klabund: Die Geisha O-sen. Geisha-Lieder, nach japanischen Motiven. München 1918.

Klabund: Mohammed, der Roman eines Propheten. Berlin 1917.

Kleist, Heinrich von: Die Verlobung von Santo Domingo. Stuttgart 1986.

Kleist, Heinrich von: Michael Kohlhaas. Anmerkungen von Bernd Hamacher. Nachw. von Paul Michael Lützeler. Stuttgart 2008.

Kühn, Dieter: Der Parzival des Wolfram von Eschenbach. München 1997.

Lasker-Schüler, Else: Die Nächte Tino von Bagdads. Berlin 1907.

Lessing, Gotthold Ephraim: Die Erziehung des Menschengeschlechts und andere Schriften. Stuttgart 2006.

Lessing, Gotthold Ephraim: Nathan der Weise. Studienausgabe. Stuttgart 2013.

Levi, Primo: Ist das ein Mensch? Aus dem Ital. von Heinz Riedt. Hg. von Marco Belpoliti. München 2011.

Lévy-Bruhl, Lucien: La mentalité primitive. Hg. von Frédéric Keck. Paris 2010.

Lévy-Bruhl, Lucien: Les fonctions mentales dans les sociétés inférieures. 9. Aufl. Paris 1951.

Liszt, Franz: Die Zigeuner und ihre Musik in Ungarn. In: Liszt, Franz: Gesammelte Schriften, Teil 6. In d. Dt. übertr. von L. Ramann. Hildesheim/New York 1978.

Lohenstein, Daniel Casper von: Türkische Trauerspiele. Stuttgart 1953.

Malano, Adrian: Skizzen aus der Capstadt. In: Westermanns illustrierte deutsche Monatshefte. Ein Familienbuch für das gesamte geistige Leben der Gegenwart 144 (September 1868), S. 610–615.

Mann, Thomas: Der Tod in Venedig. Novelle. Frankfurt a. M. 1992.

Martynowa, Olga: Sogar Papageien überleben uns. München 2012.

Meschendörfer, Adolf: Stadt im Osten. Roman. Bukarest 1984.
Mora, Terésia: Das Ungeheuer. Roman. München 2013.
Mora, Terésia: Der einzige Mann auf dem Kontinent. Roman. München 2011.
Mora, Terésia: Der Fall Ophelia. In: Dies.: Seltsame Materie. Erzählungen. 3. Aufl. Hamburg 2010, S. 113–129.
Mora, Terésia: Seltsame Materie. Erzählungen. 3. Aufl. Hamburg 2010.
Müller, Herta: Angekommen wie nicht da. Lichtenfels 1994.
Müller, Herta: Atemschaukel. Roman. München 2009.
Müller, Herta: Barfüßiger Februar. Prosa. Berlin 1987.
Müller, Herta: Der Fremde Blick oder Das Leben ist ein Furz in der Laterne. Göttingen 1999.
Müller, Herta: Der Fuchs war damals schon der Jäger. Roman. Reinbek bei Hamburg 1992.
Müller, Herta: Der König verneigt sich und tötet. München [u.a.] 2003.
Müller, Herta: Der Mensch ist ein großer Fasan auf der Welt. Eine Erzählung. Berlin 1986.
Müller, Herta: Der Teufel sitzt im Spiegel. Wie Wahrnehmung sich erfindet. Berlin 1991.
Müller, Herta: Der Wächter nimmt seinen Kamm. Vom Weggehen und Ausscheren. Reinbek bei Hamburg 1995.
Müller, Herta: Die blassen Herren mit den Mokkatassen. Roman. München [u.a.] 2005.
Müller, Herta: Die große Schwarze Achse. In: Dies.: Drückender Tango. Erzählungen. Reinbek bei Hamburg, 1996, S. 48–75.
Müller, Herta: Herztier. Roman. Reinbek bei Hamburg 1994.
Müller, Herta: Im Haarknoten wohnt eine Dame. Reinbek bei Hamburg 2000.
Müller, Herta: Niederungen. Prosa. München 2010.
Müller, Herta: Reisende auf einem Bein. Berlin 1989.
Müller, Herta: Vater telefoniert mit den Fliegen. München 2012.
Müller, Robert: Tropen. Der Mythos der Reise. Urkunden eines deutschen Ingenieurs. Hg. von Günther Helmes. Hamburg 2010.
Müller, Wilhelm/Schubert, Franz: Wetterfahne. Winterreise. Erste Abteilung; op. 89. [Musikdruck]. Liederzyklus von Wilhelm Müller. Frankfurt a. M. [u.a.] 1997.
Olearius, Adam: Der persianische Baumgarten. Bustan (Der Garten des Geschmacks). In: Ders.: Des weltberühmten Adami Olearii colligirte und viel vermehrte Reise-Beschreibungen. Hamburg 1696.
Olearius, Adam: Der persianische Rosental. Gulistan (Der Garten der Rosen). In: Ders.: Des weltberühmten Adami Olearii colligirte und viel vermehrte Reise-Beschreibungen. Hamburg 1696.
Ören, Aras: Was will Niyazi in der Naunynstraße? Ein Poem. Berlin 1994.
Özdamar, Emine Sevgi: Das Leben ist eine Karawanserei, hat zwei Türen, aus einer kam ich rein, aus der anderen ging ich raus. Roman. Köln 1998.
Özdamar, Emine Sevgi: Die Brücke vom Goldenen Horn. Roman. Köln 2002.
Paasche, Hans: Die Forschungsreise des Afrikaners Lukanga Mukara ins innerste Deutschland. Briefe des Afrikaners Lukanga Mukara. Bremen 1998.
Pastior, Oskar: „… sage, du habest es rauschen gehört.". München [u.a.] 2006.
Pastior, Oskar: Das Unding an sich. Frankfurt a. M. 1994.
Pastior, Oskar: Der Krimgotische Fächer. Erlangen 1978.
Pastior, Oskar: Ein Molekül Tinnitus. Berlin 2002.
Pastior, Oskar: Gimpelschneise durch die Winterreisetexte von Wilhelm Müller. Weil am Rhein 1997.
Pastior, Oskar: Kopfnuß Januskopf. München 1990.
Pastior, Oskar: Offene Worte. Bukarest 1964.
Pastior, Oskar: Vom Sichersten ins Tausendste. Frankfurt a. M. 1969.
Pastior, Oskar: Vom Umgang mit Texten. In: manuskripte. Zeitschrift für Literatur 128 (1995). S. 20–47.
Pazarkaya, Yüksel: Rosen im Frost. Einblicke in die türkische Kultur. Frankfurt a. M. 1989.
Petrowskaja, Katja: Vielleicht Esther. Geschichten. 3. Aufl. Berlin 2014.
Physiologus. Griechisch/Deutsch. Übers. und hg. von Otto Schönberger. Stuttgart 2001.
Raabe, Wilhelm: Abu Telfan oder die Heimkehr vom Mondgebirge. In: Ders.: Werke. Braunschweiger Ausgabe. Bd. 7. Hg. von Karl Hoppe und Werner Röpke. Göttingen 1951.
Raabe, Wilhelm: Die Kinder von Finkenrode. In: Ders.: Werke. Braunschweiger Ausgabe. Bd. 2. Hg. v. Karl Hoppe und Hans Oppermann. Hans. Göttingen 1970.
Raabe, Wilhelm: Die Leute aus dem Walde. In: Ders.: Werke. Braunschweiger Ausgabe. Bd. 5. Hg. v. Karl Hoppe und Hans-Werner Peter. Göttingen 1962.
Raabe, Wilhelm: Meister Autor Oder die Geschichten vom versunkenen Garten. In: Ders.: Werke. Braunschweiger Ausgabe. Bd. 11. Gerhart Mayer und Hans Butzmann. Göttingen 1956.
Raabe, Wilhelm: Prinzessin Fisch. In: Ders.: Werke. Braunschweiger Ausgabe. Bd. 15. Hg. v. Karl Hoppe und Hans-Werner Peter. Göttingen 1964.
Raabe, Wilhelm: Sankt Thomas. In: Ders.: Werke. Braunschweiger Ausgabe. Bd. 9, Teil 2. Hg. v. Karl Hoppe und Hans-Werner Peter. Göttingen 1963.
Raabe, Wilhelm: Stopfkuchen. Gutmanns Reisen. In: Ders.: Werke. Braunschweiger Ausgabe. Bd. 18.

Hg. v. Karl Hoppe und Hans-Werner Peter. Göttingen 1962.
Raabe, Wilhelm: Zum wilden Mann. In: Ders.: Werke. Braunschweiger Ausgabe. Bd. 11. Hg. v. Karl Hoppe und Jost Schillemeit. Göttingen 1956.
Rabinowich, Julya: Spaltkopf. Wien 2008.
Riha, Karl/Wende-Hohenberger, Waltraud (Hg.): Dada Zürich. Texte, Manifeste, Dokumente. Stuttgart 1992.
SAID: Psalmen. München 2010.
Schami, Rafik: Die dunkle Seite der Liebe. Roman. München 2010.
Scheurmann, Erich: Der Papalagi. Die Reden des Südseehäuptlings Tuiavii aus Tiavea. Bremen 2011.
Schlattner, Eginald: Der geköpfte Hahn. Roman. Wien 1998.
Schlegel, August Wilhelm: Bhagavad-Gita. Bonn 1823.
Schlegel, Friedrich: Allgemeine Bemerkungen über Europa. In: Behler, Ernst (Hg.): Kritische Friedrich-Schlegel-Ausgabe Bd. 11. München 1958, S. 15–18.
Schlegel, Friedrich: Beiträge zur Geschichte der modernen Poesie und Nachricht von Provenzalischen Manuscripten. In: Ders.: Europa. Eine Zeitschrift. Band 1. Frankfurt a. M. 1803, S. 49–71.
Schlegel, Friedrich: Gespräch über die Poesie. In: Athenaeum. Eine Zeitschrift von August Wilhelm Schlegel und Friedrich Schlegel. Bd. 3. Berlin 1800, S. 58–128 und S. 169–187.
Schlegel, Friedrich: Ideen. In: Athenaeum. Eine Zeitschrift von August Wilhelm Schlegel und Friedrich Schlegel. Bd. 3. Berlin 1800, S. 4–33.
Şenocak, Zafer: Deutschsein. Eine Aufklärungsschrift. Hamburg 2011.
Stanišić, Saša: Billard Kasatschok. In: Sprachgebunden. Zeitschrift für Text und Bild 3 (2005). http://www.sprachgebunden.de/ausgabe_1/texte_1/.../frameset_stanisic.html
Stanišić, Saša: Doppelpunktnomade. In: Magazin der Kulturstiftung des Bundes 6 (2007). (http://www.kulturstiftung-des-bundes.de/cms/de/mediathek/magazin/magazin06/Doppelpunktnomade).
Stanišić, Saša: Go West. [Theaterstück, 2008 in Graz uraufgeführt].
Stanišić, Saša: Hai Nuun in Veletovo. [Elektronische Ressource]. In: @cetera, das Heft zum 2. Litges-Literaturwettbewerb 2005.
Stanišić, Saša: Vor dem Fest. 5. Aufl. München 2014.
Stanišić, Saša: Wie der Soldat das Grammofon repariert. München 2006.
Stanišić, Saša: Wie Selim Hadzihalilovic zurückgekehrt ist. In: Zeh, Juli (Hg.): Ein Hund läuft durch die Republik. Geschichten aus Bosnien. Frankfurt a. M. 2004, S. 124–132.
Stifter, Adalbert: Der Waldbrunnen. In: Ders.: Gesammelte Werke in sechs Bänden. Hg. v. Michael Benedikt. Bd. 3, Wiesbaden 1959, S. 638–682.
Stifter, Adalbert: Die Narrenburg. In: Ders.: Gesammelte Werke in sechs Bänden. Hg. v. Michael Benedikt. Bd. 1, Wiesbaden 1959, S. 319–441.
Stifter, Adalbert: Katzensilber. In: Ders.: Gesammelte Werke in sechs Bänden. Hg. v. Michael Benedikt, Bd. 3, Wiesbaden 1959. S. 241–317.
Stojka, Ceija: Reisende auf dieser Welt. Aus dem Leben einer Rom-Zigeunerin. Wien 1992.
Stojka, Ceija: Wir leben im Verborgenen. Erinnerungen einer Rom-Zigeunerin. Hg. von Karin Berger. Wien 1988.
Tawada, Yoko: „Eigentlich darf man es niemandem sagen, aber Europa gibt es nicht". In: Dies.: Talisman. Tübingen 1996, S. 45–51.
Tawada, Yoko: Das Fremde aus der Dose. In: Dies.: Talisman. Tübingen 1996, S. 39–44.
Tawada, Yoko: Das Tor des Übersetzers oder Celan liest Japanisch. In: Dies.: Talisman. Tübingen 1996, S. 121–134.
Tawada, Yoko: Das Wörterbuchdorf. In: Dies.: Talisman. Tübingen 1996, S. 63–81.
Tawada, Yoko: Erzähler ohne Seelen. In: Dies.: Talisman. Tübingen 1996, S. 16–27.
Tawada, Yoko: Im Bauch des Gotthards. In: Dies.: Talisman. Tübingen 1996, S. 93–100.
Tawada, Yoko: Opium für Ovid, ein Kopfkissenbuch für 22 Frauen. Tübingen 2000.
Tawada, Yoko: Orpheus oder Izanagi. Hörspiel. Tübingen 1998.
Tawada, Yoko: Spielzeug und Sprachmagie in der europäischen Literatur. Eine ethnologische Poetologie. Tübingen 2000.
Tawada, Yoko: Talisman. Tübingen 1996.
Tawada, Yoko: Überseezungen. Literarische Essays. Tübingen 2002.
Tawada, Yoko: Verwandlungen. Tübinger Poetik Vorlesung. Tübingen 1998.
Tawada, Yoko: Von der Muttersprache zur Sprachmutter. In: Dies.: Talisman. Tübingen 1996, S. 9–15.
Tawada, Yoko: Wo Europa anfängt. Prosa und Lyrik. Tübingen 1991.
Tieck, Ludwig: Der Runenberg. Die Elfen. Märchen. Mit e. Nachw. von Konrad Nussbächer. Stuttgart 2001.
Trojanow, Ilija: Der Weltensammler. Roman. München 2007.
Tzara, Tristan: Negerlieder. Aufgefunden und übersetzt von Tristan Tzara. In: Riha, Karl (Hg.): Dada Zürich. Texte, Manifeste, Dokumente. Stuttgart 2010, S. 104–105.
Vertlib, Vladimir: Das besondere Gedächtnis der Rosa Masur. Roman. Wien/München 2001.
Veteranyi, Aglaja: Das Regal der letzten Atemzüge. Roman. Stuttgart/München 2002.
Veteranyi, Aglaja: Geschenke. Ein Totentanz. Gedichte. Mit Holzschnitten von Jean-Jacques Volz. Zürich 1999.

Veteranyi, Aglaja: Vom geräumten Meer, den gemieteten Socken und Frau Butter. Mit einem Nachw. von Werner Morlang. München 2004.

Veteranyi, Aglaja: Warum das Kind in der Polenta kocht. Roman. Stuttgart 1999.

Vyasa Krishna Dvaipayana. Mahabharata. Erzählt nach dem altindischen Epos des Vyasa Krishna Dvaipayana. Prosagestaltung der epischen Haupthandlung nach dem Sanskrit-Original von Alois Essigmann. Hg., eingeleitet und mit einem Anhang versehen von Roland Beer. Hanau 1982.

Wagner, Richard: Ausreiseantrag. Eine Erzählung. Darmstadt 1988.

Wagner, Richard: Begrüßungsgeld. Eine Erzählung. Frankfurt a. M. 1989.

Wagner, Richard: Das reiche Mädchen. Roman. Berlin 2007.

Wagner, Richard: Der deutsche Horizont. Vom Schicksal eines guten Landes. Berlin 2006.

Wagner, Richard: Der leere Himmel, Reise in das Innere des Balkan. Berlin 2003.

Wagner, Richard: Habseligkeiten. Berlin 2004.

Wagner, Richard: Miss Bukarest. Berlin 2001.

Wichner, Ernest (Hg.): Ein Pronomen ist verhaftet worden. Texte der Aktionsgruppe Banat. Frankfurt a. M. 1992.

Wieland, Christoph Martin: Dschinnistan oder Auserlesene Feen- und Geistermärchen. Nachwort von Willy Richard Berger. Mit 12 Kupferstichen. Zürich 1992.

Winter, Walter Stanoski: WinterZeit. Erinnerungen eines deutschen Sinto, der Auschwitz überlebt hat. Hg. von Thomas W. Neumann, Michael Zimmermann. Hamburg 1999.

Wittstock, Erwin: Bruder, nimm die Brüder mit. Roman. München 1934.

Zaimoglu, Feridun: Kanak Sprak. 24 Mißtöne vom Rande der Gesellschaft. Hamburg 2008.

Zaimoglu, Feridun: Liebesmale, scharlachrot. Roman. Köln 2002.

Zillich, Heinrich: Siebenbürgen. Ein abendländisches Schicksal. Königstein i. Taunus 1982.

Zillich, Heinrich: Der Zigeuner. Novelle. Schässburg 1931.

Zeitschriften

Die Gartenlaube. Illustriertes Familienblatt. Leipzig (1853–1937)

Die Karpathen. Halbmonatschrift für Kultur und Leben. Hg. von Adolph Meschendörfer. Kronstadt (1907–1914) (S. 88)

Globus. Illustrierte Zeitschrift für Länder- und Völkerkunde. Braunschweig (1862–1910). (S. 86)

Klingsor. Siebenbürgische Zeitschrift. Hg. von Heinrich Zillich. Hermannstadt (1924–1939) (S. 87)

Repertorium für Biblische und Morgenländische Litteratur. Hg. von Johann Gottfried Eichhorn. Leipzig (1777–1786). (S. 29)

Siebenbürger Zeitung. Sibiu/Hermannstadt (1784–1787)

Siebenbürgische Quartalsschrift. Sibiu/Hermannstadt (1790–1801).

Südostdeutsche Vierteljahresblätter. München (1952–2005).

Über Land und Meer. Allgemeine illustrirte Zeitung. Stuttgart (1858–1923)

Westermanns illustrierte deutsche Monatshefte. Ein Familienbuch für das gesamte geistige Leben der Gegenwart. Braunschweig (1865–1906).

Zwischenwelt. Literatur, Widerstand, Exil. Zeitschrift für Kultur des Exils und des Widerstands. Wien/Klagenfurt (1993–2012).

2. Sekundärliteratur

Anderson, Benedict: Die Erfindung der Nation. Zur Karriere eines folgenreichen Konzepts. Frankfurt a. M. 2005.

Bachmann-Medick, Doris: Cultural Turns. Neuorientierungen in den Kulturwissenschaften. Hamburg 2011.

Begemann, Christian: Die Welt der Zeichen. Stifter-Lektüren. Stuttgart 1995.

Bergmann, Christian: Das Unsagbare sagen: Metapher, Symbol und Allegorie in Herta Müllers Roman „Atemschaukel". In: Muttersprache 121, 3 (2011), S. 220–226.

Berman, Nina: German Literature on the Middle East: Discourses and Practices 1000–1989. Ann Arbor 2011.

Berman, Nina: Orientalismus, Kolonialismus und Moderne. Zum Bild des Orients in der deutschsprachigen Kultur um 1900. Stuttgart/Weimar 1999.

Berman, Russel: Enlightenment or Empire? Colonial Discourse in German Culture. Lincoln 2007.

Bhabha, Homi: Die Verortung der Kultur. Tübingen 2000.

Bogdal, Klaus-Michael (Hg.): Orientdiskurse in der deutschen Literatur. Bielefeld 2007.

Bogdal, Klaus-Michael: Europa erfindet die Zigeuner. Eine Geschichte von Faszination und Verachtung. Berlin 2011. (insb. S. 442–478)

Bottá, Giacomo: Interculturalism and New Russians in Berlin. In: Comparative literature and culture 8, 2 (2006) (http://dx.doi.org/10.7771/1481-4374.1308).

Bourdieu, Pierre: Die Regeln der Kunst. Genese und Struktur des literarischen Feldes. Frankfurt am Main 1999.

Brantsch, Ingmar: Das Weiterleben der rumäniendeutschen Literatur nach dem Umbruch. Vechta-Langförden 2007.

Braun, Michael: Die Erfindung der Erinnerung: Herta Müllers Atemschaukel. In: Gegenwartsliteratur. Ein germanistisches Jahrbuch 10 (2011), S. 33–53.

Butler, Judith: Das Unbehagen der Geschlechter. Frankfurt a.M. 1991.

Butler, Judith: Haß spricht. Zur Politik des Performativen. Frankfurt a.M. 2006. (insb. das Kapitel „Die stillschweigende Performativität der Macht", S. 249–256)

Butler, Judith: Körper von Gewicht. Die diskursiven Grenzen des Geschlechts. Berlin 1995. Cheesman, Tom/Yeşilada, Karin E. (Hg.): Feridun Zaimoglu. Oxford u.a. 2012.

Cheesman, Tom/Yeşilaida, Karin E. (Hg.): Feridun Zaimoglu. Oxford u.a. 2012.

Chiellino, Carmine (Hg.): Interkulturelle Literatur in Deutschland. Ein Handbuch. Stuttgart/Weimar 2000.

Craciun, Ioana [u.a.] (Hg.): Ost-West-Identitäten und Perspektiven. Deutschsprachige Literatur in und aus Rumänien im interkulturellen Dialog. München 2012.

Deppe, Jürgen: Die rastlose Jagd nach dem Glück: ‚Die juristische Unschärfe einer Ehe' von Olga Grjasnowa. In: NDR Kultur, Neue Bücher, 10.10.2014 http://www.ndr.de/kultur/buch/tipps/Olga-Grjasnowa-Die-juristische-Unschaerfe-einer-Ehe,grjasnowa102.html

Derrida, Jacques: Babylonische Türme. Wege, Umwege, Abwege. In: Hirsch, Alfred (Hg.): Übersetzung und Dekonstruktion. Frankfurt a. M. 1997, S. 119–165.

Derrida, Jacques: Die différance. Ausgewählte Texte. Hg. von Peter Engelmann. Stuttgart 2004.

Derrida, Jacques: La différance. In: Ders.: Randgänge der Philosophie. Hg. von Peter Engelmann. 2., überarb. Aufl. Wien 1999, S. 31–56.

Dunker, Axel (Hg.): (Post-) Kolonialismus und deutsche Literatur. Impulse der angloamerikanischen Literatur- und Kulturtheorie. München 2005.

Dunker, Axel: Kontrapunktische Lektüren. Koloniale Strukturen in der deutschsprachigen Literatur des 19. Jahrhunderts. München 2008.

Dunker, Axel/Hofmann, Michael (Hg.): Morgenland und Moderne. Orient-Diskurse in der deutschen Literatur des 20. Jahrhundert. Frankfurt a. M. [u.a.] 2014.

Dürbeck, Gabriele/Axel Dunker (Hg.): Postkoloniale Germanistik. Bestandsaufnahmen, theoretische Perspektiven, Lektüren. Bielefeld 2014.

Durzak, Manfred: Formen des Umgangs mit dem ‚Fremden'. Am Beispiel der Stimmen von Marrakesch. In: Ders./Laudenberg, Beate (Hg.): Literatur im interkulturellen Dialog. Frankfurt a. M. 2000, S. 91–103.

Eke, Norbert Otto: „Gelber Mais, keine Zeit". Herta Müllers Nach-Schrift Atemschaukel. Roman. In: Gegenwartsliteratur. Ein germanistisches Jahrbuch 10 (2011), S. 54–73.

Eke, Norbert-Otto: Die deutschsprachige Literatur Osteuropas und ihre Rezeption in der Bundesrepublik. Probleme und Chancen einer ‚kleinen Literatur'. In: Neue Literatur 5–6 (1990/1991), S. 22–44.

Etkind, Alexander: Hard and Soft in Cultural Memory. Political Mourning in Russia and Germany. In: Grey Room 4 (2004), S. 36–59.

Foucault, Michel: Die Ordnung der Dinge. Eine Archäologie der Humanwissenschaften. Frankfurt a.M. 1971.

Foucault, Michel: Die Ordnung des Diskurses. Frankfurt a. M. 1991.

Frieß, Nina: Hatte Ivan Denisovic einen ‚Hungerengel'? Über Differenzen authentischer und fiktiver Erinnerungen an das stalinistische Arbeitsbesserungslager. In: Dies. [u.a.] (Hg.): Texturen – Identitäten – Theorien. Ergebnisse des Arbeitstreffens des Jungen Forums Slavistische Literaturwissenschaft in Trier 2010. Potsdam 2011, S. 303–318.

Gess, Nicola (Hg.): Literarischer Primitivismus. Berlin 2013.

Gilman, Sander L.: Gibt es neue ‚Ostjuden' in der deutsch-jüdischen Gegenwartsliteratur? In: Lorenz, Dagmar/Spörk, Ingrid (Hg.): Konzeption Osteuropa. Der ‚Osten' als Konstrukt der Fremd- und Eigenbestimmung in deutschsprachigen Texten des 19. und 20. Jahrhunderts. Würzburg 2011, S. 259–278.

Gilman, Sander L.: Multiculturalism and the Jews. New York 2006. (insb. das Kapitel III: Becoming a Jew by becoming a German: The newest Jewish writing from the ‚East', S. 210–223)

Glajar, Valentina: The German Legacy in East Central Europe as recorded in recent German-language literature. Rochester 2004.

Goer, Charis/Hofmann, Michael (Hg.): Der Deutschen Morgenland. Bilder des Orients in der deutsche Literatur und Kultur 1770–1850. Paderborn 2007.

Goethe-Handbuch. 4 Bände in 5 Teilbänden und Register. Hg. von Bernd Witte [u.a.]. Stuttgart/Weimar 2004.

Göttsche, Dirk: Remembering Africa. The Rediscovery of Colonialism in Contemporary German Literature. Rochester/New York 2013.

Göttsche, Dirk: Zeitreflexion und Zeitkritik im Werk Wilhelm Raabes. Würzburg 2000 (insb. S. 46–73).

Grunewald, Eckhard/Sienerth, Stefan (Hg.): Deutsche Literatur im östlichen und südöstlichen Europa. Konzepte und Methoden der Geschichtsschreibung und Lexikographie. München 1997.

Gutjahr, Jacqueline: Einladung zum Spiel – den Texten von Yoko Tawada auf der Spur. In: Grabis, Daniel/Kastenhuber, Eva (Hg.): In mehreren Sprachen leben. Literaturwissenschaftliche, sprachdidaktische und sprachwissenschaftliche Aspekte der Mehrsprachigkeit. Tagungsband des DAAD-Fachseminars 2005 in Bordeaux. Bordeaux 2006, S. 21–42.

Gutjahr, Ortrud (Hg.): Yoko Tawada. Fremde Wasser. Hamburger Gastprofessur für Interkulturelle Poetik. Vorlesungen und wissenschaftliche Beiträge. Tübingen 2012.

Gutjahr, Ortrud: Alterität und Interkulturalität. Neuere deutsche Literatur. In: Claudia Benthien/Hans Rudolf Velten (Hg.): Germanistik als Kulturwissenschaft. Eine Einführung in neue Theoriekonzepte. Reinbek bei Hamburg 2002, S. 345–369.

Gutu, George: Insulare Differenz und grenzgängerische Identität. Deutsche Literaturen in Rumänien im Überblick. In: Ders./Zaharia, Mihaela (Hg.): Identität und Alterität. Bukarest 2004, S. 143–186.

Haines, Brigid: Return from the Archipelago: Herta Müller's Atemschaukel as Soft Memory. In: Dies./Marven, Lyn (Hg.): Herta Müller. Oxford 2013, S. 117–134.

Heero, Aigi: Mythos Russland in der deutschsprachigen Gegenwartsliteratur. In: Interlitteraria 13, 1 (2008), S. 86–99.

Hess, Birgit: ‚Sphäre des Wilden… Sphäre des Spiels'. Masken und Puppen im Dada Zürich: ‚Agenten' der Alterität und Performanz. Trier 2006. (insb. S. 61–88).

Hofmann, Michael: Deutsch-türkische Literaturwissenschaft. Würzburg 2013.

Hofmann, Michael: Interkulturelle Literaturwissenschaft. Eine Einführung. Paderborn 2006.

Hofmann, Michael/Pohlmeier, Inga (Hg.): Deutsch-türkische und türkische Literatur. Literaturwissenschaftliche und fachdidaktische Perspektiven. Würzburg 2013.

Hofmann, Michael/von Stosch, Klaus (Hg.): Islam in der deutschen und türkischen Literatur. Paderborn 2012.

Hoge, Boris: Deutsche Opfer, russische Täter. Verabsolutierter Opferstatus in Herta Müllers Atemschaukel. In: Ders.: Schreiben über Russland. Die Konstruktion von Raum, Geschichte und kultureller Identität in deutschen Erzähltexten seit 1989. Heidelberg 2012, S. 209–234.

Honold, Alexander/Scherpe, Klaus (Hg.): Mit Deutschland um die Welt. Eine Kulturgeschichte des Fremden in der Kolonialzeit. Stuttgart, Weimar 2004.

Kathleen Condray: Unorthodox immigrant autobiography in the oeuvre of Wladimir Kaminer. In: Colloquia Germanica 41, 3 (2008), S. 227–246.

Kegelmann, René: „An ihr können wir gutmachen, was wir einander antun". Figurenkonstellationen in Herta Müllers Roman Atemschaukel. In: Merchiers, Dorothée (Hg.): Kann Literatur Zeuge sein? Poetologische und politische Aspekte in Herta Müllers Werk. Bern 2014, S. 333–346.

Kontje, Todd: German Orientalisms. Ann Arbor 2004.

Kraenzle, Christina: The Limits of Travel: Yoko Tawada's Fictional Travelogues. In: German Life and Letters 61, 2 (2008): S. 244–260.

Kreutzer, Leo: Literatur und Entwicklung. Studien zu einer Literatur der Ungleichzeitigkeit. Frankfurt a. M. 1989.

Kristeva, Julia: Fremde sind wir uns selbst. Frankfurt a. M. 1990.

Krobb, Florian: Erkundungen im Überseeischen. Wilhelm Raabe und die Füllung der Welt. Würzburg 2009.

Kron, Norbert: ‚Das achte Leben' – ein überwältigender Roman. In: NDR Kultur – Buch, 25.09.2014 http://www.ndr.de/kultur/buch/Nino-Haratischwili, dasachteleben104.html.

Lacan, Jacques: Namen-des-Vaters. Wien 2006.

Lajarrige, Jacques: Oulipotische Schreibregel als Kontinuitätsfaktor in der Lyrik Oskar Pastiors. In: Ders. (Hg.): Vom Gedicht zum Zyklus. Vom Zyklus zum Werk. Strategien der Kontinuität in der modernen und zeitgenössischen Lyrik. Innsbruck 2000. S. 285–307.

Langer, Norbert: Erzieher und Dichter. Adolf Meschendörfer 65 Jahre alt. In: Deutsche Arbeit. Die volkstumspolitische Monatsschrift 42 (1942), S. 151.

Leskovec, Andrea: Einführung in die interkulturelle Literaturwissenschaft. Darmstadt 2011.

Lützeler, Paul Michael: Postmoderne und postkoloniale deutschsprachige Literatur. Diskurs, Analyse, Kritik. Bielefeld 2005.

Mecklenburg, Norbert: Goethe. Inter- und transkulturelle Spiele. München 2014.

Mecklenburg, Norbert: Über kulturelle und poetische Alterität. Kultur- und literaturtheoretische Grundprobleme der interkulturellen Germanistik. In: Dieter Krusche/Alois Wierlacher (Hg.): Hermeneutik der Fremde. München 1990, S. 80–102.

Mecklenburg, Norbert: Das Mädchen aus der Fremde. Germanistik als interkulturelle Literaturwissenschaft. München 2009.

Motzan, Peter: Die vielen Wege in den Abschied. Die deutschen Literaturen in Rumänien 1919–1989. In: Forstedt, Renate (Hg.): Wortreiche Landschaft. Deutsche Literatur aus Rumänien – Siebenbürgen, Banat, Bukowina. Leipzig 1998, S. 108–116.

Motzan, Peter/Sienerth, Stefan (Hg.): Die deutschen Regionalliteraturen in Rumänien (1918–1944). Positionsbestimmungen, Forschungswege, Fallstudien. München 1997.

Münkler, Martina: Alterität und Interkulturalität. Ältere deutsche Literatur. In: Claudia Benthien/Hans Rudolf Velten (Hg.): Germanistik als Kulturwissenschaft. Eine Einführung in neue Theoriekonzepte. Reinbek bei Hamburg 2002, S. 323–344.

Narayan, Uma: Kulturen im Widerstreit – ‚Verwestlichung', Respekt für Kulturen und Dritte Welt-Feministinnen. In: Patrut, Iulia-Karin [u.a.] (Hg.): Die andere Hälfte der Globalisierung. Menschenrechte, Ökonomie und Medialität. Frankfurt a.M. 2001, S. 337–393.

Nissen-Rizvani, Karin: Theater und Texte von Sabine Harbeke, Armin Petras/Fritz Kater, Christoph Schlingensief und René Pollesch. Bielefeld 2011, S. 23–25.

Parau, Cristina Rita: „Atemwende" – „Atemschaukel". Paul Celan und Herta Müller. Differenzen und Homologien. In: Benedek, Andrea [u.a.] (Hg.): Interkulturelle Erkundungen: Leben, Schreiben und Lernen in zwei Kulturen. Teil 1. Frankfurt a. M. 2012, S. 373–386.

Pastior, Oskar: Vom Umgang mit Texten. In: manuskripte. Zeitschrift für Literatur 128 (1995). S. 20–47.

Patrut, Iulia-Karin: „Komplizierte Geschichte". Erzählen im Namen Anderer. Richard Wagners Roman *Das reiche Mädchen*. In: Motzan, Peter (Hg.): Ost-West-Identitäten und Perspektiven. München 2012, S. 207–232.

Patrut, Iulia-Karin: Phantasma Nation. ‚Zigeuner' und Juden als Grenzfiguren des ‚Deutschen' (1770–1920). Würzburg 2014. [Patrut 2014a]

Patrut, Iulia-Karin: Conceptualising German Colonialisms within Europe. In: Göttsche, Dirk/Dunker, Axel (Hg.): (Post)Colonialism across Europe. Transcultural History and National Memory (= Postkoloniale Studien in der Germanistik Band 7). Bielefeld 2014, S. 279–305. [Patrut 2014b]

Patrut, Iulia-Karin: Binneneuropäischer Kolonialismus als deutscher Selbstentwurf im 18. und 19. Jahrhundert. In: Dürbeck, Gabriele/Dunker, Axel (Hg.): Postkoloniale Germanistik. Bestandsaufnahme, theoretische Perspektiven, Lektüren (= Postkoloniale Studien in der Germanistik Band 5). Bielefeld 2014, S. 223–270. [Patrut 2014c]

Polaschegg, Andrea: Der andere Orientalismus. Regeln deutsch-morgenländischer Imagination im 19. Jahrhundert. Berlin/New York 2005.

Prak-Derrington, Emmanuelle/Dias, Dominique: Eine Sprache für das Unsagbare finden. Über lexikalische Wiederholungen in Atemschaukel. In: Merchiers, Dorothée (Hg.): Kann Literatur Zeuge sein? Poetologische und politische Aspekte in Herta Müllers Werk. Bern 2014, S. 135–154.

Radisch, Iris: Kitsch oder Weltliteratur? Gulag-Romane lassen sich nicht aus zweiter Hand schreiben. Herta Müllers Buch ist parfümiert und kulissenhaft. In: Die Zeit Nr. 35, 06.08.2009. http://www.zeit.de/2009/35/L-B-Mueller-Contra.

Redlich, Jeremy: The Ethnographic Politics and Poetics of Photography, Skin and Race in the Works of Yoko Tawada. The University of British Columbia. Vancouver 2012.

Rorty, Richard M.: The Linguistic Turn. Essays in Philosophical Method. Chicago 1967.

Said, Edward: Kultur und Imperialismus. Einbildungskraft und Politik im Zeichen der Macht. Frankfurt a.M. 1994.

Said, Edward: Orientalism. Western Concepts of the Orient. London 1978. [Deutsch: Said, Edward: Orientalismus. Übersetzt von Liliane Weissberg. Frankfurt a. M. 1981].

Schäffter, Ortfried (Hg.): Das Fremde. Erfahrungsmöglichkeiten zwischen Faszination und Bedrohung. Opladen 1991.

Schmidt, Marie: Nino Haratischwili: „Hundert Jahre Verrat. Nino Haratischwilis Roman ‚Das achte Leben. In: DIE ZEIT Online Nr. 38, 26.09.2014, http://www.zeit.de/2014/38/historischer-roman-nino-haratischwili.

Schneider, Sabine: Tödliche Präsenz. Primitivismus in Hofmannsthals Elektra. In: Gess, Nicola (Hg.): Literarischer Primitivismus. Berlin 2013, S. 191–210.

Schuster, Ingrid: Die drei Sprünge des Wan-lun. In: Dies.: Faszination Ostasien. Zur kulturellen Interaktion Europa-Japan-China. Aufsätze aus drei Jahrzehnten. Bern 2007, S. 111–131.

Schwarz, Hans-Günther: Der Orient und die Ästhetik der Moderne. München 2003.

Schwob, Anton (Hg.): Die deutsche Literaturgeschichte Ostmittel- und Südosteuropas von der Mitte des 19. Jahrhunderts bis heute. München 1992.

Sienerth, Stefan: Adolf Meschendörfer und Heinrich Zillich im Literaturbetrieb des „Dritten Reiches". In: Ders.: Studien und Aufsätze zur Geschichte der deutschen Literatur und Sprachwissenschaft in Südosteuropa. Bd. 2. München 2008, S. 189–226.

Şölçün, Sargut: Gespielte Naivität und ernsthafte Sinnlichkeit der Selbstbegegnung – Inszenierungen des Unterwegsseins in Emine Sevgi Özdamars Roman *Die Brücke vom Goldenen Horn*. In: Blioumi, Aglaia (Hg.): Migration und Interkulturalität in neueren literarischen Texten. München 2002, S. 92–111.

Solms, Wilhelm: Rumäniendeutsche Autoren in der Diskussion. In: Ders. (Hg.): Nachruf auf die rumäniendeutsche Literatur. Marburg 1990, S. 265–287.

Spiridon, Olivia: From Fact to Fiction: Herta Müller's Atemschaukel. In: Brandt, Bettina/Glajar, Valentina (Hg.): Herta Müller. Politics and Aestetics. Lincoln 2013, S. 109–129.

Spivak, Gayatri Chakravorty: Can the Subaltern Speak? In: Nelson, Cary/Grossberg, Lawrence (Hg.): Marxism and the Interpretation of Culture. Basingstoke 1988, S. 271–313.

Steinecke, Hartmut: Herta Müller: Atemschaukel. Ein Roman vom „Nullpunkt der Existenz". In: Gegenwartsliteratur. Ein germanistisches Jahrbuch 10 (2011), S. 14–32.

Sterbling, Anton: Kulturelle Identitätsfragen und Minderheitenlagen. Das Beispiel der Banater Schwaben. In: Vogt, Mattias-Theodor (Hg.): Minderheiten als Mehrwert. Frankfurt a. M. 2010, S. 249–287.

Tautz, Birgit: Michel Foucault trifft Yoko Tawada: Sprache und ethnologische Poetologie als Heterotopien. In: Tafazoli, Hamid/Gray, Richard T. (Hg.): Außenraum – Mitraum – Innenraum. Heterotopien in Kultur und Gesellschaft, Bielefeld 2012, S. 169–192.

Taylor, Charles: Multikulturalismus und die Politik der Anerkennung. Frankfurt a. M. 1995.

Uerlings, Herbert: „Ich bin von niedriger Rasse". (Post-)Kolonialismus und Geschlechterdifferenz in der deutschen Literatur. Köln 2006.

Uerlings, Herbert: Erinnerndes Vergessen. Zur Memoria des Porrajmos. In: Patrut, Iulia-Karin/Uerlings, Herbert (Hg.): Inklusion/Exklusion und Kultur. Theoretische Perspektiven und Fallstudien von der Antike bis zur Gegenwart. Köln 2013, S. 459–481.

Uerlings, Herbert: Opfer von Auschwitz? Richard Wagners problematischer Zeitroman „Das reiche Mädchen". In: Transcarpathica. Germanistisches Jahrbuch Rumänien 9 (2010), S. 14–46.

Uerlings, Herbert: Poetiken der Interkulturalität. Haiti bei Kleist, Seghers, Müller, Buch und Fichte. Berlin/New York 1999.

Uerlings, Herbert: Postkoloniale Radikalisierung? Postkolonialismus und Kanon in der späten DDR-Literatur. In: Ders./Patrut, Iulia-Karin (Hg.): Postkolonialismus und Kanon. Bielefeld 2012, S. 289–313.

Uerlings, Herbert: Primitivismus und Kanon. Gottfried Benns Kampf um die klassizistische Geltung der Kunst. In: Auer, Michaela/Müller, Ulrich (Hg.): Kanon und Text in interkulturellen Perspektiven. Stuttgart 2001, S. 81–96.

Urban, Melanie: Kulturkontakt im Zeichen der Minne. Die Arabel Ulrichs von dem Türlin. Frankfurt a. M. 2007.

Weber, Annemarie: Rumäniendeutsche? Diskurse zur Gruppenidentität einer Minderheit (1944–1971). Köln 2010.

Werkmeister, Sven: Kulturen jenseits der Schrift. Zur Figur des Primitiven in Ethnologie, Kulturtheorie und Literatur um 1900. München 2010.

Wichner, Ernest: Versuchte Rekonstruktionen – Die Securitate und Oskar Pastior. (= Text + Kritik Sonderband XII/12). edition text + kritik, München 2012.

Wilpert, Gero von: Deutschbaltische Literaturgeschichte. München 2005.

Yeşilada, Karin E.: Poesie der Dritten Sprache. Türkisch-deutsche Lyrik der zweiten Generation. Tübingen 2012.

Zantop, Susanne: Kolonialphantasien im vorkolonialen Deutschland (1770–1870). Berlin 1999.

Zieraw, Cornlia: Wenn Wörter auf Wanderschaft gehen…Aspekte kultureller, nationaler und geschlechtsspezifischer Differenzen in deutschsprachiger Gegenwartsliteratur. Tübingen 2009.

Register

a-Adfawiyya, Rabia 132
Ackermann, Irmgard 9, 68
Adorno, Theodor W. 120, 137
Akın, Fatih 67, 72
Anderson, Benedict 7
Arnim, Achim von 37f.
Ausländer, Rose 86, 107f.

Bachmann, Ingeborg 112, 121
Bachmann-Medick, Doris 19
Ball, Hugo 56
Baqli, Ruzbehan 130
Baudelaire, Charles 48
Benjamin, Walter 121, 145f., 148
Bergengruen, Werner 97
Berman, Nina 10, 23, 24
Berman, Russel 10
Bhabha, Homi K. 17, 71, 153
Bourdieu, Pierre 70
Brecht, Bertolt 51, 74, 76f., 90
Brentano, Clemens 37f.
Bronsky, Alina 100f.
Buch, Hans Christoph 111–114
Burton, Richard 152–155
Butler, Judith 19

Canetti, Elias 107–109
Celan, Paul 107f., 120f., 137, 147, 151
Çırak, Zehra 66, 68
Conrad, Joseph 60

Dal, Güney 64f., 68
Dauthenday, Max 49
Demirkan, Renan 66
Derrida, Jacques 14, 16, 18, 148
Dhu-n-Nun 133
Diderot, Denis 25
Döblin, Alfred 50f., 58f.
Dunker, Axel 10f.
Dürbeck, Gabriele 11

Einstein, Carl 57
Emre, Yunus 121f.

Fatah, Sherko 74, 76, 81, 115, 123–128
Fichte, Hubert 9, 111–113
Firdusi 34

Florescu, Catalin-Dorian 94
Fontane, Theodor 42f.
Forster, Georg 10, 25, 33
Foucault, Michel 14, 16, 18f.
Franz, Philomena 111

Gaponenko, Marjana 103
Gernhardt, Robert 96
Ghazali, Ahmet 132
Ghazali, Mohammed 131
Goethe, Johann Wolfgang 13f., 22, 26–28, 33–35, 41, 73, 80, 83, 96, 123, 131, 153
Gorelik, Lena 100f.
Göttsche, Dirk 11, 45
Gramsci, Antonio 16
Grjasnowa, Olga 100f.
Gutjahr, Ortrud 9, 150

Haderlap, Maja 105, 107
Hafis 13, 27, 73
Hamann, Johann Georg 96
Haratischwili, Nino 101
Hegel, Georg Wilhelm F. 131
Heimböckel, Dieter 10
Heine, Heinrich 121
Herder, Johann Gottfried 14, 16, 22f., 25–27, 32–34, 54, 96
Hesse, Hermann 60
Hikmet, Nâzım 121f.
Hofmann, Michael 7, 10, 12, 26, 64, 119
Hofmannsthal, Hugo v. 58
Hölderlin, Friedrich 83
Homer 52
Honold, Alexander 11
Horkheimer, Max 120
Huelsenbeck, Richard 57
Hummel, Eleonora 100, 103

Ibn al-Harith, Bischr 128, 130
Ibn Arabi 129, 131–133

Jahnn, Hans Henny 60
Jean Paul 28, 82
Jones, William 33

Kafka, Franz 51, 83, 121
Kaminer, Wladimir 97

Kara, Yadé 67
Karasholi, Adel 74, 76–78, 81
Keller, Gottfried 41–42
Kermani, Navid 74, 76, 82f., 115, 123, 128–134
Keyserling, Eduard v. 96
Khider, Abbas 76, 82
Kipling, Rudyard 153
Klabund 48, 145
Kleist, Heinrich von 36, 38
Klinger, Friedrich Maximilian 96
Kontje, Todd 10, 23, 61
Kotzebue, August v. 96
Kreutzer, Leo 10
Kristeva, Julia 13

Lacan, Jacques 14, 18
Lasker-Schüler, Else 57
Lenz, Jacob Michael Reinhold 96
Leskovec, Andrea 10
Lessing, Gotthold Ephraim 22, 25f., 132
Lévinas, Emanuel 12
Liszt, Franz 54
Lohenstein, Daniel Casper v. 24
Luther, Martin 25

Mann, Thomas 61, 88, 119, 120
Márquez, Gabriel García 79
Martynowa, Olga 102
May, Karl 54, 73
Mecklenburg, Norbert 9, 27
Meschendörfer, Adolf 86
Montaigne, Michel de 119
Montesquieu, Charles-L. de 25
Mora, Terésia 105f.
Müller, Herta 83, 87f., 90, 92f., 115, 134–141
Müller-Guttenbrunn, Adam 85, 89–92
Münkler, Martina 10

Naoum, Jusuf 74f.
Narayan, Uma 20
Nietzsche, Friedrich 77
Nizami 131
Novalis 28f., 31, 34, 36f., 41

Ören, Aras 64f., 67f.

Özdamar, Emine Sevgi 63f., 66, 68f., 70–72, 74, 115–118
Özdoğan, Selim 67f.

Paasche, Hans 48, 107
Pastior, Oskar 87–90, 93, 135, 137f.
Patrut, Iulia-Karin 10f., 83f., 92
Pazarkaya, Yüksel 64f., 68
Peters, Christoph 123
Petrowskaja, Katja 97, 103f.
Polaschegg, Andrea 10

Raabe, Wilhelm 43–46
Rabinowich, Julya 100, 102, 141–145
Rilke, Rainer Maria 121
Rorty, Richard 19
Rousseau, Jean-Jacques 42, 47, 54

SAID 75, 80f.
Said, Edward 10f., 16f., 24, 29, 30f.
Schäffter, Ortfried 13
Schami, Rafik 74f., 78–80, 129
Scheinhardt, Saliha 64, 66, 118

Scherpe, Klaus 11
Schiller, Friedrich 83
Schlegel, August Wilhelm 33f.
Schlegel, Friedrich 28–32
Scholem, Gershom 121
Şenocak, Zafer 64, 66, 68, 115, 119–123
Shmueli, Ilana 107
Sohrawardi, Scheaboddin 133
Spivak, Gayatri Chakravorty 17f., 20f., 152
Stanišić, Saša 105–107
Stifter, Adalbert 40f.
Stojka, Ceja 110f.

Taufiq, Suleman 75
Tawada, Yoko 16, 88, 105, 115, 145–151
Tekinay, Alev 64, 66
Tieck, Ludwig 28, 38, 97
Trakl, Georg 121
Trojanow, Ilija 115, 152–155
Tzara, Tristan 56f.

Uerlings, Herbert 9, 11, 20, 58, 92, 110, 112

Ungern-Sternberg, Peter Alexander v. 97

Vegesack, Siegfried v. 97
Vertlib, Vladimir 102
Veteranyi, Aglaja 94f.
Voltaire 25

Wackenroder, Wilhelm Heinrich 28
Wagner, Richard 55, 87, 90–92
Waldenfels, Bernhard 12
Wallraff, Günter 68
Weinberg, Manfred 10
Weinrich, Harald 9, 68
Wieland, Christoph Martin 26, 30
Wierlacher, Alois 9
Winter, Walter 111
Wittstock, Erwin 86
Wolfram von Eschenbach 24

Zaimoglu, Feridun 63f., 67–72, 123
Zantop, Susanne 10
Zillich, Heinrich 85f.